U0685644

企业经营电子沙盘模拟教程

应　军　史叶超　陆滨强　编

海洋出版社

2019 年·北京

内 容 简 介

主要内容： 本书共分三篇：第一篇企业管理知识概述，主要内容包括制造型企业管理概述、企业主要过程管理；第二篇企业经营电子沙盘模拟实训与操作，主要内容包括企业经营电子沙盘模拟准备、ITMC 电子沙盘模拟实战、浙江省大学生企业经营沙盘模拟竞赛简介以及各自运营和成果分析，本篇是本书的精华所在；第三篇企业经营模拟沙盘总结，主要内容包括经营成果分析、企业经营策略分享。

本书特色： 从理论知识到实战操作、推演复盘，到最后的经验总结，形成完整的学习循环。

适用范围： 本书可作为普通高等院校的管理专业教材，也可作为经营沙盘竞赛前的培训用书。

图书在版编目（CIP）数据

企业经营电子沙盘模拟教程/应军，史叶超，陆滨强编. --北京：海洋出版社，2019.12
ISBN 978-7-5210-0459-5

Ⅰ.①企⋯ Ⅱ.①应⋯ ②史⋯ ③陆⋯ Ⅲ.①企业管理－计算机管理系统－教材 Ⅳ.①F272.7

中国版本图书馆 CIP 数据核字（2019）第 250546 号

责 任 编 辑：张鹤凌	发 行 部：（010）62174379
总 编 室：（010）62114335	（010）68038093
责 任 印 制：赵麟苏	网 址：www.oceanpress.com.cn
排 版：北京润鹏腾飞科技服务中心	承 印：北京朝阳印刷厂有限责任公司
出版发行：海洋出版社	版 次：2019 年 12 月第 1 版
	2019 年 12 月第 1 次印刷
地 址：北京市海淀区大慧寺路 8 号（716 房间）	开 本：787mm×1092mm 1/16
100081	印 张：14.00
经 销：新华书店	字 数：330 千字
技 术 支 持：（010）62100057	定 价：56.00 元

本书如有印、装质量问题可与发行部调换

本社教材出版中心诚征教材选题及优秀作者，邮件发至 hyjccb@sina.com

前　言

"企业经营电子沙盘模拟教程"是以模拟企业作为课程主体，通过构建仿真企业经营环境，模拟真实企业的生产经营活动课程。它把企业运营的关键环节——战略规划、资金筹集、市场营销、广告投放、产品研发、生产组织、物资采购、设备投资与改造、会计核算与财务管理等部分设计为实训课程的主体内容，把企业运营所处的内外部环境抽象为一系列的规则，由受训者组成若干个相互竞争的管理团队，扮演不同的角色，共同面对变化的市场竞争环境。

企业经营电子沙盘通过模拟展示企业经营和管理的全过程，帮助读者掌握科学的管理规律，提升其企业管理能力；帮助高校经管类专业培养高素质、应用型人才。在内容安排上，本书按照基本理论—实训操作—实践总结的模式，将理论与实训结合，达到满足应用型人才培养的需要。本书不仅可以强化学习者的管理知识，训练其管理技能，全面提高其综合素质；还将理论与实践融于一体、集角色扮演与岗位体验于一身，设计思路新颖独到，能够使学习者在参与、体验中完成从知识到技能的转化。该课程设计科学、简易、实用、饶有趣味，其体验式教学方式成为继传统教学及案例教学之后教学创新的典范。

本书分为三篇：第一篇企业管理知识概述，主要内容包括制造型企业管理概述、企业主要过程管理；第二篇企业经营电子沙盘模拟实训与操作，主要内容包括企业经营电子沙盘模拟准备、ITMC 电子沙盘模拟实战、浙江省大学生企业经营沙盘模拟竞赛简介以及各自运营和成果分析，本篇是本书的精华所在；第三篇企业经营模拟沙盘总结，主要内容包括经营成果分析、企业经营策略分享。

本书从章节安排到内容设置，从知识点的归纳到教学方法的运用，都是以实际操作为重点讲解，本书附录为笔者整理的多年教学实例的积累和总结：附录一、附录二是实训总结和报告模板；附录三、附录四、附录五有助于企业经营沙盘学习者进行数据分析，从而对企业经营不再凭经验、凭感觉而是凭数据进行预算；附录六、附录七是沙盘订单和模拟运营数据，有助于学习者或教师用于数据分析，订单的设计。为方便学习者使用附录内容，所有附录文件可通过扫描二维码的方式获取，方便学习。此外，作者还将书稿中重要的表格进行上传，读者可扫描二维码下载使用。

本书可作为普通高等院校经济管理类专业的教材使用，也可作为浙江省企业经营模拟沙盘竞赛培训和岗位培训的参考书。

本书由浙江海洋大学教材出版基金资助出版。本书的出版，蒙社会各界人士的大力支持，书稿写作中借鉴和参阅了许多相关 ERP 沙盘模拟课程的教材，谨此深表谢忱。此外，本书的出版还得益于家人、朋友的包容；同事、学生的支持。由于工作繁忙、时间紧迫和编者水平有限，诚请同行专家和读者指正！

应 军
2019 年 8 月于浙江舟山

目　录

第三篇　企业经营模拟沙盘总结

第一篇 企业管理知识概述

本篇的重点是企业管理的理论知识，主要介绍企业的战略管理和过程管理，包括认识企业运作的环境、组织架构、主要职能部门的职责、企业的竞争战略和企业的运作过程。通过本篇的学习，读者要以初步掌握企业管理知识的分类整理和理论总结，奠定企业管理知识框架。

本书主要以制造型企业展开阐述。

第一章 企业战略管理简述

企业因生产产品、规模、理念等不同，使得它们看上去各不相同。但从管理的角度看，它们表现出了一致性：战略类似。各企业虽有着不同的战略，但经过总结归纳有着高度的相似性。因此需要透过企业的表象，深入了解企业的内部，从企业的含义、组织和战略去解读。

企业的组织和战略是互为因果的，企业的组织类型、目标决定了所采取的战略；战略的实施又影响着组织的调整。

【本章重点】

企业组织类型；企业组织架构；企业市场竞争战略

第一节 企业组织

现代企业是在手工作坊的基础上，为了适应社会化大生产和专业化分工的需要而发展起来的社会组织。企业是人与人之间共同协作，目的性、计划性与社会环境适应性都非常强的组织形态。

一、企业组织类型

当今社会有三大类社会组织：政府组织、营利性组织和非营利性组织。党政机关、国家行政权力机构(政府机关、人民代表大会、法院、检察院)等属于政府组织;中小学校、公立医院、社会保障机构和社会福利机构等属于非营利性组织;而企业则属于营利性组织。

营利性组织包括两类最重要的组织形式:制造业和服务业。制造业和服务业的区别主要体现在产品上。制造业提供的产品是有形的、可触摸的、存在时间长,不会瞬间消失,可以储存。制造业提供的产品一般都需要通过加工制造改变加工对象的物理或化学性质,如食品、药品、衣服、汽车、楼房、计算机等。这就需要将相当一部分资金投入到设备、厂房等固定设施;需要有产品的制造加工技术;需要在市场上采购原材料,这些都是制造业的特征。而服务业提供的产品则是无形的、不可触摸的,产品的生产和消费一般是同时进行的,所以服务业提供的产品就被称为服务。服务业包括的范围也很广,商品贸易、银行、交通运输、通信、餐饮、旅游等都属于服务行业,并且社会越发达,服务业在整个国民经济中所占的比重越大。

二、制造企业基本职能及目标

(一)制造企业基本职能

制造型企业的基本职能是为社会提供产品和服务,是一个"投入—生产—产出"的过程,如图1-1所示。

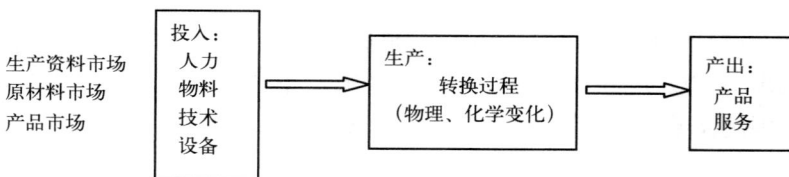

图1-1　制造企业的基本职能

制造企业在原材料市场上获取人力、物料、技术、设备,通过企业生产制造(物理、化学变化),生产出产品,投放到产品市场。这个转化过程中,市场是重要的影响因素。在生产资料市场上,企业必须按照自身的需求获得相应的人才、技术和设备;在原材料市场上,企业需要用最低的价格及时获得原材料;在产品市场上,企业的产品必须适销对路,满足消费者的需要,有足够多的需求订单。当然,在企业内部的转化过程中,生产过程必须是高效的,即企业生产能够在最低成本代价下提供市场需要的、满足市场质量要求的产品数量。

(二)制造企业运作管理的目标

(1)质量。质量被誉为企业生存的前提、发展的基石。没有产品质量,就没有市场,也就没有企业存在的必要。如何保证和提高质量,包括产品的设计质量、制造质量和服务质量,是现代企业生产经营的任务之一。

（2）适时适量生产。在现代化大生产中，生产所涉及的人员、物料、设备、资金等资源纷繁复杂。如何将全部资源要素在需要的时候组织起来、筹措到位，按照生产进度要求准时、适量地投入生产，是一个十分复杂的问题，这也是目前生产经营管理需要解决的主要问题。

（3）最大可能地降低成本。使产品价格既为顾客接受，又为企业带来一定利润，就需要尽量地降低成本，它涉及人力、物料、设备、能源、土地等资源的合理配置和利用，也涉及如何提高生产效率的问题。

为实现企业的职能，从原材料的输入到产品输出的转化功能包括了很多过程，如图1-2所示。企业根据市场调研的情况，要制定整体战略，首先，决定经营什么、生产什么，通过产品规划和生产设施计划，建设生产用的厂房和生产设施；其次，需要准备资金，即企业的财务计划和管理职能；再次，需要研制和设计产品及工艺——进行技术活动，设计完成后即开始日常的运行，购买物料和加工制造；第四，产品生产出来以后，需要通过销售使价值得以实现——进行营销活动；最后，销售以后得到的收入进行分配，其中一部分作为下一轮的生产资金，进入下一轮循环。

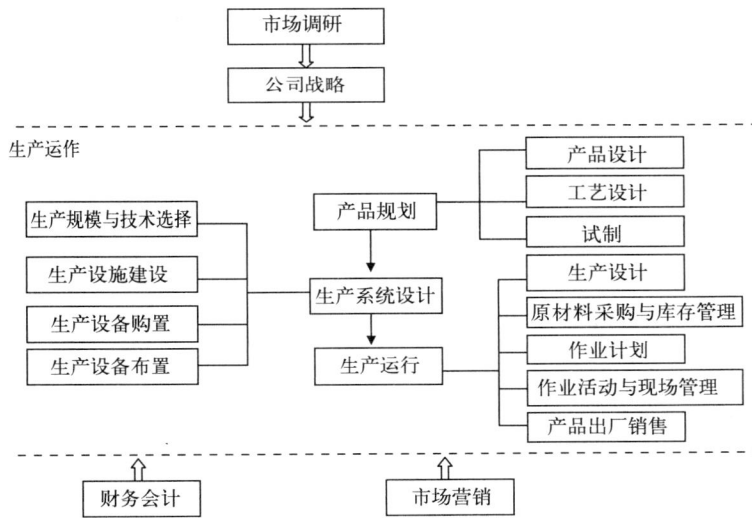

图1-2　制造企业运作过程

在整个过程中有三个关键的职能过程：市场营销，引导新的需求、获得产品的订单是企业发展的源头；生产运作，即制造产品的过程；财务会计，即跟踪组织运作的状况，支付账单及收取货款。

这些过程（活动）对企业的经营来说都是必不可少的。每项职能对企业目标的实现都起着重要作用。通常一个企业的成功不仅依赖于各个职能发挥得如何，还依赖于这些职能相互的协调程度。如果没有财务部门与市场部门的密切配合，当企业需扩大规模或购买设备时，可能会因资金无着落而难以实现。

第二节　企业战略

在竞争环境下，企业成功的奥秘在于高效的生产运作和高质量的产品。这些强大的竞争力不仅来自产品的高质量、低成本及优质的售后服务，还在于其市场竞争战略、新产品开发战略和企业经营战略的正确实施。不谋全局者不足谋一隅，全局的成功在于各个方面的谋划。

一、企业战略含义

战略（strategy）一词最早是军事方面的概念。但现在这个词已非常广泛地运用在经营管理中。当一个企业成功地制定和执行价值创造的战略时，就获得了战略竞争力（strategic competitiveness）。

企业战略是对企业各种战略的统称，是对企业整体性、长期性、基本性问题的计谋。其中既包括竞争战略、营销战略、发展战略、品牌战略、融资战略，也包括技术开发战略、人才开发战略、资源开发战略等。

在大型企业中，企业战略一般可以分为三层：企业级经营战略、部门（业务）级战略和职能级战略，如图1-3所示。

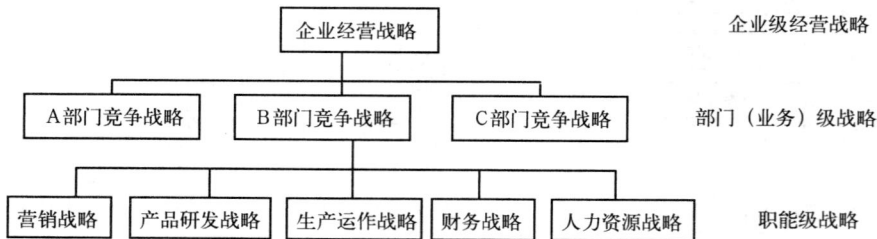

图1-3　企业战略层次

（一）企业级经营战略

企业级经营战略的任务是决定企业组织的使命，时刻关注动态变化的外界环境，并据此调整自己的长期计划。这样的决策将从根本上影响一个组织的生存和未来的发展道路。主要内容就是选择企业的经营业务类型和长远目标（我们经营哪些业务？我们的经营目标是什么？）即决定企业经营业务的数量、种类与相关性。企业应建立部门（业务）级战略竞争单位，并决定配置资源战略。

(二)部门(业务)级战略

部门(业务)级战略是企业某一独立核算单位或具有相对独立的经济利益的经营单位对自己的生存和发展作出的谋划。它要把企业经营战略中规定的方向和意见具体化,成为更加明确的针对各项经营事业的目标和战略。这一级战略主要应对如下问题:给定企业的经营范围,在某一个具体的行业或市场中,一个业务单元如何去竞争并获得优势。美国哈佛商学院教授迈克尔·波特(Michael E. Porter)在其著作《竞争战略》(Competitive Strategy)中提出了取得竞争优势的三种基本竞争战略:总成本领先战略(overall cost leadership)、差异化战略(differentiation)和目标集聚战略(focus)。

(1)总成本领先战略是指企业在提供相同的产品或服务时,其成本或费用明显低于行业平均水平或主要竞争对手的水平。或者说,企业在一定时期内为用户创造价值的全部活动的累计总成本低于行业平均水平或主要竞争对手的水平。它的意义是通过成本优势使企业在相同的规模经济下获取更多的利润,或积累更多的发展资金,或在不利的经营环境中具有更强的生存能力。

总成本领先战略虽然不是每个企业都热心追求的竞争战略,但却是企业整个战略的主题。低成本生产者在行业中具有明显的优势:对于竞争者,低成本生产者可以以低价为基础在竞争中处于较佳地位,采用扩大销售、打击对手的竞争战略,获得超额利润;对于供应商,低成本生产者能比其竞争对手更独立于强大的供应商,因为它对原材料采购价格上涨的承受能力更强;对于潜在的进入者,低成本生产者将处于较有利的竞争地位,较低的成本不仅可以作为进入障碍,而且可以保持已有的市场;对替代商品,低成本生产者可以通过降价而具有更强的防卫能力。总之,低成本可以使企业承受较低的价格,同时获得较高的利润,可以争取较多的客户,尤其是可使企业在决定行业价格水平中掌握较大话语权。

(2)差异化战略是指企业通过向用户提供与众不同的产品和服务的竞争优势。这种战略要求企业在产品设计、品牌设计、生产技术、顾客服务、销售渠道等方面增加企业产品和服务的竞争优势。由于产品或服务的独特性使其对顾客的吸引力上升,建立起顾客对企业的品牌或形象产生偏好或忠诚,甚至使客户愿意为之支付较高的价格。这种战略体现在企业的产品价格与成本的差额,不仅可以给企业带来高于同行竞争对手的利润率;也避开了激烈的价格竞争。差异化战略有许多形式,如不同风格、独特的性能、卓越的服务、非凡的质量、良好的企业形象等。

(3)目标集聚战略是指企业的某一经营领域主攻某个相对狭窄的特殊顾客群——某一产品系列的一个细分范围或一个地区市场,在这个狭窄的领域内或实施低成本,或实施差异化,或是二者兼而有之的竞争战略。通过抓住特定客户的群体的特殊需要,来建立竞争优势和市场地位的战略。它的思想基础是企业在有限目标市场更具效率,或者比普通的竞争对手更有效率。这是对小型企业非常适用的发展战略,可以使小型企业与规模庞大的企业展开成本竞争。目标集聚战略使企业在实现有限市场目标中获得优势，使企业足可应付其他竞争力量。

上述三种竞争战略的关系见表1-1。

表1-1　三种竞争战略的关系

战略目标	战略优势	
	低成本地位	独特性
整个产业范围	总成本领先战略	差异化战略
特定细分市场	目标集聚战略	

如果某一企业只从事一种业务的经营，没有事业部门的划分，企业级战略与部门级战略则是同一种战略。

(三)职能级战略

职能级战略是指一个业务单元中不同职能部门的战略，其主旨在于为部门(业务)级的竞争战略服务。职能级战略是企业中的各个职能部门(营销、产品研发、生产运作、财务、人力资源等)对自身的战略定位。职能级战略解决如下问题：该职能部门(如市场营销)如何为部门(业务)级的(低成本或差异化)战略选择和实施做出相应的贡献、如何实现这些贡献等。

职能级战略是企业级经营战略、竞争战略与实际达成预期战略目标之间的一座桥梁。职能级战略的制定受企业整体战略和目标的制约和影响。进一步来说，由于各职能级战略目标所强调的重点不同，其采用的战略也不尽一致。例如，营销部门往往希望多品种小批量生产，以适应市场需求的多样化特点；而生产部门则希望生产尽量少变化，提高系列化、标准化及通用化水平，以利于提高劳动生产率、降低生产成本。职能级战略的制定需要考虑到这些相互作用、相互冲突的战略和目标，权衡利弊，才能使职能级战略最大限度地保障企业整体战略和目标的实现。表1-2给出企业竞争战略和职能战略的比较。

表1-2　企业竞争战略和职能级战略的协同比较

职能战略	竞争战略		
	总成本领先战略	差异化战略	目标集聚战略
营销战略	大众销售；重复销售；销售机会最大化	选择性销售；新市场开发；新产品推广	针对性销售；客户群体稳定；产品标准化高
产品研发战略	产品模仿	产品功能创新	产品功能升级
生产运作战略	强调成熟产品的低成本；先进工艺；刚性自动化；规模经济；变化的反应速度较慢	强调开发新产品的灵活性；优良品种；柔性自动化；差异化能力；变化的反应速度较快	强调局部市场取得优势；投资成本较少；产品形式单一，功能齐全

续表

职能战略	竞争战略		
	总成本领先战略	差异化战略	目标集聚战略
财务战略	低风险；低利润	高风险；高利润	低风险；较高利润
人力资源战略	标准化生产，人力资源投入少	差异化生产，人力资源投入多	标准化生产，人力资源投入少

二、市场战略

市场营销是企业最重要的职能战略，有效的市场营销战略是企业成功的基础。市场营销活动涉及市场调研和预测、分析市场需求、确定目标市场、制定营销战略、实施和控制具体营销战略的全过程。其中，高层营销战略决定市场营销的主要活动和主要方向。其基本内容包括：市场细分战略、市场选择战略、市场进入战略、市场营销竞争战略和市场营销组合战略。

(一)市场细分战略

市场细分战略是指将市场划分为多个子市场。市场细分就是根据购买者对产品或营销组合的不同需要，将市场划分为若干子目标市场，并且针对子目标市场的共性，调整和配合适当的营销战略，以更有效地满足消费者需求，实现企业使命、目标和战略的过程。市场细分的实质是需求的细分。细分的市场可以使用不同的变量，这些变量大体可分为地理、人口、心理及行为等。

(二)市场选择战略

一般而言，企业有如下目标市场选择模式：单一市场集中化是最简单的一种模式，企业只选择一个细分市场进行集中营销；选择性专业化是指企业有选择性地进入几个不同的、具有吸引力且符合企业目标和资源水平的细分市场；产品专业化是指企业同时向几个细分市场销售同一产品；市场专业化是指企业生产不同产品以满足相同顾客群的需求，销售人员被分配给指定的顾客，并且要满足这些顾客的所有需求；全面进入是指企业意图为所有的顾客群提供他们所需要的所有产品；大规模定制是指按照每个用户的要求大量生产产品，产品之间的差别可以具体到每个基本单元。

(三)市场进入战略

对于市场进入战略，根据不同情况和条件，有不同的方式，如强化营销、一体化营销、多元化经营。一般来说，企业进入某个市场，最好一次只进入一个细分市场，并注意隐藏自己的全盘计划——这样，竞争对手就无从得知企业要进入的下一个细分市场，从而有利于企业整个市场进入战略的实现。

（四）市场营销竞争战略

市场营销竞争战略是企业为了自身的生存和发展，为在竞争中保持或提高其竞争地位和市场竞争力而确定的目标，以及为实现这一目标而应采取的各项策略的组合。按照所处的竞争地位，企业在目标市场上可以"扮演"四种不同的角色，即市场领导者、市场挑战者、市场追随者和市场补缺者，每种不同的角色都要求企业有不同的竞争战略。

（1）市场领导者是指在市场上占有最大份额，并在价格变动、新产品开发、分销渠道和促销力度等方面均居领导地位的企业。要想继续保持领先地位，市场领导者必须在三个方面采取行动：进一步开拓市场、保持现有市场份额、扩大市场份额。

（2）市场挑战者是指其市场地位仅次于领导者，为取得更大的市场份额需要向领先者和其他竞争对手发起攻击和挑战的企业。这种企业可以选择五种进攻策略：正面进攻、侧翼夹击、包围歼灭、包抄迂回、游击式进攻。

（3）市场追随者是指满足于现有的市场地位，只是跟随领先者的战略变化而进行相应战略调整的企业。这类企业有几种追随策略可供选择。

①紧追不舍，在多个细分市场中模仿领先者，往往以一个挑战者的面貌出现，但对领先者并不构成严重威胁，因而不会发生正面大规模的冲突。

②若即若离，保持适当距离，但又在主要市场和主要产品上有所创新，并在一般价格水平和分销上追随领先者，因而它使领先者认为市场计划很少受到干扰，而且乐于让出部分市场以免遭受独占市场的指责。

③选择性追随，实行这种战略的企业在某些方面紧跟领先者，但有时又走自己的路。

（4）市场补缺者是指那些选择不大可能引起市场领导者企业兴趣的市场进行专业化经营的企业。其竞争战略应以"避实就虚、集中力量"为原则，将目标市场指向竞争对手力量相对不足或未注意到的细分市场上，可以是单一补缺，也可以是多种补缺。

（五）市场营销组合战略

市场营销组合战略是企业对自己可控制的各种营销战略的优化组合和综合运用，这些营销战略包括：产品战略、定价战略、分销战略和促销战略。

（1）产品战略。企业在制定产品战略时，必须考虑如何使产品组合最佳化，以应对竞争，获得利润；重视产品生命周期发展，适时推出新产品，或改进现有产品；配合品牌、包装等决策，使企业经营维持稳定，求得发展。可以采用的战略有以下几项。

①产品组合战略。产品组合是指企业向市场提供的全部产品线和产品项目的组合或搭配，它表明了企业经营范围和结构。

②新产品开发战略。新产品主要是指能给顾客带来某种新满足、新利益的产品。大体上可分为新发明的产品、革新后的产品、改进后的产品、新牌号的产品四种类型。

③产品生命周期战略。它一般可以分成四个阶段，包括引入期、成长期、成熟期和衰退期，即产品从进入市场到退出市场所经历的生命循环过程，进入和退出市场标志着周期

的开始和结束。

④品牌策略。品牌是指企业为自己的产品规定的商业名称，它包括两个部分：一是品牌名称，即品牌中可用语言(文字)表达的部分，如"康佳""松下""索尼"等名称；二是品牌标志，它是一种"视觉语言"。是指品牌中可以被认出、易于记忆但语言难以表达的部分，包括符号、图案、明显的色彩或字体，又称"品标"。品牌标志与品牌名称都是构成完整的品牌概念的要素。品牌标志自身能够创造品牌认知、品牌联想和消费者的品牌偏好，进而影响品牌体现的质量与顾客的品牌忠诚度。

(2)定价战略。定价会影响营销组合的成功，因此，适当的定价目标必须配合营销组合目标的要求。企业定价目标一般有生存、当期利润最大化、当期收入最大化、销售增长率最大化、市场利润最大化、产品质量领先、应付或避免竞争等。考虑到外部环境因素限制和内部经营能力和经营目标的需求，企业可以采取如下定价策略。

①新产品定价策略。新产品定价分为受专利保护的创新产品的定价和仿制新产品的定价。就前者而言，有两种定价策略可供选择，即撇脂定价和渗透定价。对于仿制新产品而言，企业有九种定价策略可供选择，即优质高价、优质中价、优质低价、中质高价、中质中价、中质低价、低质高价、低质中价、低质低价。

撇脂定价是指在产品生命周期的最初阶段新产品初上市时，把产品的价格定得很高，以攫取最大利润。企业之所以能这样做，是利用一部分消费者的求新心理，定一个高价，像撇取牛奶表面脂肪层那样先从这部分消费者那里取得一部分高额利润，然后再把价格降下来，以适应大众的消费水平。撇脂定价的实施条件是：市场规模较小；产品已有一定的知名度；目标顾客愿意支付高价，需求弹性弱；潜在竞争威胁不大。

渗透定价是在产品进入市场初期时将其价格定在较低水平，吸引尽可能多的消费者的营销策略。它是以一个较低的产品价格打入市场，目的是在短期内加速市场成长，牺牲高毛利以获得较大的销售量及市场占有率，进而产生显著的成本经济效益，使成本和价格得以不断降低。渗透价格并不意味着绝对的便宜，而是相对于价值来讲比较低。

②产品组合定价策略。当企业生产的系列产品存在需求和成本的内在关联性时，为了充分发挥这种内在关联性的积极效应，可采用这种定价策略。

③折扣与折让策略。企业为了鼓励顾客及早付清货款及大量购买、淡季购买，还可以酌情降低其基本价格。这种价格调整称为价格折扣与折让。价格折扣与折让有现金折扣、数量折扣、功能折扣、季节折扣与让价折扣五种类型。

④差别定价策略。这种策略也称为价格歧视，是指企业按照两种或两种以上不反映成本的比例差异的价格销售某种产品或服务。差别定价有顾客差别、产品差别、地点差别和时间差别四种类型。

⑤心理定价策略。心理定价策略包括声望定价、尾数定价和招徕定价三种类型。

(3)分销战略。分销渠道是指产品从生产者向消费者或用户转移过程中经过的中介商业组织和个人。分销渠道包括：批发商、代理商、零售商、商业服务机构(如交易所、广告公司、市场调研公司、银行和保险公司）。企业根据产品的特点、经营能力和条件、市场容量和需求面，可以选择不同的销售渠道和分销策略，如独家分销、密集分销、选择性分销。

（4）促销战略。所谓促销，就是企业将自己产品的信息通过各种方式传递给消费者和用户的行为。促销组合就是企业为达到预期的促销效果，有目的、有计划地把广告、宣传、报道、营业推广、人员推销等促销手段配合起来应用的策略。促销策略主要有推式策略和拉式策略两种。

①推式策略是指企业利用人员推销，以中间商为主要促销对象，把产品推入分销渠道，最终推向市场。这种推销策略要求销售人员针对不同顾客、不同产品采用相应的推销方法。

②拉式策略是指企业利用广告、公共关系和营业推广等促销方式，以最终消费者为主要促销对象，设法激发消费者对产品的兴趣和需求，促使消费者向中间商、中间商向制造商企业购买该产品。

三、财务战略

财务战略是指为谋求企业资金均衡、有效的流动和实现企业整体战略，为增强企业财务竞争优势，在分析企业内外环境因素对资金流动影响的基础上，对企业资金流动进行全局性、长期性与创造性的谋划，并确保其执行的过程。财务战略包括资金筹集战略、资金运用战略和利润分配战略。

（一）资金筹集战略

资金筹集战略是关于企业从什么渠道、以什么方式获取企业所需资金，如何以较低代价、较低风险筹集较多资金，以支持企业经济发展的战略。按照资金的时间特点，可以分为短期资金和长期资金。短期资金筹集方式是指企业短期（一般在一年以内）使用的资金。这种资金来源较多，通常有商业信用、银行信用、应付费用。长期资金筹集方式则是指企业使用期在一年或一个经营周期以上的资金。从资本市场看，企业长期资金来源主要有普通股、优先股、公司债券三种。这三种资金来源在收益、风险与控制方面各有利弊。

（二）资金运用战略

资金运用战略是决定企业资金投放方向、投放规模，以提高资金运用效果的战略，包括长期和短期投资战略两种。长期投资战略是对有一定量的资金在长期投放上规定其合理、有利和有效运用的战略；短期投资战略是指企业资金在短期投放上，规定其合理、有效运用的战略。对于企业来说，两种战略合理结合，才能使企业长短期投资结构保持合理的比例。

（三）利润分配战略

利润分配是利用价值形式对社会剩余产品所进行的分配。企业的利润分配战略应遵循既有利于股东又有利于企业的原则。具体来说，有以下几点。

（1）满足企业利润的再投资。以利润作为资本来源，使企业自强自富，尽量避免企业承担长期债务。

（2）稳定的股利战略。稳定股利战略有利于稳定现有股东队伍及股价。在正常的股市，人们多从投资角度购买股票，而不将其视为投机。

（3）合理的股利基金。在利润多的年份，拿出部分利润作为股利基金，既不分给股东，也不进行其他的投资，以防未来股利的减少和企业的亏损，有利于塑造企业良好的信誉。

四、产品战略

产品战略是产品研究与开发战略的简称。产品研究与开发战略是指决定企业新产品或新服务项目的引进、现有产品的改良或改组，以及过时产品的淘汰。这是企业生产经营管理中一项永远不会完结的经常性工作。随着当今市场需求日益多变、技术迅猛发展，这个问题变得更为重要。今天的市场上几乎没有几十年一成不变的产品，产品每隔几年、几个月就必须更新换代。与此同时，飞速发展的技术也使得新产品和新生产技术不断涌现。所以企业必须不断、及时地选择能够满足市场新需求的产品。对于企业来说，这是经营成功至关重要的一环。

（一）产品战略定义

产品战略是企业对其所生产与经营的产品进行的全局性谋划。它与市场战略密切相关，也是企业经营战略的重要基础。企业要依靠物美价廉、适销对路、竞争力强的产品，去赢得顾客、占领与开拓市场、获取经济效益。产品战略是否得当，直接关系企业的胜败兴衰和生死存亡。

制定产品选择战略的核心问题就是在评价企业产品的获利能力或经济性的基础上，达到企业产品组合优化。

（二）产品战略分类

（1）产品生命周期。是指一种产品从试制成功、投放市场开始，最后被新产品代替，退出市场的全部经历。产品生命周期由引入期、成长期、成熟期和衰退期四个阶段组成。

①引入期。产品投入市场，处于试销阶段，销售额的年增长率一般低于10%。这时产品设计尚未定型，工艺不够稳定，生产批量小、成本高。用户对产品不太了解，竞争对手少，一般可能没有利润，甚至发生亏损。本阶段的主要对策有：采取措施尽量缩短其时间长度，以减少经济损失；进一步改善产品设计和工艺水平；加强市场调查与预测，宣传与促销，努力增加销售额。

②成长期。产品销售量迅速上升，销售额的年增长率一般在10%以上，产品设计、工艺基本定型，生产批量增大，成本降低，利润上升，市场出现竞争者。本阶段的主要对策有：加强综合计划，改进生产管理；适时进行技术改造，提高产品质量和生产能力；加强广告促销与售后服务，努力开拓市场。

③成熟期。市场趋近饱和，销售量的年增长率一般为-10%~+10%，利润达到高峰，较多竞争者进入市场，竞争非常激烈。本阶段的主要对策有：努力提高产品竞争能力，扩大销售；采取措施改进产品质量，改进生产管理，加强广告、促销与技术服务，合理调整产品价格等。

④衰退期。新产品开始进入市场，逐渐取代老产品，销售额的年增长率低于-10%，利润日益下降。本阶段的主要对策有：采取优惠价格、分期付款等方法促进销售；在保证经济性的前提下，设法延长产品生命周期，如扩大产品用途、改善产品质量、降低产品价格、改进产品包装、改善技术服务等；在适当时机果断地淘汰老产品，推出新产品，实现更新换代。

（2）产品组合优化。此方法是由美国通用电气公司和波士顿战略咨询集团于20世纪60年代中期合作研究提出的"产品项目平衡管理技术"，简称PPM。产品组合优化方法主要有以下作用。

①对产品的市场吸引力(包括资金利润率、销售利润率、市场容量、对国民经济的影响程度等)和企业实力(包括市场占有率、生产能力、技术能力、销售能力等)的各个具体因素确定评分标准。

②按照各项因素的评分标准给每一个产品(产品项目或产品线)评分。分别计算每种产品的市场吸引力和企业实力的总分。

③依据产品的市场吸引力总分和企业实力总分的高低，分别把它们各自划分为大、中、小三等。

④按照每种产品的市场吸引力和企业实力的大、中、小情况，分别填入产品系列分布象限，见表1-3。表中纵向表示市场吸引力高低，横向表示产品的企业实力大小。两方面的因素有九种组合方式，于是在表中形成九个象限。

表1-3　产品系列分布象限

市场吸引力	企业实力		
	小	中	大
大	(1)	(4)	(7)
中	(2)	(5)	(8)
小	(3)	(6)	(9)

⑤依据产品所在的象限位置，采取相应对策。

第(1)象限：市场吸引力大，但企业实力弱，属于有问题产品。应采取选择性投资、提高企业实力、积极发展、提高市场占有率的对策。

第(2)象限：市场吸引力中等，而企业实力弱，属于风险产品。应采取维持现状、努力获利的对策。

第(3)象限：市场吸引力和企业实力都很弱，属于滞销产品。应采取收回投资后停产、予以淘汰的对策。

第(4)象限：市场吸引力大，企业实力中等，属于亚名牌产品。应采取增加投资、提高实力、大力发展的对策。

第(5)象限：市场吸引力和企业实力均为中等，属于维持产品。应取维持现状的对策。

第(6)象限：市场吸引力小，企业实力中等，属于滞销产品。应采取撤退和淘汰的对策。

第(7)象限：市场吸引力和企业实力都很强大，属于名牌产品。应采取积极投资、发挥优势、大力发展、提高市场占有率的对策。

第(8)象限：市场吸引力中等，企业实力强，属于高盈利产品。应根据市场预测，对有前途的产品予以改进和提高；对需求稳定的产品，采取维持现状、尽力获利的对策。

第(9)象限：市场吸引力小，而企业实力强，属于微利、无后劲的产品。应采取逐步减产和淘汰的对策。

(三)产品开发战略

产品开发在企业经营战略中占有重要地位。新产品是指产品的结构、物理性能、化学成分和功能用途与老产品有着本质的不同或显著的差异。它又分为全新产品、换代新产品、改进型新产品等几种情况。现对产品开发战略分述如下。

(1)领先型开发战略。采取这种战略的企业会努力追求产品技术水平和最终用途的新颖性，保持技术上的持续优势和市场竞争中的领先地位。它要求企业有很强的研究与开发能力和雄厚的资源。

(2)追随型开发战略。采取这种战略的企业并不抢先研究新产品，而是当市场上出现较好的新产品时，进行仿制并加以改进，迅速占领市场。这种战略要求企业熟悉、掌握对手情况；密切跟踪对手动态；具有很强的消化、吸收与创新能力。但追随型开发战略容易引起知识产权纠纷。

(3)替代型开发战略。采取这种战略的企业会有偿运用其他单位的研究与开发成果。研究与开发力量不强、资源有限的企业多采用这种战略。

(4)混合型开发战略。为了提高产品市场占有率和企业经济效益，企业依据实际情况，可混合使用上述几种产品开发战略。

进行产品决策时，需要从市场条件、生产运作条件及财务条件三个方面去考虑。其中，市场条件主要是指该新产品市场的产品生命周期、市场需求的响应程度、售后服务需要、企业的流通销售渠道、企业的竞争能力等；生产运作条件是指该新产品的技术可行性、与现有工艺的相似性及企业人员及设备能力、物料供应商的情况等；财务条件是指该新产品开发、生产所需要的投资、其风险程度、预计的销售额及利润。市场条件主要关系到未来的营业额，而生产运作条件将主要决定产品的成本，财务条件则综合考虑二者。有时还要考虑其他因素，如环境与社会伦理。前者是指注意不要生产出人类和社会所不希望的副产品，如污染；后者是指新产品选择必须考虑到不违背公序良俗，如赌博业、黄色音像制品等。

五、生产战略

生产战略是企业根据所选定的目标市场和产品特点构建其生产系统时所应遵循的指导思想，以及在这种指导思想下形成的一系列决策、规划及计划。生产战略作为一个职能战略，其作用是在生产领域内取得某种竞争优势以支持企业的经营战略，而不局限于处理和解决生产领域内部的矛盾和问题。

生产是投入转化为产出的过程，是制造企业最重要的过程，没有生产就没有整个企业存在的必要，也就根本不需要企业的其他职能战略。生产战略主要是规划企业的生产技术、生产流程和设备和生产能力。

（一）生产技术

企业生产技术的选择基本上决定了企业的生产流程、设备的配置、生产效率、生产成本和未来企业运行的效率，是企业"先天性"的竞争能力。生产技术具有相对稳定性，也就是说企业所选用的生产技术会持续一定时间，不可能立即更新改造。所以企业生产技术的选择对实现企业的整体经营计划有重要的作用。如果企业的整体战略是低成本战略，则要求生产技术选择能够实现大批量的规模生产；如果企业整体战略追求的是差异化，则生产技术的选择就是实现柔性能力，以便适合小批量多品种的生产。生产技术的选择除了与企业的整体经营战略保持一致外，还需要考虑市场的需求和整个生产系统运行的经济效益。

（二）生产流程和设备

生产技术的一项重要体现就是生产线的自动化程度。生产线按人工参与生产控制的程度可以分为手工生产线、半自动生产线、全自动生产线；按生产线转产的灵活程度又分为刚性生产线和柔性生产线。一般情况下，手工生产线需要的生产设备最少，生产效率最低，投资量最小；全自动生产线需要的生产设备最多，生产效率最高，投资也最大，手工生产线投资则最小。此外，全自动生产线由于使用了大量的专用设备，从一种产品转到生产另一种产品需要调整的设备多，需要的时间长，所以全自动化生产线的柔性比手工生产线差。现在一些企业为了适应小批量多品种的生产需要，专门使用多功能设备，设计柔性自动化生产线，这种生产线的设备使用多、投资大，但生产效率基本与全自动生产线相同，而生产线的柔性也得到了大幅度提升。

选择不同的生产技术方案可以为企业带来不同的生产运行环境和竞争优势，这可以用单位产品的生产成本进行评价。

企业生产总成本为固定成本和变动成本之和：即 $C=C_f+C_v$，而固定成本 C_f 就是生产厂房、生产设备等固定资产的折旧费用和其他费用之和，是一个相对的常数，不会随着生产产量变化；而变动成本 C_v 主要是构成产品的直接材料和人工费用，是一个变量，随着生产产量的增加而增加。所以，单位产品成本 $C_e = C_f/Q + C_v/Q = C_f/Q + D$，生产规模越大，产量越高，单位产品的成本就越低。但是当面临对资金占用多的生产线（全自动化生产线）和资金占用少的手工生产线的选择时，需要考虑总成本，产量是决定性的因素（C：总成本，C_f：固定成本，C_v：变动成本，C_e：单位产品成本，Q：产量，D：单位变动成本），如图1-4所示。

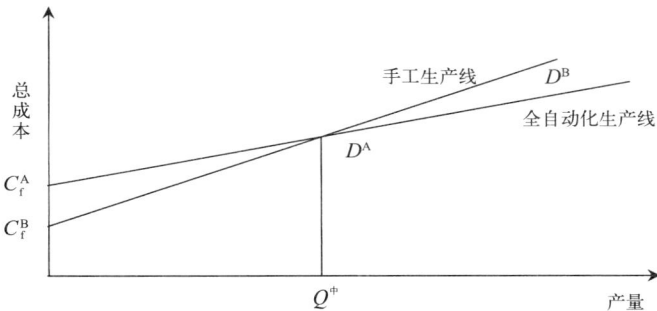

图1-4　生产线选择的经济分析图

自动生产线 A：自动化程度高，投资大，固定成本 C_f^A 高；生产效率高，直接人工占用少，所以变动成本 D^A 比较小。手工生产线 B：自动化程度低，投资小，固定成本 C_f^B 小；生产效率不高，直接人工占用多，所以变动成本 D^B 比较大。两条线的交叉点为产量 Q^+。从图1-4中可以直观地看到，当市场对企业的产量需求小于 Q^+ 时，C^B 总成本较小，选择投资少的手工生产线就是经济的。反之，市场对企业的产量需求大于 Q^+ 时，则选择自动化生产线。

所以，对规模经济原理的一般理解是：生产规模（或设施规模）越大，产出的平均成本越低。因为规模越大，固定成本和最初的投资费用就可分摊到越多的产品中，产品的单位成本越低。此外，大规模生产在制造、工艺方面还有很多降低成本的机会，如学习效应、不需要很多作业交换时间、可采用高效专用设备、中间库存减少等。但实际上也并不完全如此。当规模扩大到一定程度时，管理、协调的复杂性急剧增加，从而引起间接成本（内部管理成本）的急剧上升，组织的注意力会分散，生产效率也有可能降低（部门之间的摩擦、信息传递耗费时间等），从而使总成本又上升。因此，要有一个"适度规模"。当然，在给定的设施规模下，还存在一个最优的生产运作水平问题，必须有周密的计划安排才能发挥生产设施的效率。

（三）生产能力

企业生产能力，是指整个企业的最大产出能力（产量）。除主要与生产设施的能力有关以外，还受到操作人员的能力和管理水平的影响。一般是指生产设施的能力。企业生产能力满足市场需求的程度是企业能力规划考虑的中心问题。如果生产能力不能满足市场需求，可能导致客户需求不能及时满足，造成满意度下降。生产能力严重不足时，不能按时交货，还会遭到客户索赔，当然就不能提高市场占有率，企业不能获得发展。但反过来，生产运作能力过大，又会导致设施闲置、资金浪费，导致企业损失。

生产能力规划的另外一个问题就是能力调整的时间。生产能力调整就像企业生产产品一样，也需要时间来完成。何时扩大，扩大多少，在极端情况下，有两种策略：积极策略和消极策略。积极策略中的能力扩大时间超前于需求，每次扩大的规模较大，但两次扩大之间的时间间隔较长；而在消极策略中，能力的扩大时间滞后于需求，每次扩大的规模较小，但扩大次数较多，即两次扩大之间的时间间隔较短。还有位于二者之间的中间策略，如图 1-5 所示。

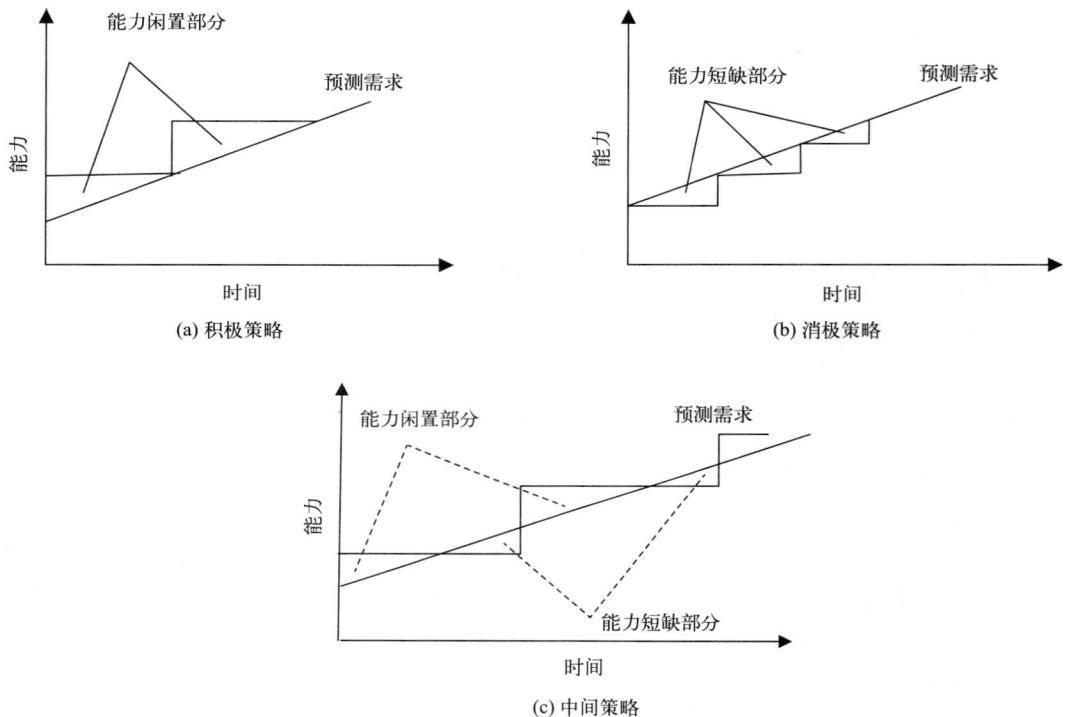

(a) 积极策略

(b) 消极策略

(c) 中间策略

图 1-5　三种策略示意

积极策略的能力扩大时间超前于需求，因此会带来较大的缓冲，可以减少由于能力不足而引起的机会损失；消极策略的能力扩大时间滞后于需求，能力不足部分可以采取加班加点、雇用临时工、任务外包、共用安全库存等措施来补救。但这些措施都有其不利的一面。如加班需要支付高于正常水平的工资，工作时间过长容易引起生产率降低等。在组织的素质比较高、学习效应比较强、规模经济有其优势情况下，积极策略就是很有利的，它可以使企业降低成本，取得价格上的竞争优势，还可以扩大市场占有率。消极策略是一种保守型、稳妥型策略，其风险性较小。消极策略可有效降低如对需求过于乐观的估计、技术的重大变化使现有设备报废，以及其他难以预测的因素所带来的风险。有很多企业，尤其是中小企业不愿意冒风险，它们只是通过追随其他成功企业的做法，多利用上述列举的各种临时措施、尽量提高投资回收率等方法来维持企业的生存和稳步发展，但这种方法会带来市场占有率的降低。

六、人力资源战略

(一)人力资源战略定义

人力资源战略是指根据企业总体战略的要求，为适应企业生存和发展的需要，对企业人力资源进行开发，提高职工队伍的整体素质，从中发现和培养一大批优秀人才所进行的长远性谋划和方略。人力资源战略是为实现企业总体战略服务的，包括人力资源开发战略、人力资源的使用战略等。

(二)人力资源战略的目标

企业必须依据总体战略要求来确定人力资源战略的目标。这些目标包括：根据企业中长期发展的要求，保证其对人力资源总量的需要；优化人力资源结构，形成合理的人才结构，满足企业各层次、各专业对人才的需要；提高每个劳动者的素质，使之与其岗位工作的要求相适应，发挥人力资源的整体效能；努力把人力转化为人才，使每个劳动者都能成才，发挥他们的积极性、进取性和创造性，为企业发展和进步做出应有的贡献。

【本章小结】

企业作为社会组织，具有明确的目的和功能：其产品满足社会的需要，能够产生利润，为股东带来收益。为达到这个目标，企业需要：建立合适的组织架构；为各个部门分配职责权限，选派合适的人员；为企业发展制定总体战略，并进一步制定实施市场战略、产品战略。

【复习思考题】

1. 企业基本运作过程是什么？以下各种组织的投入和产出是什么？

　　a. 旅馆　　　b. 汽车制造厂　　c. 造纸厂　　d. 报社　　e. 自选商场　　f. 银行

2. 简述现代企业面临的环境特点，以及企业采取的对策。

3. 简述各种组织架构的特点和适用性，分析一家企业的组织架构。

4. 简述企业发展战略的层次关系，分析一家企业(如海尔、联想、国美等)在当前采取的战略。

第二章　企业过程管理简述

企业过程管理是对企业生产经营活动进行计划、组织、指挥、协调和控制等一系列活动的总称，是社会化大生产的客观要求。企业过程管理是尽可能利用企业的人力、物力、财力、信息等资源，实现多、快、好、省的目标，取得最大的投入产出效率。本章将对企业管理过程中最重要的财务管理、市场营销、生产管理和采购管理进行重点介绍，剖析运作流程和主要管理工作。通过本章的学习，可以加深对企业管理运作过程的理解，获得企业实际运行的知识。

【本章重点】

资金筹措和资金使用；成本核算；生产计划和平衡；销售过程和市场竞争力分析；采购过程和采购计划。

第一节　企业财务管理

企业财务管理是对企业资金运作的管理，是企业业务活动的价值管理过程。通过企业的财务管理可以使企业的业务活动最终能够达到企业的基本目的——实现企业的盈利。

一、财务管理概述

在生产过程中，企业将生产中消耗掉的生产资料的价值转移到产品中，并创造出新的价值，通过实物商品的出售，使转移价值和新创造的价值得以实现。实物产品不断运动，实物商品的价值形态也不断发生变化，由一种形态转化为另一种形态，周而复始，不断循环，形成了资本运动。资本运动反映了企业再生产过程的价值方面，构成了企业经济活动的一个独立方面。

例如，初始状态下的货币资本需要通过资本筹集活动来取得，企业资本的运用需要通过投资活动来实现，而企业取得的收益则需要通过资本收益分配活动来完成。这种筹资、投资和资本收益分配等资本运动，称为企业财务活动。财务管理就是对财务活动所进行的管理，财务管理过程就是指对资本取得、资本运动和资本收益分配的过程管理。

（一）资金筹集

企业的发展前提往往伴随着巨大的资本需求，而仅依靠企业自身利润的积累是远远不够的，必须广泛开展筹资活动，筹集企业生产经营发展所需要的资本。取得资本是企业存在和发展的基本条件，是资本运作活动的起点，也是资本运用的前提。资本筹集也称资本取得。

（1）资本筹集是指企业为了满足投资和用资的需要，筹措和集中资本的过程。无论是新建企业还是经营中的企业，都需要取得一定数量的资本。

（2）资本需要量的确定。资本筹集有一个合理的数量界限，筹资不足会影响生产经营活动和投资活动，筹资过剩又会影响资本的使用效益，甚至加重企业的财务负担。

资本需要量的确定要"以需定量，量力而行"。筹资的规模、时机和结构要适应投资的要求。同时，在确定资本需要量的基础上，要注意控制资本的投放时间，根据产品的生产规模和销售趋势，合理安排不同时期的资本投入量和投入时间，正确选择筹资渠道和筹资方式，努力降低资本成本；分析筹资对企业控制权的影响，保持企业生产经营的独立性；合理安排资本结构，适度运用负债经营。减少不必要的资本占用。这都需要通过财务管理才能实现。

（3）筹资渠道。企业可以从两个方面筹资并形成两种性质的资本。

①企业权益资本，它通过所有权融资方式取得，如向投资者吸收直接投资、发行股票、企业内部留存收益等。

②是企业债务资本，它通过负债融资方式取得，如向银行借款、发行债券、应付款项等。企业在取得资本时，应当科学地安排资本结构，适度运用举债经营。举债经营是现代企业经营的一种重要策略，但举债经营需要符合两个基本条件：一是投资收益率应高于资本成本率；二是举债的数量应与企业的资本结构和偿债能力相适应。

（二）资本运用

企业取得资本后，应当将资本有目的地进行运用，以谋求最大的资本收益。企业资本运用是企业资本运动的中心环节，它不仅对资本筹集提出要求，而且也影响企业资本收益的分配。企业资本运用包括资本投资和资本营运两个方面，前者是针对长期资本而言，后者则是针对短期资本而言。

（1）企业资本投资是指企业以营利为目的的资本性支出，即企业预先投入一定数额的资本，以便获得预期经济收益的财务行为。企业在投资过程中，必须认真安排投资规模，确定投资方向，选择投资方式，确定合理的投资结构，提高投资效益，降低投资风险。

（2）资本投资种类。企业资本投资按投资对象可分为项目投资和金融投资。

①项目投资是企业通过购买固定资产、无形资产，直接投资于企业本身生产经营活动的一种投资行为，它是一种对内的直接性投资。项目投资的目的是改善现有的生产经营条件，扩大生产能力，获得更多的经营利润。在项目投资方面，财务管理的重点是：在投资项目技术性论证的基础上建立严密的投资程序，运用各种技术分析方法测算投资项目的财务效益，分析投资项目的财务可行性。

②金融投资是企业通过购买股票、基金、债券等金融资产，间接投资于其他企业的一种投资行为，它是一种对外的间接性投资。

（3）资本营运。企业在日常生产经营过程中，会发生一系列经常性的资本收付。企业要采购材料或商品，以便从事生产和销售活动；当企业把产品或商品售出后，可取得收入，收回资本；如果企业现有资本不能满足企业经营的需要，还要采取短期借款方式来筹集营运资本。这些因企业生产经营而引起的财务活动构成了企业的资本营运活动，也是企业财务管理的重要内容。

在资本运用过程中的财务管理的目的是使筹集的资本得到有效和合理的应用，既保证企业资本投资和资本营运正常开展进行所需要的资本额度，同时尽量避免筹集的资本被闲置。

（三）资本收益分配

企业应当通过资本运用取得收入，实现资本的保值和增值。资本收益的分配是企业资本运动一次过程的终点，又是下一次资本运动的起点，起着两次资本运动之间的连接作用，是企业资本不断循环周转的重要条件。

资本收益分配是多层次的。企业通过投资取得的收入（如销售收入），首先要用来弥补生产经营耗费，交纳流转税，其余部分为企业的营业利润。营业利润与投资净收益、营业外收支净额等构成企业的利润总额。利润总额首先要按国家规定交纳所得税，净利润要提取公积金，其余利润作为投资者的收益分配给投资者，或暂时留存企业，或作为投资者的追加投资。

在资本收益分配过程中的财务管理需要处理好留存收益和分配股利等关系，在保证企业可持续发展的同时，兼顾股东、债权人等相关方的利益。

二、资金筹措

资金是企业生命的血液，是企业开展生产经营活动的基本条件。由于企业资金运动过程中的收支不平衡性，资金临时不足的企业为保证企业生产经营过程不致停滞，往往愿意以一定代价获取在一定期间内运用他人资金的权力；而发生资金临时剩余的企业受利益动机的驱使，也不愿自己的资金闲置，希望在不影响自己到期使用的情况下把剩余资金交给他人使用一段时间，并为此索取一定的报酬。企业筹资就是指资金短缺的企业以一定的代价从资金剩余者手中获取资金使用权的过程。

（一）企业筹资的动机

企业筹资的动机有：扩张性动机（指企业因扩大生产经营规模或追加对外投资而产生的筹资动机）；临时性动机（指企业为维持现有规模而筹措临时资金）；偿债性动机（指企业偿还到期债务或调整债务结构而形成的筹资动机）。

（二）企业筹资地位

企业筹资在企业财务管理乃至企业管理中均占有重要的地位。

（1）企业筹资是企业财务管理和企业生产经营活动的起点。创立企业必须筹集一定数额的资本；企业生产经营活动的开展必须以一定的资金作为条件；任何投资项目都必须以一定的资金作保障；企业财务管理首先就是筹集资金，然后才能进行投资、资本营运并有效地进行收益分配。

（2）企业筹资是企业经营成败的先天条件。企业筹资效率直接影响企业的经营绩效，在一定的投资报酬率的前提下，筹资成本低，企业效益就好；筹资成本高，企业效益就差。过高的筹资成本，会造成企业先天不良、从而失败。

（三）筹资方式

筹资方式是指企业筹措资金所采用的具体形式，体现着资金的属性。企业筹资管理的重要内容是如何针对客观存在的筹资渠道选择合适的筹资方式。正确认识筹资方式的类型及各种筹资方式的属性，有利于企业选择适宜的筹资方式并有效地进行筹资组合，达到降低筹资成本的目的。

目前我国企业筹资方式主要有：吸收直接投资、发行股票、发行债券、银行借款、融资租赁、商业信贷等。

三、成本核算

成本是企业生产经营过程中所耗费的经济资源。

（一）成本的分类

（1）按经济性质分类。在实务中，为了便于分析和利用，生产经营成本按经济性质划分为以下类别：外购材料，指耗用的从外部购入的原料及主要材料、辅助材料、包装物、修理用备件、低值易耗品和外购商品等；外购燃料，指耗用的一切从外部购入的各种燃料；外购动力，指耗用的从外部购入的各种动力；工资，指企业应计入生产经营成本的职工工资；提取的职工福利费，指企业按照工资总额的一定比例提取的职工福利费；折旧费，指企业提取的固定资产折旧；税金，指应计入生产经营成本的各项税金，包括印花税、车船使用税等；其他支出，指不属于以上各要素的耗费，包括租赁费、外部加工费等。

（2）按经济用途分类。在实务中，按照现行财务会计制度规定，生产经营成本分为生产成本、营业费用和管理费用三大类。这种分类反映了企业不同职能的耗费，也称成本按职能的分类，有利于成本的计划、控制和考核。

①生产成本，主要包括4个成本项目。直接材料，指直接用于产品生产、构成产品实体的原料及主要材料、外购半成品、有助于产品形成的辅助材料以及其他直接材料。直接人工，指参加产品生产的工人工资及按生产工人工资总额和规定的比例计算提取的职工福利费。燃料和动力，指直接用于产品生产的外购和自制的燃料及动力费。制造费用，指为生产产品和提供劳务所发生的各项间接费用。

②营业费用，包括营销成本、配送成本和客户服务成本。

③管理费用，包括研究开发成本、设计成本和行政管理成本。

（二）成本核算过程

成本核算的过程其实就是将平时按经济性质归集的各种费用，按照经济用途再分类的过程。其基本步骤如下。

（1）对所发生的成本进行审核，确定哪些成本是属于生产经营成本，并在此基础上区分产品成本和期间成本。

（2）将应计入产品成本的各项成本区分为应当计入本月的产品成本与应当由其他月份产品负担的成本。

（3）将本月应计入产品成本的生产成本区分为直接成本和间接成本。将直接成本直接计入成本计算对象，将间接成本暂时计入有关的成本中心。

（4）将各成本中心的本月成本依据成本分配基础，按照一定的分配方法分配到最终的成本计算对象。

（5）将既有完工产品又有在产品的成本在完工产品和期末在产品之间进行分配，并计算出完工产品总成本和单位成本。

（6）将完成产品成本计入成产成本。

（7）将期间费用直接计入本期损益。

四、资金使用预算

根据企业的需要筹措好资金后，下面就是如何合理使用资金的问题。编制资金使用计划就是将决策提供的目标和选定的方案形成与资金有关的各种计划指标，为保证计划指标完成的具体措施，协调各项计划指标之间的相互关系，编制各项资金使用计划的总合。资金使用计划也是落实企业经营目标和保证措施的重要工具。下面分别简要介绍各项预算。

（一）销售预算

销售预算是整个预算的编制起点，其他预算的编制都以销售预算作为基础。销售预算的主要内容有销量、单价和销售收入。销量是根据市场预测或者销售合同并结合企业生产能力确定的。单价是通过价格决策确定的。销售预算中通常还包括预计现金收入，其作用是为编制现金预算提供必要的资料。如一年中的第一季度的现金收入包括两部分，即上年应收账款在本年第一季度收到的货款，以及本季度销售中可能收到的货款部分。

（二）生产预算

生产预算是在销售预算的基础上编制的，其主要内容有销量、期初和期末存货、生产量。通常，企业的生产和销售不能做到"同步同量"，需要设置一定的存货，以保证能在发生意外需求时按时供货，并可均衡生产，节省赶工的额外支出。

生产预算在实际编制时是比较复杂的，产量受到生产能力的限制，存货数量则受到仓库容量的限制，只能在此范围内来安排存货数量和各期生产量。此外，有的季度可能销量很大，可以用赶工方法增产，为此要多付加班费。如果提前在淡季生产，会增加存货而多付资金利息。因此，要权衡两者利弊，选择成本最低的方案。

(三) 直接材料预算

直接材料预算是以生产预算为基础编制的，同时要考虑原材料存货水平。

$$预计采购量 = (生产需用量 + 期末存量) - 期初存量$$

为了便于以后编制现金预算，通常要预计材料采购各季度的现金支出。每个季度的现金支出包括偿还到期应付账款和本期应支付的采购货款。

(四) 直接人工预算

直接人工预算也是以生产预算为基础编制的。其主要内容有预计产量、单位产品人工工时、每小时人工成本、人工总工时和人工总成本。预计产量数据来自生产预算；单位产品人工工时和每小时人工成本数据来自标准成本资料；人工总工时和人工总成本是在直接人工预算中计算得来的。

(五) 制造费用预算

制造费用预算通常分为变动制造费用和固定制造费用两部分。变动制造费用以生产预算为基础来编制。如果有完善的标准成本资料，用单位产品的标准成本与产量相乘，即可得到相应的预算金额。如果没有标准成本资料，就需要逐项预计计划产量需要的各项制造费用。固定制造费用需要逐项进行预计，通常与本期产量无关，按每季度实际需要的支付额预计，然后求出全年数。

(六) 产品成本预算

产品成本预算是生产预算、直接材料预算、直接人工预算、制造费用预算的汇总。其主要内容是产品的单位成本和总成本。产品单位成本的有关数据来自前述三个预算。生产量、期末存货量来自生产预算；销售量来自销售预算；生产成本、存货成本和销货成本等数据根据单位成本和有关数据计算得出。

(七) 销售及管理费用预算

销售费用预算是指为实现销售预算所需支付的费用预算。它以销售预算为基础，分析销售收入、销售利润和销售费用的关系，力求实现销售费用的最有效使用。在安排销售费用时，要利用本量利分析方法，费用的支出应能获取更多的收益。在草拟销售费用预算时，要对过去的销售费用进行分析，考察过去销售费用支出的必要性和效果。

管理费用是经营好企业必需的费用。随着企业规模的扩大，一般管理职能的重要性日益凸显，其费用也相应增加。在编制管理费用预算时，要分析企业的经营业绩和一般经济状况，务必做到费用合理化。管理费用多属于固定成本，一般是以过去的实际开支为基础，按预算期的可预见变化来调整。重要的是，必须充分考察每种费用是否必要，以提高费用效率。

（八）现金预算

在企业实践中，资金使用计划常常以现金预算的形式表现出来。作为企业全面预算的一个重要部分，现金使用预算是与企业生产预算、销售预算和成本预算等互相联系的。现金预算的内容包括现金收入、现金支出、现金多余或不足的计算，以及不足部分的筹措方案和多余部分的利用方案等。现金预算实际上是其他预算有关现金收支部分的汇总，以及收支差额平衡措施的具体计划。它的编制要以其他各项预算为基础，或者说其他预算在编制时要为现金预算做好数据准备。

现金预算由四部分组成：现金收入、现金支出、现金多余或不足、资金的筹集和运用。表2-1为制造型企业现金预算表。由于该表经常用到，读者可扫描二维码下载。

表2-1　现金预算表

项目	季度				全年
	1	2	3	4	
期初现金余额					
加：销货现金收入					
可供使用现金					
减：各项支出					
直接材料					
直接人工					
制造费用					
销售及管理费用					
所得税					
购买设备					
支出合计					
等于：现金多余或不足					
加：向银行借款					
减：还银行借款					
借款利息					
合计					
期末现金余额					

现金收入部分包括期初现金余额和预算期现金收入，销货取得的现金收入是其主要来源。"期初现金余额"是在编制预算时预计的；"销货现金收入"的数据来自销售预算；"可供使用现金"是期初余额与本期现金收入之和。

现金支出部分包括预算期的各项现金支出。"直接材料""直接人工""制造费用"和"销售及管理费用"的数据分别来自有关预算。此外，还包括"所得税""购买设备""股利分配"等现金支出，有关的数据分别来自另行编制的专门预算。

现金多余或不足部分列示现金收入合计与现金支出合计的差额。差额为正，说明收大于支，现金有多余，可用于偿还过去向银行取得的借款，或者用于短期投资；差额为负，说明支大于收，现金不足，要向银行取得新的借款。

$$借款额 = 最低现金余额 + 现金不足额$$

现金预算的编制以各项营业预算和资本预算为基础，它反映各预算期的收入款项和支出款项，并对比说明。其目的在于资金不足时筹措资金，资金多余时及时处理现金余额，并且提供现金收支的控制限额，发挥现金管理的作用。

第二节　企业市场营销管理

一、市场营销概述

市场营销就是企业在一定的市场环境中，在有效的时间、有效的地点、以顾客接受的价格和沟通方式将符合顾客需求的产品卖给目标顾客，并实现顾客的满意与忠诚的过程。

美国市场营销协会（AMA）将市场营销定义为："营销是规划和实施理念、商品和服务的设计、定价、促销和分销以实现满足个人和组织目标的交换的过程。"

二、市场营销过程

市场营销是一个管理过程，这个过程需要确定并预计客户的需求，再通过一系列的研发、生产、销售、客户服务环节去满足客户的需求，并在满足需求的过程中保证企业获利。这个过程相当复杂，与企业内部、外部的环境紧密相关，需要进行科学的管理。市场营销过程是指企业千方百计满足消费者消费需求、实现企业经营目标的商业活动过程，它包括市场调研、产品开发、价格确定、销售渠道、促销策略、售后服务等一系列与市场有关的企业经营活动。市场营销管理过程包括如下步骤。

(一)发现和评价市场机会

（1）发现市场机会。发现市场中很重要的一点是发现潜在的市场，就是客观上已经存在或即将形成而尚未被人们认识的市场。要发现潜在市场，必须进行深入细致的调查研究，弄清市场对象是谁，容量有多大，消费者的心理、经济承受力如何，市场的内外部环境怎样等。要发现潜在市场，除了充分了解当前的情况，还应该按照经济发展的规律预测未来发展的趋势。市场营销管理人员可通过广泛搜集市场信息、进行市场细分来发现市场。

（2）评价市场机会。市场营销管理人员不仅要善于寻找、发现有吸引力的市场机会，而且要善于对所发现的各种市场机会加以评价，要看这些市场机会与本企业的任务、目标、资源条件等是否一致，要选择那些比其潜在竞争者有更大的优势、能享有更大的"差别利益"的市场机会作为本企业的企业机会。

（二）市场细分和选择目标市场

目标市场营销即企业为识别不同的顾客群，进行市场细分，选择其中一个或几个作为目标市场，运用适当的市场营销组合，集中力量为目标市场服务，满足目标市场需要。目标市场营销由市场细分、目标市场选择和市场定位三个步骤组成。

（1）市场细分就是指企业按照某种标准将市场上的顾客划分成若干个顾客群，每一个顾客群构成一个子市场，不同子市场之间，需求存在着明显差别。

进行市场细分有利于选择目标市场和制定市场营销策略；有利于发掘市场机会，开拓新市场；有利于集中人力、物力投入目标市场；有利于企业提高经济效益。除此之外，通过市场细分，企业可以针对自己的目标市场，生产出适销对路的产品，既能满足市场需要，又可增加企业的收入；产品适销对路可以加速商品流转，加大生产批量，降低企业的生产销售成本，提高生产工人的劳动熟练程度，提高产品质量，全面提高企业的经济效益。

（2）目标市场是指企业决定要进入并准备为之服务的市场，是企业制定营销战略的基础，企业的营销组合都是围绕目标市场制定的，而细分市场的目的，就是便于企业选择适合自己的目标市场，制定有效的市场战略，集中优势，取得业绩。

企业在划分好细分市场之后，可以进入既定市场中的一个或多个细分市场。在确定目标市场时可参考以下三个标准：是否有一定的规模和发展潜力、是否具有吸引力、是否符合企业目标和能力。通常来说，企业在选择目标市场时有以下五种可供参考的模式。

①市场集中化。这是最简单的目标市场选择模式。即：企业只选取一个细分市场，只生产一类产品，供应单一的顾客群，进行集中营销。采用该模式，企业能更好地了解用户需求，更好地服务于该市场，使得市场地位相对稳固，但由于产品、客户、市场单一，这种模式的经营风险还是比较大的。

②产品专业化。产品专业化是指集中生产一种或一类产品，并向各类顾客销售。如：饮水机厂只生产几种规格的饮水机，同时向家庭、机关、学校、银行、餐厅等各类用户销售。该种模式有利于加强在特定产品领域的技术积累，形成产品的专业化形象，但一旦新的技术和产品替代该产品，对企业来说就会形成危机。典型的案例是柯达集团。

③市场专业化。是指专注经营满足某一特定顾客群体需要的各种产品。如：某工程机械公司，专注于建筑业用户，向他们提供推土机、打桩机、起重机、混凝土搅拌机等各种建筑工程机械。该模式的顾客群相对单一，有利于企业更好地把握顾客需求，但一旦选定的细分市场出现波动，企业经营也会受到较大的影响。如高铁建设放缓之后，给

高铁提供配套设备的企业就面临了较大的经营压力。

④选择专业化。所谓选择专业化，选取若干具有良好的盈利潜力且符合企业资源条件的细分市场作为目标市场，其中，每个细分市场与其他细分市场之间联系较少。该种模式能够分散企业风险，但容易造成各业务部门各自为战的问题，难以实现企业资源的良好共享。

⑤市场全面化。所谓市场全面化，是指生产多种产品，同时满足多个客户群体的需要，该种模式适合于大型企业，风险分散，但投资大，管理难度大。

（3）市场定位。企业应根据自身情况选择适合的目标市场。判断目标市场是否合适，可以参考以下标准：可衡量性(目标市场的销售潜力及购买力的大小能被衡量)；可盈利性(目标市场应当有较大的市场潜力，有较强的消费需求、购买力和发展潜力)；可进入性(企业的资源条件、营销经验及所提供的产品和服务在所选择的目标市场上具有较强的竞争力)；可操作性(企业针对目标市场，能够有效地制订和实施营销计划)。

（三）合理市场营销组合

市场营销组合就是企业为了满足这个目标顾客群的需要而加以组合的可控制的变量。市场营销战略就是企业根据可能机会选择一个目标市场，并试图为该目标市场提供一个有吸引力的市场营销组合。市场营销组合中所包含的可控制的变量很多，可以概括为四个基本变量，即产品、价格、渠道和促销。

（四）市场营销计划控制

在市场营销中，按照企业营销战略和计划执行之后，要评价和监督执行是否与计划符合，如果不符合，是什么原因引起的，是应该修改计划还是应该改变执行模式。市场营销计划控制包括年度计划控制、盈利能力控制、效率控制和战略控制。

年度计划控制，是指企业在本年度内采取控制步骤，检查实际绩效与计划之间是否有偏差，并采取改进措施，以确保市场营销计划的实现与完成；盈利能力控制，是指运用盈利能力控制来测定不同产品、不同销售区域、不同顾客群体、不同渠道及不同订货规模的盈利能力；效率控制，是指以高效率的方式来管理销售人员、广告、销售促进及分销；战略控制，是指市场营销管理者采取一系列行动，使实际市场营销工作与原规划尽可能一致，在控制中通过不断评介和信息反馈，对战略不断修正。

第三节　企业生产管理

工业产品的生产过程是指从投入原材料开始到产出产品为止的全部过程，是对生产过程进行计划、组织、指挥、协调、控制和考核等一系列管理活动的总称。企业生产管理就是对这一系列活动进行管理。

从制造工业看，基本上可分为两大类。一类是流程式生产过程，原材料由工厂的一端投入生产，经过顺序加工，最后成为成品。这种流程式还可进一步分为综合流程式和分解流程式，前者是集合各种不同的半成品，共同制成一种产品的生产过程，如冶金、纺织、化工、造纸等工厂；后者分解流程式是将原材料经过制造过程，分解为多种产品，其中之一为主要产品，如面粉、制糖、榨油、炼油的生产过程。另一类是加工装配式生产过程，首先将原材料加工成各种零件，再将各种零件装配成部件，最后集合在一起进行总装配，如汽车、机床和无线电等工厂。

一、企业生产计划

企业生产计划是在企业总体经营计划指导下进行的，同时，又是与企业销售计划协调后制订的。生产计划是年度综合计划的重要组成部分。它是决定企业生产经营活动的纲领性文件，很多企业称它为生产大纲。企业生产计划具体规定着企业在计划年度内应生产的主要产品品种、产量、质量、产值和期限等一系列指标。而且，还要充分考虑有效地运用各种资源、提高劳动生产率、降低生产成本、节约流动资金，从而最大限度地提高经济效益。因此，编制好企业生产计划是企业生产管理中一项重要的工作，也是编制好企业物资供应计划、人力资源计划、财务计划等各项计划的重要依据。

（一）制订企业生产计划原则

生产计划除了要遵循计划工作的一般原则以外，还要考虑自身的特点和要求，必须遵循下列原则。

（1）以销定产、以产促销。以销定产就是企业要按照市场需要来制订计划和组织生产，按期、按质、按量、按品种向市场提供所需的产品或劳务。以产促销就是企业根据生产情况制订（定）销售计划、营销方案。

（2）合理利用企业的生产能力。企业的生产计划同企业的生产能力要相适应，才能合理、充分地利用生产能力。如果制订的生产计划低于生产能力，则造成能力浪费；反之，能力不足，则会使生产计划落空。

（3）定性分析和定量分析相结合。确定生产计划指标，既要重视定性分析，也要重视定量分析，把两者正确地结合起来，才能制订出合理的生产计划。

（二）企业生产计划类型

从系统的观点来看，生产计划是一个有机结合的系统，可以把生产计划分成长期生产计划、中期生产计划、短期生产计划。

（1）长期生产计划是由企业决策部门制定的具有决定性意义的战略性规划。它是根据企业经营发展战略的要求，对有关产品发展方向、生产发展规模、技术发展水平、生产能力水平、新设施的建造和生产组织结构的改革等方面所做出的规划与决策。

（2）中期生产计划。一般情况下，企业的年度生产计划就是企业的中期生产计划，是企业中层管理部门制订的计划。它是根据企业的经营目标、利润计划、销售计划的要求，在现有条件下在计划年度内实现的生产目标，如品种、产量、质量、产值、利润、交货期等。大致可分为生产计划、总体能力计划和产品产出进度计划几个部分进行管理。

（3）短期生产计划是年度生产计划的继续和具体化，是由执行部门制订的作业计划。它具体确定日常生产运作活动的内容，常以生产计划、物料需求计划、能力需求计划和生产作业计划等表示。

生产计划系统的各层次计划中，随着计划从战略层到战术层、再到作业层，层次越来越低，计划期越来越短，计划覆盖的范围越来越窄，计划内容越来越具体，计划中的不确定性越来越小。它们之间的关系表现为：以高层次计划为龙头，高层次计划为编制低层次计划提供指导和依据，低层次计划为实现高层次计划提供支持和保证。

（三）企业生产计划管理

企业生产计划管理是指确定和实现生产目标所需要的各项业务工作，其中包括市场预测、生产能力测算、具体编制计划、贯彻执行计划和检查、调整计划等内容。

（1）市场预测是对未来市场需求和发展的预计与推断，它是企业制定生产计划的必要前提。市场预测不仅是长期的战略性决策的重要输入，也是短期的日常运作的重要基础，企业必须通过市场预测来规划和指导自己的生产经营活动。企业市场预测的主要内容就是需求预测，即企业产品与服务的需求预测，如产品销售量、市场占有率及产品品种、花色、规格、价格的需求变化趋势等。这些预测决定企业的生产能力及计划体系，并促使企业的财务、营销、人事做相应变动。

（2）生产能力测算是对生产任务、生产能力、劳动力、物资供应、生产技术准备及资金占用的估算，以保证达到平衡。

（3）编制生产计划准备工作的内容是，预测生产计划期内的市场需求，核算自身的生产能力，为确定生产计划提供外部需要和内部可能的依据。这就需要确定市场对产品的需要，预测外部的环境条件，分析内部的生产条件，对各种资料和信息进行汇总、整理和综合分析。

（4）生产计划编制完成后，就要从产品的品种、质量及产量指标方面严格贯彻执行。

（5）现实情况是瞬息万变的。因此在实际生产过程中难免会出现"计划赶不上变化"的情况。及时检查、调整计划也就成为生产计划管理的一项重要内容。

二、企业生产能力水平

企业生产能力水平是反映企业生产可能性的一项重要指标。在计算企业生产能力的过程中，必须从最基层开始，先计算相同的、相互可以替代的设备组的能力；再计算二段、车间的能力；最后确定企业的实际生产能力。

企业的生产能力一般有设计生产能力、查定生产能力、实际生产能力三种。当确定企业生产规程、编制企业长远规划、安排基本建设计划及进行重大技术改造时，应以设计生产能力和查定生产能力为依据。企业编制年度生产计划、确定生产指标时，则以企业的实际生产能力为依据。

企业生产能力由三个基本因素所决定，即生产中固定资产的数量、固定资产的工作时间、固定资产的生产效率。其中，生产中固定资产的数量通常是指机器设备和生产面积，它是根据企业固定资产目录、生产技术说明书或通过实地调查确定的。固定资产的工作时间是指它的有效工作时间。它与企业规定的工作班次、轮班工作时间、全年工作日数、设备计划预修制度及轮班内工人的休息制度有直接关系。固定资产的生产效率是指单位设备的产量定额或单位产品的台时定额。与前两项因素相比，它是核定生产能力最难确定的一项数据，受各种因素的影响很大。生产能力的大小在很大程度上取决于定额水平是否先进合理。

第四节　企业采购管理

采购管理是指对采购业务过程进行组织、实施与控制的管理过程，是企业物资供应的重要环节。现代采购管理是基于供应链概念下，整合供应商、制造商物流过程，达到恰当的产品和服务，按照恰当的时间以恰当的数量配送到恰当的地点，使系统成本降到最低而又满足客户的服务需求。基于供应链管理的理念要求企业将整个供应链上的企业（包括供应商、分销商）等利益统筹考虑，实现整个供应链的物料供应的稳定性和效益最大化。

一、采购管理概述

据调查，对于技术性一般的企业，其物流采购成本占总成本30%～80%；对于高新技术产业公司，其采购成本比例一般为10%～30%；对于多年成熟的简单技术，采购成本比例可能高达90%。由此可见，如何使企业在白热化的竞争中求生存、谋发展，不仅要在研发、制造、销售上寻找突破，还需要在物流采购供应上挖掘潜力，最终形成企业独有的物流采购优势，以促进研发，保障生产需求供应，为企业参与市场竞争获得持久发展提供动力。

现代企业经常使用的是企业资源计划系统（ERP），这能使企业获得更多、更新、更全面、更精确、更及时的信息。利用这些信息拓展采购视野，以便在与供应商谈判时掌握主动权，提高工作效率和改善作业流程，从而将更多的时间放到采购策略和绩效提升等重要工作上去。一般将采购管理组织分成四个层次：一是管理制度，它主要是解决采购组织部门的方向，解决关键与重大的管理问题；二是工作标准，它是按工作岗位拟定衡量工作做得好坏的基准，是用于检验考评工作人员是否称职的依据；三是运作程序，它是规定物流采购工作层面各接口环节的运作程序；四是作业流程，它更为详细地制定出各项具体业务的作业流程图，明确指导采购人员按作业流程正确执行工作指令，及时完成本职工作任务。这些都是物流采购系统规范化管理的基础，有利于采购管理工作全面走上正轨。

二、采购过程管理

采购就是在适当的时候以适当的价格从适当的供应商处买回所需数量商品的活动。欧洲某专业机构的一项调查结果显示：在采购过程中，通过价格谈判降低成本的幅度一般为 3%～5%；通过采购市场调研比较、优化供应商平均可降低成本 3%～10%；通过发展伙伴型供应商并对供应商进行综合改进，可降低成本 10%～25%。从采购管理的角度讲，其职责包括制定（订）并实施采购的方针、策略、流程、目标及改进计划，并进行采购及供应商绩效衡量，建立供应商审核及认可、考核与评估体系，开展采购系统自我评估，建立培养稳定并有创造性的专业采购队伍等。

（一）采购具有"利润杠杆效应"

采购存在"利润杠杆效应"，这一效应的存在使得企业的高层管理者们想方设法在采购上下功夫，为企业"挤"出更多的利润。也正是因为如此，才使得采购部门越来越受到这个微利时代企业高层管理者们更多的重视。假设一个企业 50% 的资金用于采购原材料，其税前利润为 10%，那么该企业每收入 10 万元，它将获得 1 万元的利润，并且这10 万元收入中将有 5 万元用于采购。假设采购部经过努力降低了 2% 的采购成本，那么在利润中将增加 1000 元。如果换成通过增加销售来获取这 1000 元利润的话，要增加10% 的销售额才能实现，即多卖 1 万元才行。但是不要简单地将 2% 和 10% 进行比较，因为要降低 2% 的采购成本看似不难，但采购人员在实际操作中可能就要为这 2% 费尽心机，有时经过了努力但仍有可能达不到目标。

（二）采购步骤

（1）发现需求，通过生产或者其他部门提出的物料需求计划进行分析，明确企业自身的需求。

（2）对需求进行描述。即对所需的物品、商品或服务的特点和数量准确加以说明。

（3）确定可能的供应商并对其加以分析。决定和某个供应商进行大量业务往来通常需要一系列合理的标准。良好的采购技术是决策背后尽可能合理的论证过程。通常情况下，采购方对供应商能否满足自己质量、数量、交付、价格、服务目标等的观察将支配决策结果。与这些基本采购目标相关的还有一些更重要的供应商品质，包括历史记录、设备与技术力量、财务状况、组织与管理、声誉、系统、程序柔性、通信、劳资关系、地理位置等。

（4）确定价格和采购条件。通过双方的谈判和协调，确定双赢的价格和采购条件，为双方的长期合作奠定基础。

（5）拟定并发出采购订单。按照采购计划，发出详细采购订单，开始采购行动。

（6）对订单进行跟踪或催货。发出订单之后，采购工作的任务就是要跟踪订单的执行情况，看订单是否按照计划执行，如果出现偏差，要及时协调并且采取措施完成采购计划。

（7）接受并检验收到的货物时，企业要对货物进行详细检查，看货物是否符合采购要求，并且按照科学方法进货。

（8）结清发票并支付货款。按照双方合同和协议要求支付供应商货款。

（9）维护记录。对供应商进行不断的评价和管理，争取和供应商建立长期的战略合作关系。

三、采购计划管理

采购计划管理是指对企业的采购计划进行制订和管理，为企业提供及时准确的采购计划和执行路线。采购计划包括定期采购计划（如周、月度、季度、年度）、非定期采购任务计划（如系统根据销售和生产需求产生的）。通过对多对象多元素的采购计划的编制、分解，将企业的采购需求变为直接的采购任务，系统支持企业以销定购、以销定产、以产定购的多种采购应用模式，支持多种设置灵活的采购单生成流程。

采购订单管理以采购单为源头，对从供应商确认订单、发货、到货、检验、入库等各个环节进行准确的跟踪，实现全过程管理。通过流程配置，可进行多种采购流程选择，如订单直接入库，或经过到货质检环节后检验入库等，在整个过程中，可以实现对采购存货的计划状态、订单在途状态、到货待检状态等的监控和管理。采购订单可以直接通过电子商务系统发向对应的供应商，进行在线采购。

四、采购管理职能

（一）保障供应

采购管理最首要的职能，就是要实现对整个企业的物资供应，保障企业生产的正常进行。企业生产需要原材料、零配件、机器设备和工具。生产线一开动，这些要素必须样样到位，缺少任何一样，生产线都无法正常运转。

（二）供应链管理

在市场竞争越来越激烈的当今社会，企业之间的竞争实际上就是供应链之间的竞争。企业为了有效地进行生产和销售，需要一大批供应商企业的鼎力相助和支持。一方面，只有把供应商组织起来，建立起一个供应链系统，才能够形成一个友好、协调配合的采购环境，保证采购供应工作高效、顺利地进行；另一方面，在企业中只有采购管理部门具有最多与供应商打交道的机会，通过采购管理人员耐心细致的工作，通过与供应商的沟通、协调和采购供应操作，才能建立起友好协调的供应商关系，从而建立起供应链，并进行供应链运作和管理。

(三) 信息管理

在企业中，只有采购管理部门天天和资源市场打交道，除了是企业和资源市场的物资输入窗口之外，也是企业和资源市场的信息接口。所以采购管理除了保障物资供应、建立起友好的供应商关系之外，还要随时掌握资源市场信息，并反馈到企业管理层，为企业的经营决策提供及时有力的支持。

五、采购管理目标

采购在企业中占据着非常重要的地位，因为购进的零部件和辅助材料一般要占到最终产品销售价值的40%～60%。这意味着，在获得物料方面所做的点滴成本节约对利润产生的影响，要大于企业其他成本、销售领域内相同数量的节约对利润的影响。

采购管理的目标是：提供不间断的物料流和物资流以保障组织运作；使库存投资和损失保持最小；发展有竞争力的供应商；当条件允许的时候，将所购物料标准化；以最低的总成本获得所需的物资和服务；协调企业内部各职能部门间合作，以最低的管理费用完成采购目的，提高企业的竞争能力。

【本章小结】

企业过程管理是企业计划的执行过程。执行程序是理解和掌握过程管理的重点。财务过程是资金的控制和管理；市场营销是产品销售的实现；生产过程是具体产品的制造；采购过程是原材料的供应。

【复习思考题】

1. 企业为什么要制定战略规划？参看相关书籍并结合自己的认识谈谈怎样制定战略规划。

2. 按照企业的发展战略，你认为企业未来的财务风险有哪些？怎样回避这些风险？

3. 简述生产经营管理沙盘模拟的目的和主要思想。

4. 企业为什么要制订年度计划？结合自己的认识，谈谈如何制订新年度计划。

5. 企业如何正确计算产能？试编制产品生产及材料需求计划表。

6. 结合自己的体会，谈谈你对企业制定筹资策略的认识。

7. 结合自己的体会，谈谈企业应当如何制定生产线的投资规划。

8. 结合自己的体会，谈谈编制现金预算的意义。

9. 广告投入需要考虑哪些因素？

10. 简述财务管理过程的主要任务和程序。

11. 简述生产过程的主要任务和程序。

12. 简述市场营销过程的主要任务和程序。

13. 简述采购过程的主要任务和程序。

第二篇　企业经营电子沙盘模拟实训与操作

本篇主要介绍企业经营电子沙盘模拟的相关知识，是全书的核心。内容包括企业经营沙盘模拟设计的基本原理和思路；沙盘企业运作的组织机构、角色和流程，沙盘企业运作的运营规则和操作要点提示。此外，还根据以往模拟竞赛，对不同团队的战果进行复盘，反推其参赛策略的得失，以帮助读者增强现场感。

通过本篇的学习和沙盘实战演练，可以帮助读者熟悉企业经营电子沙盘模拟运作的全过程，领会企业经营的实质，体会企业经营的酸甜苦辣。

第三章　企业经营电子沙盘模拟准备

企业经营沙盘模拟就是使用类似于军事作战指挥沙盘和现在房地产开发商销售楼盘时的小区规划沙盘。沙盘原是军事战争中战地指挥工具，通过实物模型可以直观地了解整个战场的全貌，从而迅速制订出有效的作战计划。利用沙盘模型，指挥员不用亲临现场，也能对战局了然于胸，从而运筹帷幄。战争沙盘模拟推演跨越了实兵军演检验与培养高级将领的巨大成本障碍和时空限制，在世界各国得到普遍运用。

企业经营沙盘模拟将企业的主要部门和工作对象制作成类似的实物模型，将企业运行过程设计为运作规则，进而模拟企业的经营过程。企业管理模拟一般将学员按3~5人分成一个学习小组，常常将其假定为一家企业，然后在指定的模拟性管理情景与条件下，演练各种管理活动。因此，企业经营沙盘模拟是一种理解和领悟企业经营管理过程的方法，让学生在模拟的竞争环境中，亲身实践，体验企业经营管理过程，极大地激发他们的兴趣。

本章对企业经营沙盘模拟的思想、战前准备进行了介绍，其中包括市场模拟设计、经营过程模拟设计的目的、方法和主要内容，为读者进行沙盘企业模拟实训奠定基础。使其将企业模拟实训过程和企业实际经营过程联系起来，通过模拟实训，掌握企业经营管理过程，从而获得企业经营管理的能力。

【本章重点】

企业经营沙盘模拟的主要思想；年初新年度规划和计划的制定(订)；日常运营流程和操作要点；报表的编制；财务指标的计算和运用。

第一节 企业经营沙盘模拟主要思想

企业经营沙盘模拟练习强调的是管理情景与条件的模拟，以及业务过程的模仿，让读者在模仿过程中领会和掌握管理业务过程的知识。主要思想包括以下几类。

一、业务过程构建

企业是一个复杂的社会经济系统，具有多个部门的组织架构，烦琐交织的业务流程，层层相关的职责和任务。企业经营沙盘模拟不可能将所有这些都模仿出来，只是将主要的业务运作流程、主要组织结构框架和主要人员的职责表现出来，包括资金运转过程、物资采购过程、生产计划过程、销售过程、市场营销过程及随之而来的信息处理过程；还将企业经营管理过程中资金、物质、信息的流转过程、处理过程表现出来，通过对这些过程的模拟来体现企业经营管理过程。

二、角色扮演

企业的每个部门都有自己的职能，需要该部门相关人员的职责来实现。按照该职位的职责要求，读者通过扮演角色体会企业各个部门、人员之间的关系和运转过程，体验企业管理决策过程，掌握企业经营管理的知识，提高经营管理能力。

三、市场环境仿真

在市场经济环境下，市场的地位和作用毋庸置疑。企业都是在市场竞争的环境下生存和发展的。要完成企业管理，必须要模拟市场的环境。模拟的市场环境需要以下几个组成部分。

(一)实现竞争

让读者在竞争的市场环境下运作自己的模拟企业，同时一家模拟企业的经营行为会影响另外的模拟企业，这种博弈关系往往是你盈我亏或者是我盈他亏。

(二)体现产品的生命周期规律

使用市场需求体现产品的不同生命周期，同时产品质量、功能还需要在价格、需求量上有所体现，以模拟实际市场产品的竞争态势。

(三)市场营销战略

不同的市场营销战略会得到不同的市场地位，市场营销战略体现在目标市场的定位、市场推广方案，以及对应的市场竞争地位和经营成果。企业管理模拟需要能实现这些要求。

（四）竞争决策

企业管理模拟的精髓就是经营过程中决策的多样性选择以及对应的经营成果。读者在生产战略、产品开发方案、目标市场定位、市场营销推广和财务战略上采用不同的方案，可以组合形成多种决策方案，产生完全不同的经营绩效。读者通过对这些方案和经营绩效的思考，可以体会经营管理决策的微妙，学习成功企业经营决策的经验，进而提高经营管理能力。

（五）模拟成果评价

不同的经营决策对应的是完全不同的经营绩效。通过分析其原因，可以让读者不仅知其然，还要知其所以然，达到举一反三的效果。

第二节 企业经营沙盘模拟战前准备

企业经营沙盘模拟是一项综合性的管理知识运用，也是一个博弈过程。要取得模拟竞争的胜利并获得管理知识和能力的提高，需要综合运用管理知识，有正确参与模拟竞争的态度。

一、人员准备

（一）模拟角色与人员分工

企业经营沙盘模拟是由经营者、竞争规则、竞争策略、收入和支出等基本要素组成的。参与者每3~5人组成一个学习小组。每一个学习小组就是一家模拟企业，同时也就是一个掌控模拟企业经济资源的决策集体。小组要根据每个成员的不同特点进行基本的分工，选举产生模拟企业的首席执行官、财务总监、销售总监、采购总监、生产总监等职位，确立组织原则和决策模式，注册企业名称。模拟企业应连续从事若干年的经营活动。每个模拟企业依照竞争规则，做出购买、研发、生产、竞标、广告、销售等经营决策，并用"资产负债表"和"利润表"记录经营结果、计算出经营效率。

（二）角色的职能

按企业职能分工后，每个小组成员都能以角色扮演的形式参与运营，各成员之间相互沟通、相互介绍，在有限的时间内了解自己的职能和企业的运转流程。

（1）首席执行官是一个企业的舵手，对企业的发展方向和团队的协调起到重要作用。在经营一帆风顺的时候能带领团队冷静思考，而在企业遇到挫折的时候能鼓舞大家继续前进。首席执行官带领团队主要完成的工作包括：制定发展战略；评估内外部环境；制定中、短期经营策略；分析竞争格局；确定经营指标；制定业务策略；管理全面预算；管理团队协同；分析企业绩效；管理业绩考评；管理授权与总结。

（2）财务总监。会计报表是企业的语言，财务数据是企业各项经营活动的数字表现，财务流程与企业的整体运营紧密关联。财务总监要掌握财务管理技能和方法，具备成本意识和与各部门的沟通技巧，并在决策和管理过程中自觉考虑财务因素。财务总监的主要工作包括：日常财务做账和记账；向税务部门报税；日常现金管理，现金流的管理与控制，以有限的资金运作创造高利润；企业融资策略的制定；成本费用控制；资金调度与风险管理，财务制度与风险管理；财务分析与协助决策；制订投资计划，评估回收周期；编制、提供财务报表，结算投资收益，评估决策效益，运用财务指标进行财务分析和内部诊断，协助管理决策。

（3）销售总监。市场营销的一个核心要素就是将企业现有的各种资源及想要达到的目标与市场需求有机地结合起来，这是战胜竞争者谋求发展的重要工具。通过模拟市场竞争，在不给现实企业带来任何实际损失的前提下，获得宝贵的市场竞争经验。通过实战模拟，辨认细分市场和选择目标市场，学会竞争分析、资源分配、整合营销策划和实施。制订以市场为导向的业务战略计划，认识营销战略对于经营业绩的决定性作用。哪家企业能选择出最适当的目标市场，并为目标市场制定相应的市场营销组合战略，哪家企业就是竞争中的赢家。销售总监的主要工作包括：整理市场信息系统的决策思路；进行市场分析与定位，市场调查分析(市场进入策略，市场制胜的方法与手段，进攻与防守策略)；研究市场信息(抢占市场，建立并维护市场地位，寻找不同市场的盈利机会)；研究并制定品种发展策略(产品组合策略，新产品研发决策，产品的定价决策，产品的定位决策)；分辨市场与产品决策的常见误区及陷阱，选择市场与产品决策的常用工具；了解现代营销信息系统的构成；构建内部报告系统(营销情报系统，营销调研系统，营销决策支持开发企业定位战略)；制定产品生命周期的营销战略；广告宣传策略；制订销售计划，争取订单与谈判，签订合同与过程控制；按时发货、应收款管理；销售绩效分析；投标与竞标策略制定，营销效率分析。

（4）采购总监。在现代制造业经营中，供应链管理和物流管理已经成为企业核心竞争力构成的重要因素。采购总监的主要工作包括：编制采购计划；供应商谈判；签订采购合同；监控采购过程；到货验收；仓储管理；采购支付抉择；与财务部协调；与生产部协同。

（5）生产总监要进行产品研发、生产、库存，产销安排、成本控制、合理开支、JIT 生产等的应用和协调。生产总监的主要工作包括：产品研发管理；管理体系认证；固定资产投资；市场预测和需求衡量；辨认细分市场和选择目标市场，实现差别化；制订生产计划，平衡生产能力；生产车间管理；产品质量保证；成品库存管理；产品外协管理；生产计划的制订；资源的合理配置；生产能力与效率；生产管理决策的常见误区与陷阱；生产管理决策的常用工具。

二、了解模拟实战运营流程

经过对相关知识的回顾，调整好心态后，读者就可以组成学习小组、成立虚拟企业、选择自己的职位，开始企业经营沙盘模拟实战了。一般把整个模拟经营过程分为以下几个阶段。

(一)企业基本情况描述

对企业经营者来说，接手一个企业时，需要对企业有一个基本的了解，包括股东期望、企业目前的财务状况、市场占有率、产品、生产设施、盈利能力等。企业基本情况可以通过"资产负债表""利润表"体现，这两份表格逐项描述了企业目前的财务状况和经营情况并对其他相关方面进行补充说明。

(二)企业运营规则学习

企业在一个开放的市场环境中生存，企业之间的竞争需要遵循一定的规则。综合考虑企业运营所涉及的各方面，可简化为市场划分与准入，订单争取，厂房购买、出售与租赁，生产设备购买、调整、维护与出售，产品生产，原材料采购，产品研发，质量认证，融资贷款，企业综合费用等约定。

(三)初始状态设定

目前"浙江省大学生企业经营沙盘模拟竞赛"所用的"百树电子沙盘系统"没有十分具体的初始状态设定，模拟运行前只知道企业的初始资金数等一部分常规参数。而有些企业经营模拟沙盘有运行的初始状态设定，如中教畅享企业经营电子沙盘(ITMC)则设定为一个已经运营了几年的企业。读者虽然已经从基本情况描述中获得了企业运营的基本信息，但还需要把这些枯燥的数字再现到沙盘上，为下一步的企业运营进行铺垫。通过初始状态设定，读者也可以对财务数据与企业业务的直接相关性有所感受，领悟到财务数据是对企业运营情况的一种总结提炼，为今后"透过财务看经营"做好观念上的准备。

(四)确立经营目标

当学员对模拟企业所处的宏观经济环境和所在行业特性基本了解之后，各个模拟企业就要依据自己对"市场"的理解，明确经营理念，设计组织结构，进行职能分工，并确立模拟经营的总体目标。

(五)进行市场调研分析

各企业根据自己对未来市场预测发展情报的需要，进行市场调研分析，分析竞争对手。

(六)制定、调整战略

各企业本着长期利润最大化的原则，制定、调整企业战略，内容包括：企业战略(大战略框架)、新产品开发战略、投资战略、新市场进入战略、竞争战略。

（七）订单争取和进行市场竞争

依据竞争规则和各企业系统规则制定的营销方案，进行公平的市场竞争。市场竞争以竞标的形式出现，各企业的市场竞争力由它们在不同细分市场上的价格定位、广告投入、渠道规模、质量水平及上年某市场的销售收入决定。各企业市场竞争力排名和广告投入决定了其选择订单的优先顺序，各企业依据自身的经营策略选择自己认为理想的客户订单。

（八）拟订运作计划

各企业依据战略安排和订单情况，根据市场订单的出货要求，拟订（定）各项运作经营计划、融资计划、生产计划、厂房设备投资计划、采购计划、产品和市场开发计划、市场营销方案。

（九）根据经营计划配置内部资源

各企业依据生产经营计划进行固定资产投资、原材料采购、生产和销售等流程，为生产经营合理配置各项资源。

（十）业绩盘点

经营完成之后，各企业将自己的经营成果如实反映在"综合管理费用表""利润表""资产负债表"上，作为业绩考核依据。

【本章小结】

在介绍企业组织、战略等各方面基本知识后，本章介绍了进行企业经营模拟沙盘前需要进行的准备事项。从团队组成、各角色职责及知识储备，到相关注意事项等。这些内容为后续进行模拟操作作好准备。

【复习思考题】

你认为经营好一个企业，需要注意哪些问题。

第四章　ITMC电子沙盘模拟实战

ITMC ERP 是集成化的计算机信息系统管理软件，它是参照美国生产与库存控制协会颁布的 MRPII 标准，同时吸收现代营销管理、现代物流管理、生产管理、准时制生产、物料管理、全面质量管理、财务管理、人力资源管理等先进管理方式的优点开发设计的。该软件结合企业自身特点，以企业运作过程中的信息流、资金流和物流为核心进行系统结构设计，可对企业的生产制造资源、财务资源和人力资源等进行全程监控和管理。因为经营活动存在着高度的关联性，资料环环相扣，与之相适应的 ITMC ERP 模块之间均紧密集成，数据高度共享，所有模块数据间无缝衔接，可自由地实现双向往返追踪。ITMC 符合制造工业标准和工业界普遍接受的原则，同时为企业提供了一种先进、高效的业务运作管理模式，使企业能实施科学的管理。

ITMC 是 Information（信息）、Technology（技术）、Management（管理）和 Consultation（咨询）的简称，是中畅（北京）科技有限公司的一款"企业经营管理沙盘模拟系统"。

本系统主要在职业院校应用较多，每年都有全国性的比赛。本章出现的"M"是指"million"，一个货币计量单位，1M 表示一百万；"Q"表示季度，1Q 表示一个季度，Q1 表示第一季度，文中所述的 1 个账期指一个季度。系统运营时间设定为 6 年。

【本章重点】

掌握系统规则；企业营销、生产、筹资战略的制定。

第一节　学员训练平台操作使用说明

一、学员训练平台进入

（一）进入系统、修改密码

找到"学员训练平台"的安装地址，或者单击快捷方式，自动跳出如图 4-1 所示界面，在"公司名称"框输入组别，输入初始密码。在系统初始化时，软件提供了默认密码，它们是该组组别代号的三位小写字母，如 A 组密码是 aaa。单击"登录"，进入界面如图 4-2 所示。在图 4-2 的界面上，可以根据组员角色确定情况，分别进入。在本界面上还提供"修改密码"的功能。单击"修改密码"，进入如图 4-3 所示界面，在弹出的对话框中输入旧密码、新密码，确认新密码后，单击"确认"，修改成功后，系统会弹出"密码成功修改"的对话框。

图 4-1 ITMC 登录页面

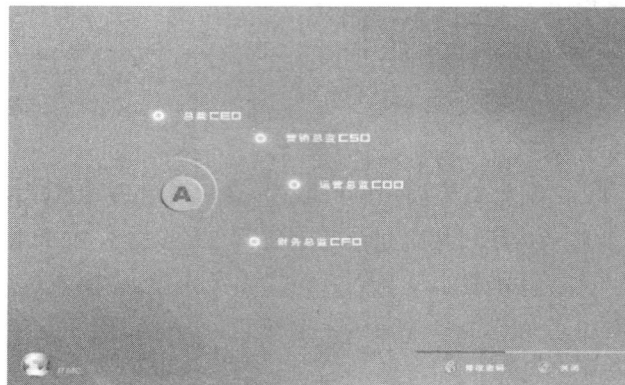

图 4-2 ITMC 角色选择页面

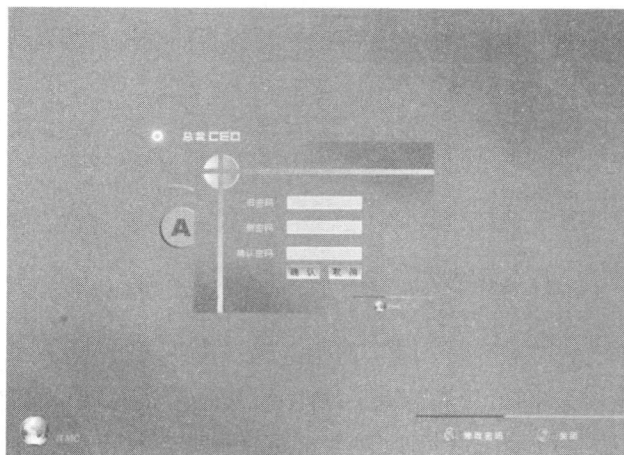

图 4-3 ITMC 角色登录页面

（二）按角色进入系统

单击每个角色，可以看到组员应该承担的任务清单。以首席执行官为例，单击图 4-2 中的"总裁 CEO"，进入如图 4-4 所示界面。界面左侧是沙盘盘面，右侧第一行显示经营的年度和季度，第二行是三个功能页：任务清单、经营分析、特殊任务。任务清单为二十个，在每个任务清单中都包含规则说明；经营分析为专家指导、得分规则、损益表/资产负债表、现金流量表、历年交货订单列表；最下方为"下一季度""返回"和"关闭"按钮。将所有的任务执行完毕后，方可转至下一季度。

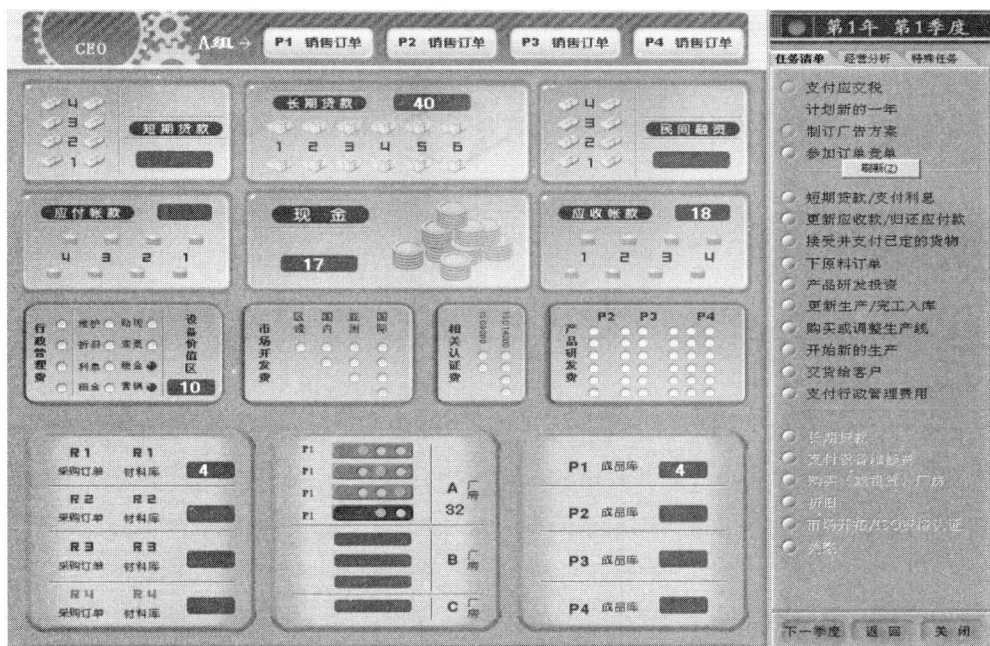

图 4-4　CEO 清单

在完成某项工作后，刷新后，就可以看到清单的变化。系统默认未执行的任务为灰色，执行完毕后的任务为绿色。

为了让任务清单能快速刷新，在学员训练平台中，单击鼠标右键，出现"刷新"，单击"刷新"。

二、任务清单说明

（一）年初任务清单

（1）支付应交税。企业所得税是对企业在一定时期内的纯所得（净收入）额征收的税种。企业所得税的法定税率为 25%（本系统假设）。请财务总监按照上一年度利润表的"所得税"一项的数值准备好相应的现金数。单击图 4-4 中"支付应交税"按钮，进入如图 4-5

所示界面,"应交税"显示的是上年应纳税额,单击"纳税",将上年度所欠所得税支付,然后单击"返回",返回任务清单。

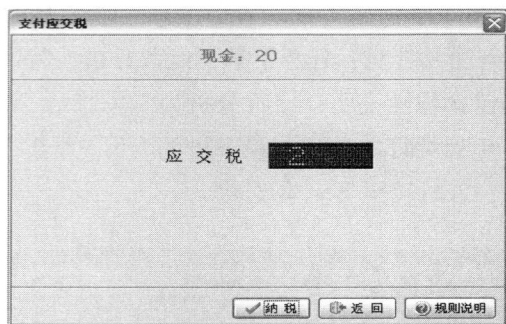

图4-5 "支付应交税"对话框

(2)新一年的来临,给我们带来了希望和挑战,但任务仍然相当艰巨。因此需要各级领导认真思索,勇挑重任,脚踏实地,切实做好每一项工作。企业管理团队要制定(调整)企业发展战略,制定(订)生产和采购计划、固定资产投资规划、融资计划,确定营销策划方案等。

(3)制订广告方案。单击图4-4中"制订广告方案"按钮进入如图4-6所示界面,单击"市场预测",进入如图4-7所示界面,可以对不同年度、不同产品、各地域的需求情况进行预测。根据预测在所投产品所投区域内填入广告费,确定后,单击"提交",等其他各组广告投入完毕后,就可以进行选单了。

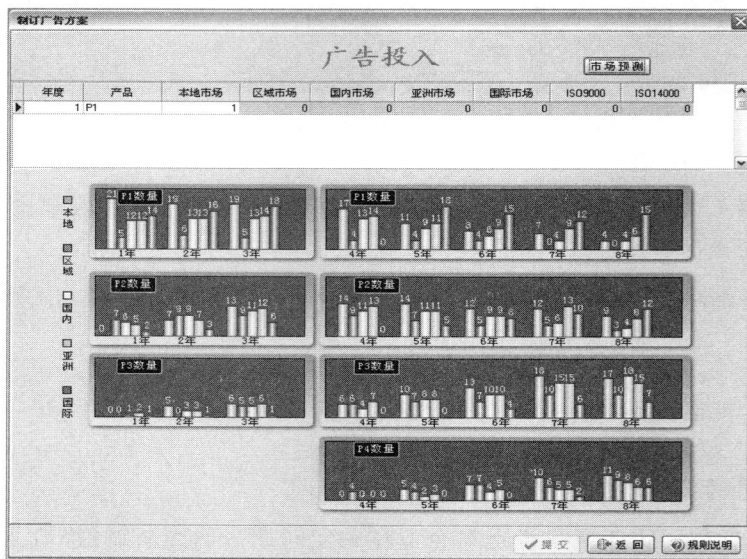

图4-6 "制订广告方案"界面

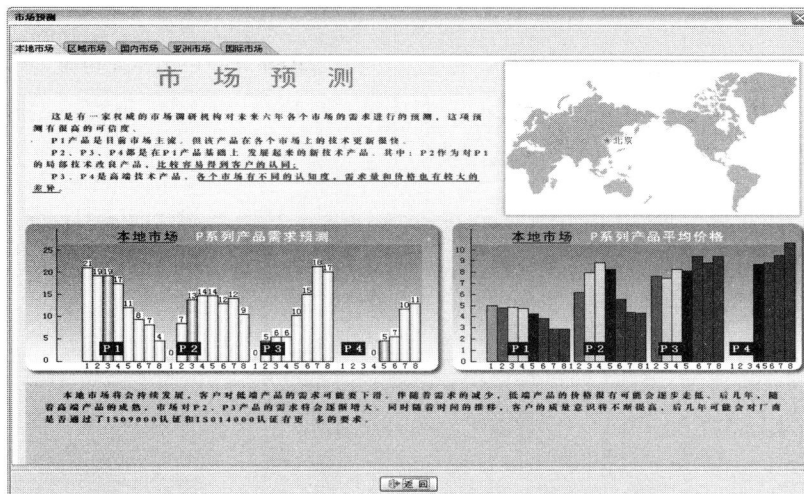

图 4-7 "市场预测"界面

(4)参加订单竞单。此任务是配合服务器端的"竞单"按钮使用的。如果在服务器端选择的是"网络竞单",在服务器确认竞单时,客户端单击图 4-4 中"刷新"按钮。到该组选单时,在指示区内的灯就会显示该组组号,然后单击该组组号,选择区内可以显示出可供选择的订单,双击该订单或选中后,单击"选择",该组可获得本订单,如果不想获得该订单,可以单击"不选择",由其他各组进行选择。已选择的订单会在签约区内显示,如图4-8所示。

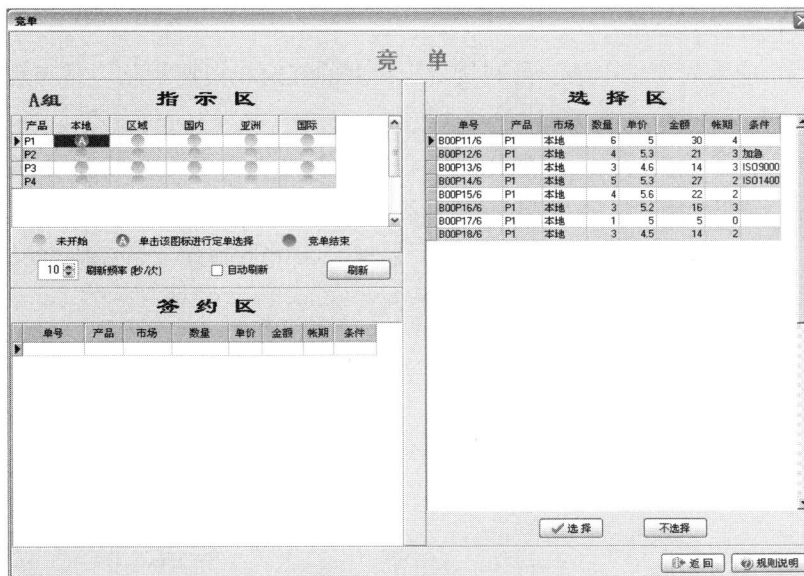

图 4-8 "竞单"界面

(二)每季度任务清单

(1)更新短期贷款/支付利息。更新短期贷款:单击图 4-4 中"短期贷款/支付利息"按钮，进入如图4-9所示界面，如果有需要支付"到期贷款及利息"，单击"确认"。想获得新贷款，在考虑了当前已有贷款和贷款额度后，在"短期贷款"或"高利贷"处输入相应贷款额，单击"新贷款"。系统会给出提示，如图4-10所示。单击"确定"，即可获得该贷款。短贷在更新后，随时可以进行短期贷款。

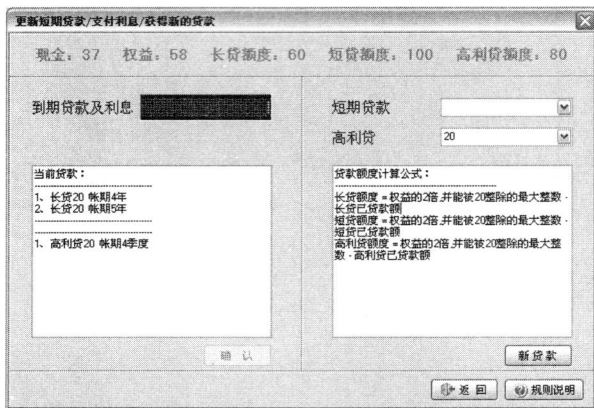

图4-9　"更新短期贷款/支付利息/获得新的贷款"界面　　图4-10　确定贷款对话框

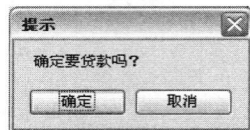

还本付息：短期贷款的还款规则是利随本清。如有20M短期贷款到期，而银行短期贷款利率为5%，那么就需要支付给银行20M×5%＝1M的利息，因此，需支付本金与利息共计21M。

获得新的贷款：短期贷款只有操作到这个步骤才可以申请。可以申请的最高额度为：上一年所有者权益×2-已有贷款。

高利贷：企业随时可以申请，高利贷贷款额度的规定同短期贷款。其与短期贷款的区别只是利率不同。

（2）更新应收款/更新应付款。单击图4-4中"更新应收款/归还应付款"按钮，进入如图4-11所示界面，单击"确认"，支付到期应付款，收回到期应收款。如果急需现金，只需将应收款贴现，在"贴现额"栏输入贴现额，单击"贴现"，即可获得现金，贴现随时都可以进行。

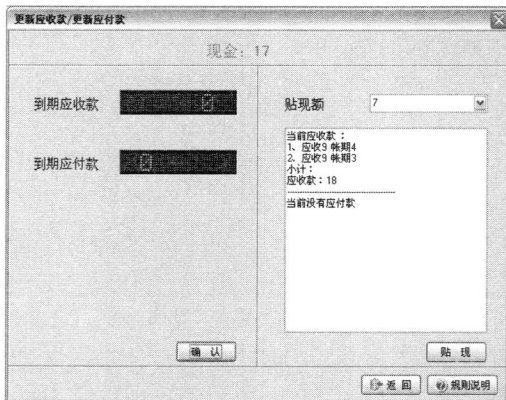

图4-11　"更新应收款/更新应付款"界面

（3）接受并支付已定的货物。单击图 4-4 中"接受并支付已定的货物"按钮，进入如图 4-12 所示界面，单击"接收"，一方面会增加原料库存，另一方面会减少现金或增加相应账期的应付款。

接受原料：供应商发出的订货已运抵企业时，企业必须无条件接受货物并支付材料款。

支付货款：财务总监将原料款支付给供应商。

图 4-12 "接受并支付已定的货物"的界面

（4）下原料订单。采购总监根据年初的采购计划，确定采购的原料的品种和数量，单击图 4-4 中"下原料订单"按钮进入如图 4-13 所示界面，在对应原材料输入框中填入所订原料数，确定无误后，单击"签约"，会跳出"是否确定签约"的提示；如果本季度的库存充足，不需要下原料订单，单击"跳过"，代表本任务已经执行过，单击"返回"，回到任务清单。

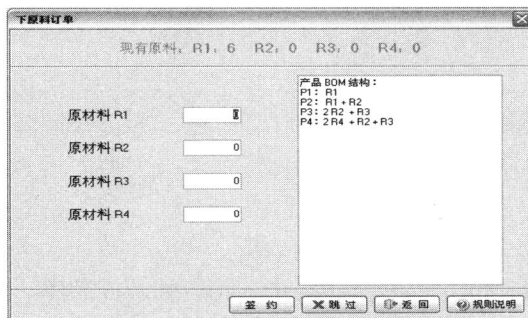

图 4-13 "下原料订单"界面

（5）产品研发投资。按照年初制订的产品研发计划，规划部主管向财务总监申请研发资金，财务总监要进行现金收支处理。

单击图4-4中"产品研发投资"按钮，进入如图4-14所示界面，在需研发的产品框内勾选后，单击"研发"；如果研发完成或本季度没有研发计划，可选择"跳过"，代表该任务已经执行，单击"返回"，回到任务清单。

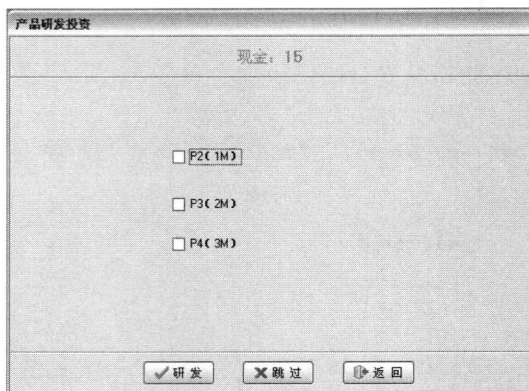

图4-14 "产品研发投资"界面

（6）更新生产/完工入库。单击图4-4中"更新生产/完工入库"按钮，进入如图4-15所示界面，单击"更新"，生产线上的在制品随着时间的迁移更加接近成品库。

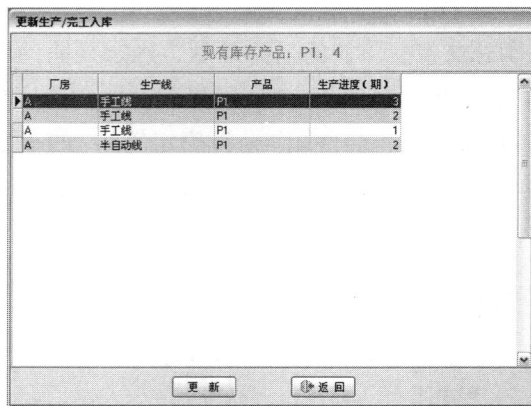

图4-15 "更新生产/完工入库"界面

更新生产：各生产线上的在制品向前进一格。

完工入库：产品下线表示产品完工，会进入相应的产成品库。

（7）单击图4-4中"购买或调整生产线"按钮，进入如图4-16所示界面。首先要将更新的生产线进行"更新"后，方可进行购买、转产、变卖生产线。在生产线购买区选择想购买的生产线，选择好生产的产品和该生产线安放的厂房，单击"购买"。一次只能购买一种生产线的一条，如果想购买多条，可以进行重复操作即可。

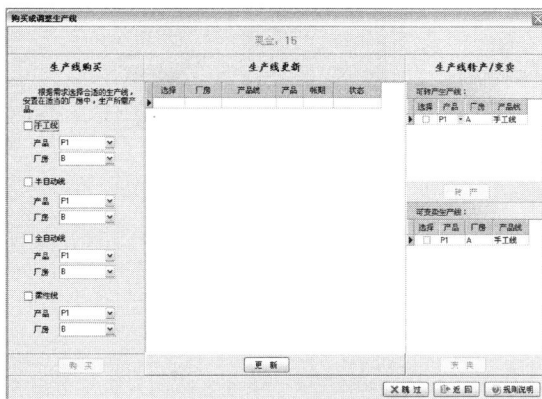

图 4-16　"购买或调整生产线"界面

生产线转产/变卖：选择可转产的生产线，勾选，然后选择转产产品，单击"转产"即可。选择需变卖的生产线，勾选，单击"变卖"即可。此操作可以增加现金和营业外收入。在单击"更新"前，注意查看是否将需更新安装的生产线勾选，如果不更新，可以选择"跳过"。

（8）开始新的生产。当更新生产/完工入库完成后，可以考虑新产品生产了。那么新产品该如何生产呢？这个任务需要生产总监、仓库主管和财务总监共同来完成。

单击图 4-4 中"开始新的生产"按钮，进入如图 4-17 所示界面，选择需生产的生产线，单击"新生产"，如果不生产，单击"跳过"。

图 4-17　"开始新的生产"界面

（9）交货给客户。销售总监检查各产品库中的产品数量是否满足客户订单要求，若满足则按照客户订单交付约定数量的产品给客户。

单击图 4-4 中"交货给客户"按钮，进入如图 4-18 所示界面，在未交货订单列表中，选择符合条件的订单，单击"交货"，将该订单交货。该交货订单会在已交货订单列表中显示明细。如果不交货，直接单击"跳过"。

图 4-18 "交货给客户"界面

（10）支付行政管理费用。管理费用是企业为了维持运营发放的管理人员工资、差旅费、招待费等。单击图 4-4 中"支付行政管理费用"按钮，进入如图 4-19 所示界面，单击"支付"直接交纳每个月的管理费。

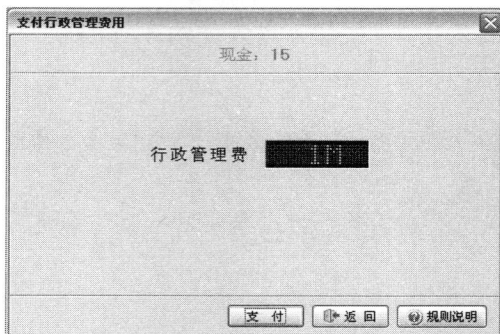

图 4-19 "支付行政管理费用"界面

(三)年末任务清单

（1）更新长期贷款。单击图 4-4"长期贷款"按钮进入如图 4-20 所示界面，单击"确认"，支付到期贷款及利息。如果需要贷款，则在"长期贷款"框输入长期贷款额，单击"新贷款"，即可获得该贷款。

支付利息：长期贷款的还款规则是每年付息，到期还本，年利率为10%。长期贷款到期时，需从现金中取出足额现金归还本金及当年的利息。

申请长期贷款：长期贷款只有在年末可以申请。额度为：上一年所有者权益×2 并能被 20 整除的最大整数-已有贷款。

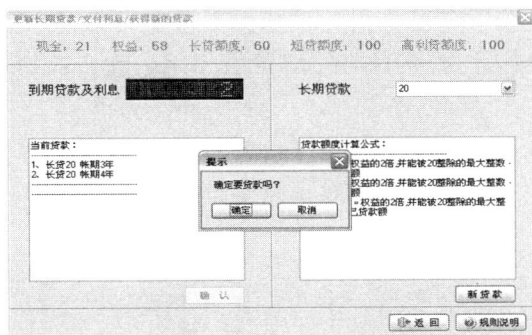

图 4-20　"更新长期贷款/支付利息/获得新的贷款"界面

（2）支付设备维护费。单击图 4-4"支付设备维护费"按钮，进入如图 4-21 所示界面，单击"支付"，在用的每条生产线每年支付 1M 的维护费。

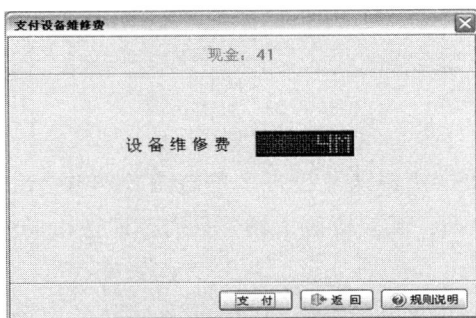

图 4-21　"支付设备维护费"界面

（3）购买(或租赁)厂房。单击图 4-4 中"购买(或租赁)厂房"按钮，进入如图 4-22 所示页面，选择需要购买或租赁的厂房，勾选后，可以单击"提交"即可，如果不购买或租赁，可以直接单击"跳过"。

图 4-22　"购买(或租赁)厂房"界面

A 厂房为自主厂房,如果本年在 B 厂房或 C 厂房中安装了生产线,此时要决定该厂房是购买还是租赁,如果购买,需支付与厂房价值相等的现金;如果租赁,需支付相应租金,并减去相应权益。

(4)折旧。单击图 4-4 中"折旧"按钮,进入如图 4-23 所示界面,单击"提交",进行折旧的计提。厂房不提折旧,设备按直线折旧法计提折旧。

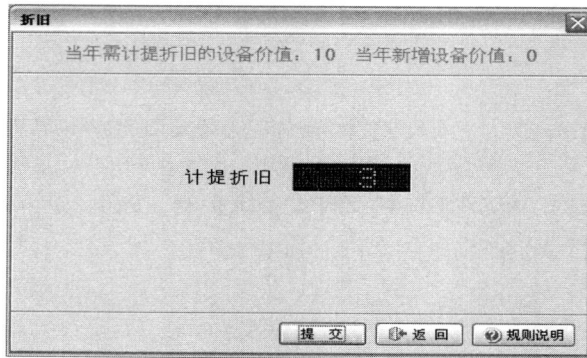

图 4-23 计提折旧

(5)新市场开拓投资/ISO 资格认证投资。单击图 4-4 中"市场开拓/ISO 资格认证"按钮,进入如图 4-24 所示界面,若投资该市场,只需在所选市场前单击即可,然后单击"投资"即可。

新市场开拓投资:不同市场开拓年限不同,开拓完毕的市场不再支付开拓费用。

ISO 资格认证投资:不同资质认证投资年限不同,认证完毕的资质认证不再支付费用。

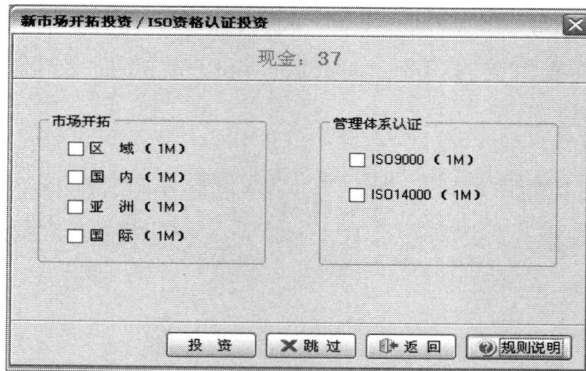

图 4-24 "新市场开拓投资/ISO 资格认证投资"界面

(6)关账。单击图 4-4 中"关账"按钮进入如图 4-25 所示界面,可以查看该组的得分情况及财务报表状况,与实际核对后,单击"关账",可以在教师端允许后进入下一年度。

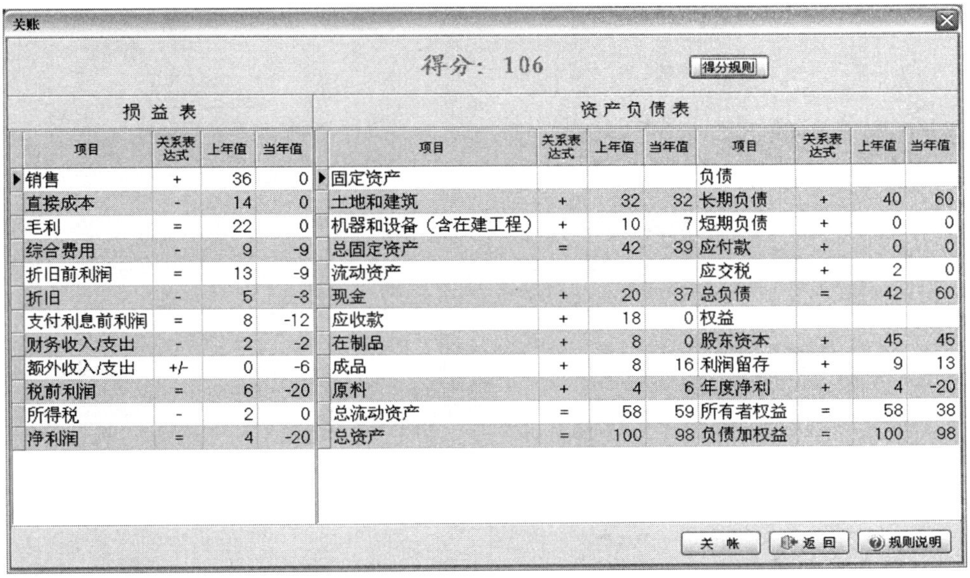

项目	关系表达式	上年值	当年值
销售	+	36	0
直接成本	-	14	0
毛利	=	22	0
综合费用	-	9	-9
折旧前利润	=	13	-9
折旧	-	5	-3
支付利息前利润	=	8	-12
财务收入/支出	-	2	-2
额外收入/支出	+/-	0	-6
税前利润	=	6	-20
所得税	-	2	0
净利润	=	4	-20

项目	关系表达式	上年值	当年值	项目	关系表达式	上年值	当年值
固定资产				负债			
土地和建筑	+	32	32	长期负债	+	40	60
机器和设备（含在建工程）	+	10	7	短期负债	+	0	0
总固定资产	=	42	39	应付款	+	0	0
流动资产				应交税	+	2	0
现金	+	20	37	总负债	=	42	60
应收款	+	18	0	权益			
在制品	+	8	0	股东资本	+	45	45
成品	+	8	16	利润留存	+	9	13
原料	+	4	6	年度净利	+	4	-20
总流动资产	=	58	59	所有者权益	=	58	38
总资产	=	100	98	负债加权益	=	100	98

图 4-25　“关账”界面

三、经营分析

在“经营分析”中有“专家指导”“得分规则”“损益表/资产负债表”“现金流量表”“历年交货订单列表”，其中“专家指导”与“得分规则”都是帮助性的文件；“损益表/资产负债表”是体现本小组的经营状况和财务成果；“现金流量表”体现本小组每一现金流入和流出情况；“历年交货订单列表”可以对本小组的订单情况进行查询。

四、特殊任务

本系统提供“订单转让”“产品转让”“厂房出售”“追加股东投资”四个特殊任务。“订单转让”“产品转让”可以将本企业生产的订单、产品转让给其他竞争企业；“厂房出售”可以将厂房卖给银行；在经营实在支撑不下去的时候，还可以进行“追加股东投资”，不过追加股东投资是有限额的，此模块只在教学或练习时使用，比赛时是不能使用的。

现以产品转让为例，转至“特殊任务”页，单击“产品转让”，如图 4-26 所示，输入转让产品，转让单价，转让公司代号后，系统会提示“是否确定转让”，单击“确定”后，如图 4-27 所示。对方会自动弹出如图 4-28 所示界面。如果对方确定后，系统会弹出如图4-29所示界面，单击“OK”后，系统提示“转让成功”，会相应地增加现金，减少存货。

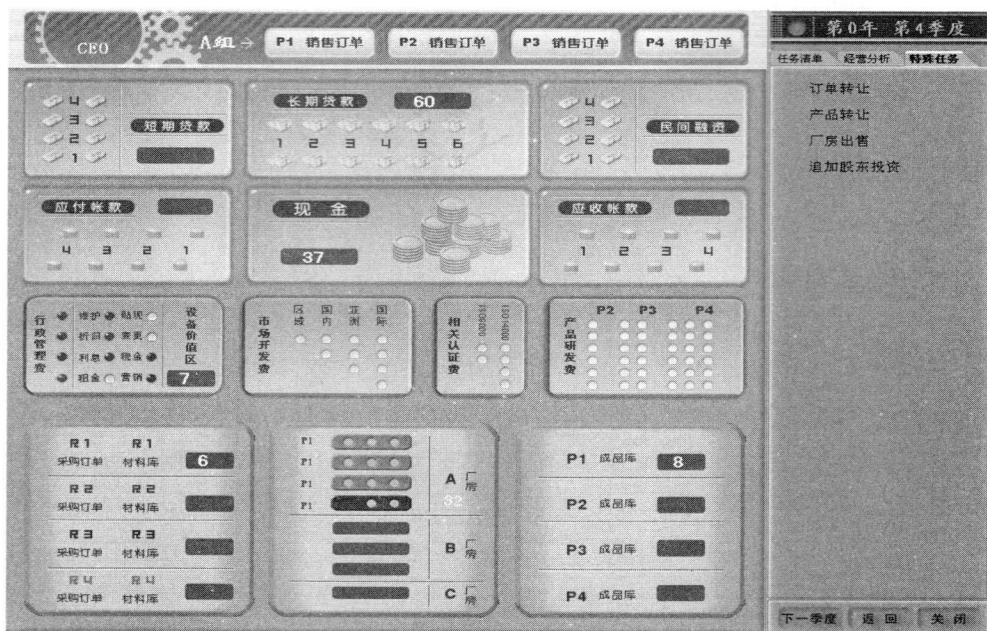

图 4-26 "特殊任务"界面

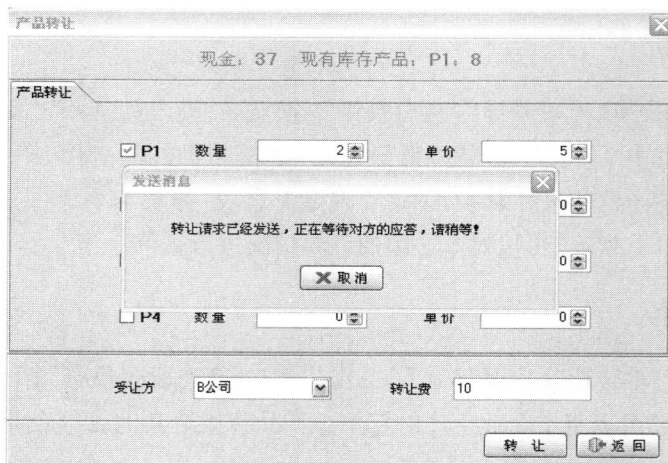

图 4-27 "产品转让"界面

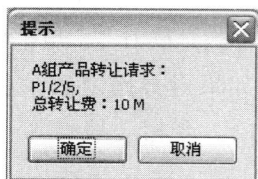

图 4-28 提示对话框

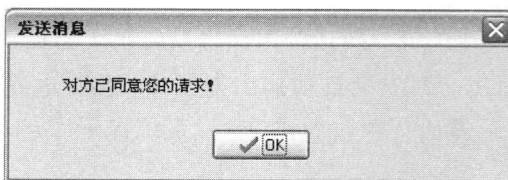

图 4-29 产品转让确认

第二节　ITMC企业经营管理沙盘运营规则

一、厂房

ITMC系统设置了3种厂房类型，见表4-1。

表4-1　购买(或租赁厂房)

厂房	购价	租金	售价	容量
A	32M	4M/年	32M(4Q)	4条生产线
B	24M	3M/年	24M(4Q)	3条生产线
C	12M	2M/年	12M(4Q)	1条生产线

注：年末决定厂房是购买还是租赁；当年若要使用新厂房，可在当年的任何季度在该厂房铺设生产线或开始生产，购买后将厂房不提折旧；租赁厂房每年末支付租金；厂房可随时出售，但出售后不能马上拿到款项，会形成4个季度账期的应收账款。

二、生产线

每条生产线同一时刻只能生产一个产品；半自动线和全自动线转产时需要停产一定周期并支付转产费用；手工线和柔性线转产时不需要停产及支付费用。

(一)生产线购买

价格按安装周期平均支付，安装周期结束之后方可投入使用。

(二)生产线出售

按残值计价，收到的现金计入额外收入；手工线的残值为1M；半自动线的残值为2M；全自动线的残值为4M；柔性线的残值为6M。

(三)维护费

年末时，转入固定资产的生产线每条支付1M的设备维护费；当年售出的生产线不交维护费(表4-2)。

表4-2　生产线

生产线	手工	半自动	全自动	柔性
购买价	5M	8M	16M	24M
安装时间	无	2Q	4Q	4Q
生产周期	3Q	2Q	1Q	1Q
转产周期	无	1Q	2Q	无

续表

生产线	手工	半自动	全自动	柔性
转产费用	无	1M	4M	无
出售残值	1M	2M	4M	6M

注: 1. 安装周期为无: 为当季度铺设当季度可以使用; 安装周期为2Q: 若Q1开始铺设, 则Q2完成铺设, Q3才能使用;

2. 生产周期为3Q: 若原材料Q1上生产线, 则Q4有成品;

3. 转产周期为1Q: 若Q1对该生产线转产, 则Q2可以开始生产转产后的产品。

三、产品的构造

生产1个P1产品需要1个R1原材料; 生产1个P2产品, 需要1个R1原材料、1个R2原材料; 生产1个P3产品, 需要2个R2原材料、1个R3原材料; 生产1个P4产品, 需要1个R2原材料、1个R3原材料、2个R4原材料, 产品构成见表4-3。

表4-3 产品构成表

产品	所需原料	产品	所需原料
P1	R1	P3	2R2+R3
P2	R1+R2	P4	R2+R3+2R4

四、原材料采购

R1与R2原材料必须提前1Q下订单(若Q1下订单, 则Q2到货, 货款也是在Q2支付); R3与R4必须提前2Q下订单(若Q1下订单, 则Q3到货, 货款也是在Q3支付); 若在下原料时, 一次性下6个及以上, 可以缓1Q付款; 若一次性下11个及以上, 可以缓2Q付款; 若一次性下16个及以上, 则可以缓3Q付款; 若一次性下21个及以上, 则可以缓4Q付款(缓交的货款称为应付账款)。若在Q1下了6个R1, 则R1在Q2到货, 由于一次性下了6个, 所以货款缓1Q支付, 货款在Q3支付; 若在Q1下了11个R3, 则R3在Q3到货, 而货款缓2Q支付, 货款在第2年的Q1支付(表4-4)。

表4-4 原材料采购

每次每种原材料采购数量(每个原料价格1M)	账期
5个以下	0
6~10个	1Q
11~15个	2Q
16~20个	3Q
20个以上	4Q

小技巧：由于比赛只进行 6 年，所以在第 5 年的 Q4 下 21 个以上的 R1 或 R2，则货物在第 6 年的 Q1 到达，货款再缓 4Q，货款于第 7 年的 Q1 支付，而比赛中没有第 7 年，所以在第 5 年的 Q4，可以无限下 R1 和 R2 的订单，R3 与 R4 同理。

五、融资贷款与资金贴现

（一）融资贷款

长期贷款最长期限为 5 年，最短期限为 1 年；短期贷款及高利贷期限为 4Q。贷款到期后方可返还；贷款总额=上一年年末的所有者权益×2+（长期贷款+短期贷款+高利贷）。

长期贷款的利息为 10%，且在年末付息（如第 1 年的年末借，第 2 年的年末开始付息）；短期贷款利息为 5%，高利贷利息为 15%，短期贷款与高利贷都是在还贷款时同时支付利息（若在第 1 年 Q1 借了 20M 的短期贷款，则要在第 2 年的 Q1 还款 21M）。

（二）贴现

贴现是指提前使用还没到期的应收账款，应收款贴现可随时进行，不论其账期长短，每提前收回 7M 的应收账款则需交 1M 的贴现费，实际只收回 6M 现金，见表 4-5。

表 4-5　贷款/融资/应收贴现

融资方式	规定贷款时间	贷款额度	还贷规定	利率
长期贷款	每年年末	上年所有者权益的 2 倍-已贷贷款	年底付息，到期还本	10%
短期贷款	每季度初	上年所有者权益的 2 倍-已贷贷款	到期一次性还本付息	5%
高利贷	任何时间	银行协商	到期一次性还本付息	15%
应收贴息	任何时间	根据应收款额度按 1:6 比例	贴现时付息	1/7

应收账款的产生：在交货物订单时，会发现订单上有个账期，这表示，在交货后，要通过几个账期才能拿到货款。

六、综合管理费

除购买厂房、设备外，行政管理费、生产线、折旧市场开拓、ISO 认证、产品研发、设备维护费、厂房租金、营销广告、生产线转产皆计入综合管理费。

（一）行政管理费

每季度末支付 1M，每年共支付 4M。

（二）生产线的折旧

设备折旧按年初余额的 1/3 计算（不计小数部分），设备价值少于 3M 时，每年折旧 1M，直到价值为 0。

无论是何种生产线，在铺设完成后开始使用的第 1 年都不进行折旧，从该条生产线开始使用的第 2 年开始计算折旧，见表 4-6。

表 4-6　全自动线每年折旧额　　　　　　　　　　单位：M

年份	第 1 年	第 2 年	第 3 年	第 4 年	第 5 年	第 6 年
全自动线折旧额	第 1 年的 Q1 开始铺设	第 2 年 Q1 开始投入生产	16／3＝5	（16-5）／3＝4	（16-5-4）／3＝2	（16-5-4-2）／3＝2

注：此表折旧额四舍五入后取整。

（三）市场开拓

区域市场花费 1M／年，共需要 1 年；国内市场花费 1M／年，共需要 2 年；亚洲市场花费 1M／年，共需要 3 年；国际市场花费 1M／年，共需要 4 年。不得加速开拓，但可以随时中止或中断。

注意：市场开拓在每年的年末进行，若在当年的 Q4 完成了对该市场的开拓，则可以在下一年年初投广告时对该市场投放广告。

（四）ISO 认证

ISO 9000 花费 1M／年，共需要 2 年，完成开拓需要 2M；ISO 14000 花费 1M／年，共需要 4 年，完成开拓需要 4M。

两项 ISO 认证投资可同时进行，相应投资完成后才能取得资格；不得加速投资，但可以随时中止或中断。

注意：市场认证主要是在竞单选单产生作用，在比赛的中后期，部分订单上会出现 ISO 9000 或 ISO 14000 的条件，如果要在竞单时选择这些订单，必须先完成 ISO 9000 或 ISO 14000 的市场认证。

（五）产品研发

新产品研发投资按季度支付，必须完成投资后方可生产；不得加速投资，但可以随时中止或中断。在研发好某种产品的那个季度，就可以开始生产这种产品，见表 4-7。

表 4-7　产品研发

产品	P2	P3	P4
时间	1.5 年（6Q）	1.5 年（6Q）	1.5 年（6Q）
每季度投资额	1M	2M	3M
投资总额	6M	12M	18M

（六）设备维护费

无论是哪种生产线，只要开始生产，就要开始交纳维护费，维护费每条生产线每年交一次，均为 1M。

（七）厂房租金

租赁厂房每年末支付租金：A 厂房为 4M／年；B 厂房为 3M／年；C 厂房为 2M／年。

（八）营销广告

每年年初需要进行各市场的广告投放，新市场包括区域、国内、亚洲、国际市场。所有已进入的市场，每年最少需投入1M维持，否则视为放弃了该市场，也就不能得到该市场的订单。

（九）生产线转产

转产生产线是指生产线转而生产其他产品。转产时可能需要一定的转产周期，并支付一定的转产费用，待转产结束后方可生产新产品。转产时，生产线上不能有正在生产的产品。转产周期、转产费用具体见表4-2。

七、产品加工成本

每条生产线只能有一个产品在线。产品上线时需要支付加工费，不同生产线的生产效率不同，需要支付的加工费也不相同。根据产品的原材料构成和产品的生产费用，使用不同的生产线，产品的生产成本会有所不同。如用全自动线或柔性线生产，P2产品的成本为3M，其中2M为原料R1、R2的价格，1M为加工费，见表4-8。

表4-8　产品成本

单位：M

	P1		P2		P3		P4	
	加工费	生产成本	加工费	生产成本	加工费	生产成本	加工费	生产成本
手工线生产	1	2	2	4	3	6	4	8
半自动线生产	1	2	1	3	2	5	2	6
全自动线	1	2	1	3	1	4	1	5
柔性生产线	1	2	1	3	1	4	1	5

八、初始状态

决策者们接手的企业不是一个全新的企业，而是已经运营了几年的企业。因此，对企业经营者来说，接手一个企业时，需要对企业有一个基本的了解和分析，包括前任管理者的期望、行业发展状况、股东期望、企业目前的财务状况、市场占有率、产品、生产设施、盈利能力等。在这里，以企业两张主要的财务报表——"资产负债表""利润表"为工具，逐项介绍企业目前的财务状况和经营情况，并对其他相关方面进行补充说明。

（一）企业的经营思想

本书模拟的是一个生产制造企业，产品为虚拟的产品，即P系列产品：P1、P2、P3和P4。该企业长期以来一直专注于某行业P产品的生产与经营，目前生产的P1产品在本地市场知名度很高，客户也很满意。同时企业拥有自己的厂房，生产设施齐备，状态良好。最近，一家权威机构对该行业的发展前景进行了预测，认为 P 产品将会从目前的相对低技术水平发展为一个高技术产品。为了适应技术发展的需要，董事会及全体股东决定将企业交给一批优秀的人(模拟经营者)。他们希望新的管理层完成的工作包括：投资新产品的开发，使企业的市场地位进一步得到提升；开发本地市场以外的其他新市场，进一步拓展市场领域；扩大生产规模，采用现代化生产手段，努力提高生产效率；研究在信息时代如何借助先进的管理工具提高企业管理水平；增强企业凝聚力，形成鲜明的企业文化；加强团队建设，提高组织效率。

总而言之，随着 P 产品从一个相对低水平发展为高技术水平产品，新的管理层必须要创新经营、专注经营，才能完成董事会及全体股东的期望，实现良好的经营业绩。

(二)企业的财务状况

在原决策者的带领下，企业取得了一定的成绩，其具体情况见表 4-9 和表 4-10，对其具体分析如下。

(1)变现能力。流动比率＝流动资产合计÷流动负债＝52-0＝52。该企业现在无流动负债，故变现和偿债能力较强。

(2)负债比例。一般认为，资产负债率的适宜水平是 40%~60%。

资产负债率＝负债合计／资产总计＝41／105＝39.05%

产权比率＝负债合计／股东权益＝41／64＝64.06%

已获利息倍数＝支付利息前利润／利息费用＝8／4＝2

长期债务与营运资金比率＝长期负债／(流动资产合计-流动负债)＝40／(52-0)＝0.77。

(3)盈利能力比率。销售净利率＝净利润／销售收入＝3／35＝8.57%。

从以上数据分析可以得出，该企业变现能力较强，负债适中，销售净利率也还不错。当然，由于无法与以前相比较，只能说企业目前经营较好，新的管理者要延续这种良好的发展趋势。

表 4-9　利润表　　　　　　　　　　　　　　　　　　　　单位：M

项目	本年数	项目	本年数
销售收入	35	支付利息前利润	8
直接成本	12	财务收入/支出	4
毛利	23	其他收入/支出	
综合费用	11	税前利润	4
折旧前利润	12	所得税	1
折旧	4	净利润	3

表4-10　资产负债表　　　　　　　　　　　　　　　　　单位：M

项目		期末数	项目		期末数
流动资产	现金	20	负债	长期负债	40
	应收款	15		短期负债	
	在制品	8		应付账款	
	成品	6		应交税金	1
	原料	3		一年内到期的长期负债	
	……			流动负债合计	
	流动资产合计	52		负债合计	41
固定资产	土地和建筑	40	所有者权益	股东资本	50
	机器与设备	13		利润留存	11
	在建工程			年度净利	3
	固定资产合计	53		所有者权益合计	64
总计		105	总计		105

（三）现金、应收款与设备价值

每个企业最初有资产100M；有3年和4年的长期负债各20M，初始状态下已借长期贷款40M；已有3条手工线和1条半自动线，生产线残值共10M，即经过折旧后剩余的价值为10M；现金20M；另有的应收款18M(2Q后到账9M，3Q后到账9M)。

（四）厂房、生产线与物料价值

企业拥有A厂房价值32M；4条生产线上分别有不同周期的P1在制品，如图4-30所示。第1条手工线已生产1Q，第2条手工线已生产2Q，第3条手工线已生产3Q，第4条半自动线已生产1Q。（第一、二、三条生产线为手工线，第四条生产线为半自动线，灰色大原点为在产品状态）；成品库有4个P1产品，每个产品价值2M；原料库有4个R1原料，每个原料价值1M。已下R1原料订单2个。

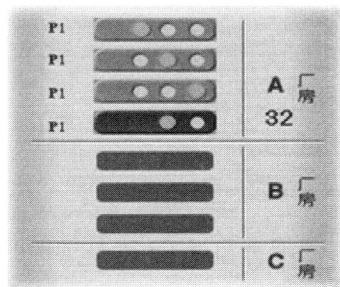

图4-30　厂房、生产线状态图

九、所有者权益的计算

在年初拿到订单后，就可计算出当年年末的权益：利润＝订单总额－产品总成本

年末所有者权益＝上一年年末所有者权益＋利润－广告费用－产品研发费用－行政管理费用－利息－设备维护费－折旧－市场开拓总额－ISO市场认证总额－产房租金－转产费用－违约金－税金

十、税金的计算

每年年末按当年利润的 25% 计提所得税，并计入应付税金，在下一年初交纳。出现盈利时，按弥补以前年度亏损后的余额计提所得税：应缴税＝(税前利润−前几年亏损总额)×25% 取整(四舍五入)。

十一、违约金的计算

Q1 未交货的加急订单、Q4 未交货的所有订单将交违约金，违约金为订单金额的 25%(四舍五入后取整)。

十二、销售排名及市场老大规则

每年订单会后，根据某个市场的总订单销售额排出销售排名；排名第一的为市场老大，下年可以不参加该市场的选单排名而优先选单；其余的企业仍按选单排名方式确定选单顺序。

选单顺序首先根据投入某个产品广告费用的多少产生；如果该产品投入广告费用一样，按本次市场的广告总投入量进行排名；如果市场广告总投入量一样，按上年的该市场销售额排名；如果上年市场销售额相同，按投放广告时间前后进行排名。

【例 4.1】P3 产品亚洲市场广告投放单见表 4-11。

表 4-11　亚洲市场广告投放单　　　　　　　　　　　　　　　　　单位：M

公司	P3 产品	P2 产品	广告费总和	上年排名
A	10		10	1
B	20	10	30	2
C	20		20	4
D	50		50	3

亚洲市场 P3 产品选单的顺序如下。

顺序一，由 A 公司选单。虽然 A 公司投在 P3 产品上的广告费低于其余 3 家企业，但其上年在亚洲市场上的销售额排名第一，因此不以其投入广告费的多少来选单，而直接优先选单。

顺序二，由 D 公司选单。因其投在 P3 产品的广告费最高，为 50 M。

顺序三，由 B 公司选单。虽然 B 公司投在 P3 产品上的广告费与 C 公司相同，但投入在亚洲市场上的总广告费用为 30 M，而 C 公司投在亚洲市场上的总广告费用为 20 M，因此，B 公司先于 C 公司选单。

顺序四，由 C 公司选单。由于 C 公司投在 P3 产品上的广告费用与 B 公司相同，但在亚洲市场上的总广告费投入低于 B 公司，因此后于 B 公司选单。

第三节　ITMC 企业经营管理沙盘策略

本节策略所处的初始状态同本章第二节 ITMC 企业经营管理沙盘运营规则中"八、初始状态"的设定。

一、产品组合策略

（一）P1、P2、P3 产品组合策略

在比赛对抗中，生产 P1、P2、P3 产品组合是最常规化的经营策略。其基本思路是：根据每年产品需求量的变化及价格变化来调整生产策略，以获得尽可能多和好的订单，求得发展具体策略如下。

（1）产品研发策略（P2、P3 产品为主）。第 1 年 Q1 开始研发 P2 产品（第 2 年 Q2 可投产）；第 3 年 Q4 开始研发 P3 产品，第 5 年 Q4 开始投产。P4 产品的研发视发展情况而定，为了节省资金维持权益，也可放弃 P4 产品的研发。

（2）生产线建设策略。第 1 年 Q1 卖掉 1 条手工线；Q2 卖掉 1 条手工线，买进 2 条全自动线生产 P2 产品；Q4 再卖掉 1 条手工线，半自动线可保留。

第 2 年 Q1 买 1 条全自动线生产 P2 产品。第 4 年扩建 B 厂房，购买 3 条全自动线生产 P3 产品（第 5 年 Q1 可生产，与产品研发相衔接）。第 5 年扩建 C 厂房，购买 1 条全自动线或柔性线生产 P3 产品。

关于生产线买卖，前期因受资金影响，同时也考虑到后期的折旧，不宜扩张太快。比如，如果第 1 年就买 3 条全自动线，每条全自动线购买价 16M，共需要 48M，必然需要贷款，从而承担较重的利息负担。同时，按照规则，第 3 年每条生产线将折旧 5M，共 15M 的折旧费，也将会使权益下降 15M。所以，前期不宜过度扩张。

（3）广告策略是最灵活和最重要的一项策略，如何发挥最大的广告效应，是经营成败的关键。有可能投入了很高的广告费，却没能获得理想的订单，就会使权益迅速下降，使经营面临困境。

笔者的看法是：对 P1 产品不宜投放过多广告，真正经营困难主要是第 3、4 年。因此保持这一时期的权益很重要。而 P1 产品相对来说订单较多，只要在前三年卖出就可以，所以可尽量压缩 P1 产品的广告费用。而 P2 产品在第 3 年价格较高，且订单非常有限，即使投入了广告也不一定能抢到订单，所以第 3 年抢夺 P2 产品是重点，可以增加广告投放，比如本地市场投入 9M 左右的广告费，也是正常的。第 4 年之后 P2、P3 产品的广告费则应视竞争情况确定，如果破产的企业比较多则可降低广告费等。

另外，在投放广告的时候，不宜在各个市场上平均分配广告费用，比如三个市场分别投入 6M、6M、6M，共 18M，可能都拿不到好订单。而如果投 9M、2M、7M 可能会获得

更好的效果。

(4)市场开拓、ISO 资格认证。若不进行市场开拓，将意味着失去一些市场，企业很难获得发展。因此，市场开拓是必要的。但为了保持前期的权益，市场开拓的时间选择上可以灵活掌握。此外，按照规则，银行的贷款额度是上一年权益的 2 倍减去已贷额度，而贷款的额度只能是 20 的整数倍。所以，权益最好能保持 10 的整数倍，如 10 以下的权益不能获得贷款，10~19 能获得 20M 的贷款，20~29 能获得 40M 的贷款，依此类推。因此，为了保持 10 的整数倍的权益，有时有必要放弃某个市场的开拓。比如：若当前权益是 32，为了保持 30 的权益，则可只开拓两个市场。

另外，ISO 资格的认证不仅可以加分，而且有些订单是必须具备该认证才有资格获取，因此 ISO 资格认证也是必要的。同样为了合理分配费用，保持权益，可以将 ISO 9000认证推到第 2 年。

(二)P1、P3 组合策略

该策略的基本思路是：不走大众化路线，一开始就做 P3 产品，先入为主，可能获得良好的发展。但该策略有一定的风险，就是第 2 年 P3 产品的订单数量比较少。如果同时有几个竞争对手采取此策略，P3 产品的市场竞争会非常激烈，而生产 P2 产品的企业反而会获得良好的发展。

(1)产品研发策略。第 1 年 Q1 就开始研发 P3 产品(为了保持权益，不研发 P2 和 P4产品)，如果前三年发展得非常好，可考虑研发 P4 产品，在第 5、6 年生产 P4 产品，分散风险。

(2)生产线建设策略。第 1 年 Q1、Q2 卖掉手工线，并在 Q2 购买 2 条全自动线生产P3 产品。第 1 年 Q4 卖手工线。第 2 年 Q1 买 1 条全自动线生产 P3 产品。如果第 2、3 年发展好，可在第 3 年扩建 C 厂房，买一条全自动线生产 P3 产品，并且视竞争情况考虑生产 P4 产品，于第 4 年或第 5 年扩张 B 厂房生产 P4 产品；若不生产 P4 产品，则扩张 B 厂房时可考虑买部分全自动线(或柔性线)生产 P1 产品。

(3)广告策略。同样 P1 产品不宜投入太高的广告费用，如第 1 年在本地市场只投 3M或以下的广告费；第 2 年在本地市场投 2M 或 1M(区域市场可放弃)；第 3 年本地、区域、国内各投放 1M 的广告。第 2 年 P3 产品投入 4M 以下的广告；如果同时有几家竞争，则后续再增加广告投入。此外，广告投放还要考虑各市场的订单量、订单的价格等因素。

(4)市场开发、ISO 认证。由于相对而言只生产 P3 产品的风险要大一些，所以一般每个市场(区域、国内、亚洲、国际)都需要开发。但考虑到 P3 产品的国际市场到第 6 年才有 P3 产品订单，所以国际市场的开发可以晚一年开始，以保持权益。同样，ISO 9000 认证也可以从第 2 年才开始认证。

(三)P1、P4 组合策略

该策略的基本思路是：出其不意，后发制人。前期非常保守，后期发展非常强劲。表面上看生产 P4 产品的风险非常大，因为 P4 产品到第 4 年才有市场需求，且生产成本高。但实际上生产 P4 产品往往可避开激烈竞争，收到意想不到的效果。生产 P4 产品最大的好处是竞争少，可节省广告费用，后期市场价格高。并且生产 P4 产品的操作相对简单，只把握以下几点即可。

(1)产品研发策略。由于 P4 产品到第 4 年的区域市场才有需求，所以 P4 产品的研发不宜过早，否则由于研发费用高，必然对权益影响很大，比较合适的是在第 2 年 Q4 开始研发，第 4 年 Q1 可生产。另外，由于前期不需要进行产品研发，所以占用资金非常少。不需要或只需少量的银行贷款。

(2)生产线建设策略。第 1 年不需要买卖生产线，保持原有的 3 条手工线和 1 条半自动线，生产 P1 产品。第 2 年 Q3 出售 1 条手工线，Q4 再出售 1 条手工线和 1 条半自动线，第 3 年 Q3 再出售 1 条手工线，同时在 A 厂房购买 4 条全自动线生产 P4 产品。第 4 年在 B 厂房购买 3 条全自动线生产 P4 产品，第 5 年在 C 厂房购买 1 条柔性线生产 P4（或 P1）产品。

(3)广告策略。前三年只投 P1 产品的广告，由于 P1 产品相对订单较多，一般前三年都可卖完，所以可相对节省广告费用。若第 3 年卖完 P1 产品，从第 4 年开始，就只需要投入 P4 产品的广告。如果没有竞争，只需要各市场投入 1M 的广告费即可。

(4)市场开发、ISO 资格认证。根据 P4 产品市场订单需求的特点，到第 5 年对 ISO 资格认证才有要求，所以 ISO 9000 可从第 3 年开始认证。而国际市场对 P4 产品在六年的经营期间内均无需求。所以，可放弃国际市场的开发，节省费用，保持权益。

一般来说，走 P4 产品的路线在第 4 年是低谷阶段，第 5 年随着需求量增加及价格上升，开始发力。如果竞争少，第 6 年经营结束时往往会突飞猛进，名列前茅。即使是后期有加入者，由于生产能力有限，竞争力也不强，且此时加入，所承担风险也较大。

各种产品组合策略的运用，还需注意原材料的购买，要确保不会出现原材料短缺影响生产，还要充分利用规则来决定采购量，合理分配付款期限。

(四)策略总结

沙盘经营策略多种多样，并且各种策略的运用是在动态的博弈环境中进行的，所以不存在最优的固定发展模式。以上探讨的几种发展策略，仅能为沙盘经营者提供一些启发性的参考意见。对以上的经营策略，笔者尝试总结如下。

(1)前期应相对保守，不宜大肆扩张。首先，由于前期生产线购买过多，第 3 年开始折旧，大量的折旧费将大大减少权益。其次，前期大量购买生产线会占用过多的资金，必然增加银行贷款，权益下降之后，贷款到期无力偿还会导致破产。再次，购买太多的生产线，将导致生产能力过剩(产品售不完)，占用资金，导致经营困难。

(2)后期生产线的购买。最好在当年 Q1，这样生产线算是在下一年安装完成，该年不提折旧。所以，柔性线可以考虑在第 5 年 Q1 购买，这样第 6 年不提折旧。

（3）后期产品研发。可考虑在 Q4 开始，这样与生产线的购买衔接起来。如在第 3 年 Q4 研发 P3，第 4 年 Q1 购买全自动线生产 P3，则正好产品研发完成，生产线安装完，可以马上投产。

二、整体策略

俗话说："凡事预则立，不预则废""未曾画竹，而已成竹在胸"，进行企业经营模拟前，也要有一整套完整的策略。方能临危不乱，镇定自若，在比赛取得佳绩。

（一）力压群雄——霸王策略

策略介绍：在开赛初，筹到大量资金用于扩大产能，保证产能第一，以高广告策略（后面有详细介绍）夺取本地市场老大的位置，并随着产品开发的节奏；成功实现 P1→P2→P3 的主流产品过渡；在竞争中始终保持主流产品销售量和综合销售量第一；后期用高广告投入策略争夺主导产品的最高价市场的老大位置，保持权益最高，使对手望尘莫及，难以超越，最终直捣黄龙，夺得头筹。

运作好此策略关键有两点。

（1）资本运作。使自己有充足的资金用于产能扩大，并能克服强大的还款压力，使资金运转正常，所以此策略对财务总监要求很高。

（2）精确的产能测算与生产成本预算。如何安排自己的产能扩大节奏、如何实现零库存、如何进行产品组合与市场开发……这些将决定着最终的成败。

评述：采取霸王策略的团队要有相当的魄力，真得像当年西楚霸王项羽那样，敢于破釜沉舟，谨小慎微者不宜采用。此策略的劣势在于如果资金或广告在某一环节出现失误，将会使自己陷入破产的困境。

（二）忍辱负重——越王策略

策略介绍：采取此策略者通常是有很大的产能潜力，但由于期初广告运作失误，导致权益过低，处于劣势地位。所以要在第 2、3 年不得不靠 P1 产品维持生计，延缓产品开发计划，或进行 P2 产品开发，积攒力量，度过危险期。在第 4 年时，突然推出 P3 或 P4 产品，配以精确广告策略，出其不意地攻占对手们的薄弱市场，在对手忙于应对时，自己早已把 P3、P4 产品的最高价市场牢牢握在手中，不给对手机会，最终实现逆转。

此策略制胜的关键点在于广告运作和现金测算上，因为要采取精确广告策略，所以一定要仔细分析对手情况，找到其在市场中的薄弱环节，以最小的代价夺得市场，减少成本。现金测算，因为要出奇兵（P3 或 P4 产品），但由于这些产品对现金要求很高，所以现金测算必须准确，到时现金断流倒在其次，关键是完不成订单，受到惩罚，将前功尽弃，功亏一篑。

评述：越王策略不是一种主动的策略。所以团队成员要有很强的忍耐力与决断力，不要被眼前一时的困境吓倒，并学会"好钢用在刀刃上"，节约开支，降低成本，先图生存，再想夺占。

(三)见风使舵——渔翁策略

策略介绍：当市场上有两家实力相当的企业争夺第一时，渔翁策略就派上用场了，首先在产能上要努力跟随前两家的开发节奏，同时内部努力降低成本，在每次开辟新市场时均采用低广告策略，规避风险，稳健经营，在双方两败俱伤时立即占领市场。

运作要点：此策略的关键，第一，在于一个稳字，即经营过程中一切按部就班，广告投入，产能扩大都是循序渐进，逐步实现，稳扎稳打；第二，要利用好时机，因为时机是稍纵即逝的，对对手一定要仔细分析。

评述：渔翁策略在比赛中是常见的，但要成功一定要做好充分准备，只有这样才能在机会来临时，一下抓住，从而使对手无法超越。

三、分角度策略

(一)市场角度

本地市场为商家必争之地。前三年 P1、P2 产品价格上涨，四年之后价格下滑。前三年可以为后期积累大量的资金，缓解贷款高利息所带来的压力。第 4 年后不再扩张，保持经营。有实力的建议争夺市场老大，一次广告争夺成功相当于两次主动占据市场龙头。

区域市场，开发期短，市场需求量大，3 年后价格明显下滑，可以在前三年赚取足够利润后第 4 年退出。

国内市场，该市场的成型时期与 P3 产品的开始期极为接近，也正是 P2 产品的成熟期，此市场利润很大(相对 P2 与 P3 产品来说)。

亚洲市场，开发期长，P3 产品的成熟期，有 ISO 资格认证要求，但是利润远远大于申请认证所花费的资金。次年可以放弃区域市场的争夺而转向亚洲市场。

国际市场，P2、P3、P4 产品的价格平凡，但是 P1 产品的价格极大幅度地回升，要想争此市场，至少要留 1 条生产 P1 产品的生产线。

(二)产品角度

P1 产品，成本低，前期需求大。因为无须研发，所以前两年无疑就是 P1 产品市场的争夺战：本地、区域和国际。

P2 产品，成本不高，需求量稳定，材料补充快，研发周期短，倘若第 1 年没有争夺到本地市场老大位置，可以利用提前开拓 P2 产品来争取区域市场老大位置。在第 3 年之后，可以由 P2 产品向 P3 产品转移继而争夺国内甚至亚洲老大位置。

P3 产品，利润高，研发成本高，可以作为后期压制对手与翻盘的一招，建议在第 3 年后主要生产 P3 产品来压制科研发展较慢的企业。可以说谁控制了 P3 产品市场，谁就能控制国内与亚洲市场。

P4 产品，研发成本高，研发周期长，虽然说利润不菲，但是要求高，可销售时间不长，只有 2~3 年销售期，要慎重研发 P4 产品。

（三）广告角度

想把商品卖出去必须抢到订单，如果少量广告宣传、少量销售产品所得利润只能填补广告费与运营费用，但是贷款的利息逐年扣除，为了维护自己的权益，必须适量销售产品。

至于广告费的多少可以从多角度考虑：如果观察到对方放弃大量产品的生产而投入大量资金进行研发时，广告费不宜过大；如果发现个别企业大量囤货时，可以避其锋芒保单即可，也可以大胆压制，消耗对方的广告费，哪怕比第 2 名多投 5M，利润不在于所赚的毛利有多少，而在于与对手拉开的差距有多远，压制是一种保本逼迫对手急躁犯错的战术。

只有广告打好了，才能保证拿到订单，否则，即使企业的生产能力再强，如果订单没拿够，那么库存积压就又成了问题。但也不能多拿订单，如果无法按时、保质、保量交货，除了要缴纳违约金，对企业声誉也有很大影响。

（四）战略角度

灵活的战术往往是持续发展的灵魂，下面介绍几种常见战术。

（1）压制型。顾名思义，压制对手，从开场做起，最大限度地利用权益贷款，封锁本地市场最大利润销售线，利用长期+短期贷款大力发展生产与高科技路线，给每一个市场都施加巨大压力，当对手不堪重负开始贷款时，利用他们的过渡期可以一举控制两个以上的市场，继续封锁销售路线，逼迫对手无法偿还高息而走向破产。此战术不可做任何保留，"短贷+长贷"的双向贷款为的就是"广告+科技+市场+生产线"能最早成型，走此路线建议一定要争取第 1 年和第 2 年的市场份额，巨额贷款的利息负担沉重，无法控制市场取得最大销售量就等于自杀。

（2）跟随型。这种企业只有一个目的：不破产。等机会在激烈竞争之后收拾残局，这样的企业一般不会破产，也不会拿到第一。和前文提到的渔翁策略类似。

（3）保守型。前 4~5 年保住自己的权益不降、不贷款、少量生产，到最后一年全额贷款，开设多条生产线，购买厂房，把分数最大化。

（4）负重型。这样的企业有多种策略，有的在前期被压马上贷款转型，占据新开发的市场来翻盘；有的只研制 P1 产品，尽量省钱在国际市场开放后一鼓作气垄断 P1 产品市场争取最大销售额；有的直接跳过 P2 产品的研制，从 P1 产品到 P3 产品转型，用新产品抢新市场份额；更有甚者忍 3 年，后期完全利用 P4 产品占取市场最大毛利翻盘。

（五）资金角度

资金是企业运行的血液，在权益下降时适时贷款是一个企业发展的必要决策。

（1）如果企业在第 1 年的 Q1 短贷，则要在第 2 年的 Q1 还本付息。如果所有者权益允许，则还可续借短贷，但要支付利息。如果在企业能力允许的情况下，短贷也可提前还款，同时支付利息。

（2）企业要充分利用短贷的灵活性，根据企业资金的需要，分期短贷，这样可以减轻企业的还款压力。

（3）不论长贷还是短贷，在每次还款时，都要先看贷款额度。

（4）申请贷款时，要注意一点：所有者权益×2＝A，则：长贷额≤A，短贷额≤A。

长贷和短贷是分开计算利息的，短贷的利息低，可是一个企业要有所突破，光靠短贷根本无法维持，最好的方法就是长、短贷相结合。贴息可以缓解经济压力，但贴息换来的代价就是权益的下降，具有两面性。

（六）生产线角度

想占有较大市场份额必须能销售大量的产品，没有稳定的生产线根本无法参与竞争，即使有订单也未必敢接，造成了违约更是得不偿失。

手工生产线：灵活，但是生产率低，同样一年 1M 的维护费用，但是生产率远远不及其他生产线。转产灵活与折旧费低是它的优势。

半自动生产线：生产率比手工生产线高，但是不及全自动线与柔性线，转产周期限制了它的灵活性，相对来说，是前两年比较实用的生产线。

全自动生产线：生产率是最高的，折旧费用适中，既使生产率最大化，也让自身效益保持稳定耗损。唯一不足的就是灵活性差，转产周期长，不建议转产，可用到最后。停产半年所造成的损失远比转产后所取得的经济效益大。

柔性生产线：最灵活，生产率最高的生产线。缺点是折旧率高，不建议多建设，准备一条转产备用即可。

为使效益最大化和权益最优化，全自动生产线是不二之选，因为折旧率直接和权益挂钩，生产率和分值是和柔性生产线相等的，实为竞争利刃。

切记：预算一定要准确，"居安思危"，"稳"中求"胜"，切忌"急于求成"。

第四节　ITMC 系统八组运营案例

一、基本情况介绍

本案例选自某软件股份有限公司某分公司组织的大学生企业沙盘对抗赛，选用的比赛软件是 ITMC。经过层层比赛，最终选出 8 支队伍参加总决赛。经过抽签，选手分别确定自己所在的组。这里，将这 8 支队伍按照比赛所在的组别，分别称为 A 组、B 组、C 组、D 组、E 组、F 组、G 组、H 组。此案例比赛规则同本章第二节所述规则。

（一）各个小组的初始状态

运营案例模拟的是一个典型的离散型制造型企业，创建已有4年，长期以来一直专注于某行业P系列产品的生产与经营。目前企业拥有自主大厂房一间，厂房内安装了3条手工生产线和1条半自动生产线，运行状态良好。所有生产设备全部生产P1产品，几年以来一直只在本地市场进行销售，利润率指标良好，有一定知名度，客户满意度较高。

目前企业增长已所有放缓，生产设备陈旧，产品、市场单一，企业管理层长期以来经营墨守成规，导致企业已缺乏必要的活力。鉴于此，董事会及全体股东决定将企业交给一批优秀的新人去发展。希望新管理层能够把握时机，抓住机遇，投资新的产品开发，使企业的市场地位提到进一步提升；在全球市场广泛开放之际，积极开发本地市场以外的其他新市场，进一步拓展市场领域；扩大生产规模，采用现代化生产手段，努力提高生产效率，全面带领企业进入快速发展阶段。

各小组的初始资产状态相同，具体见表4-12。

表4-12　初始资产负债表（第0年末）　　　　　　　　　　　　　　　单位：M

项　目		期末数	项　目		期末数
流动资产	现金	42	负债	长期负债	40
	应收款			短期负债	
	在制品	8		应付账款	
	产成品	6		应交税金	1
	原料			一年内到期的	
	……	2		长期负债	
	流动资产合计	58		负债合计	41
固定资产	土地和建筑	40	所有者权益	股东资本	50
	机器与设备	9		利润留存	14
	在建工程			年度净利	2
	固定资产合计	49		所有者权益合计	66
总计		107	总计		107

注：1. 在制品8M表示为：在3条手工线上有3个P1在制品，在制品状态分别为经过生产1Q、2Q、3Q；半自动生产线上有1个P1在制品；每个在制品成本为2M；

2. 产成品6M为：3个P1产品；

3. 原料2M为：2个R1原材料；

4. 机器与设备9M为：3条手工线各为2M，半自动生产线为3M；

5. 长期负债40M分别为：还差4Q到期的20M长贷，还差3Q到期的20M长贷。

（二）各队面对的市场情况分析

（1）本地市场将会持续发展，对低端产品的需求可能要下滑，随着需求的减少，低端产品的价格很有可能走低。后几年，随着高端产品的成熟，市场对P3、P4产品的需求将会逐渐增大，由于客户质量意识的不断提高，后几年可能对产品的ISO 9000和ISO 14000

认证有更多的需求，如图 4-31 所示。

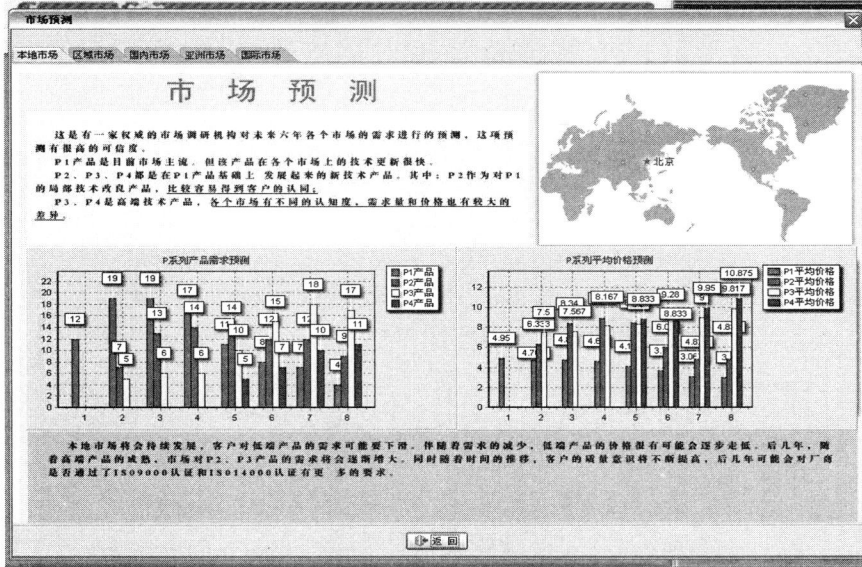

图 4-31　本地市场预测

（2）区域市场的客户相对稳定，对 P 系列产品需求的变化很有可能比较平稳。因紧邻本地市场，所以产品需求量的走势可能与本地市场相似，价格趋势也应大致一样。该市场容量有限，对高端产品的需求也可能相对较小，但客户会对产品的 ISO 9000 和 ISO 14000 认证有较高的要求，如图 4-32 所示。

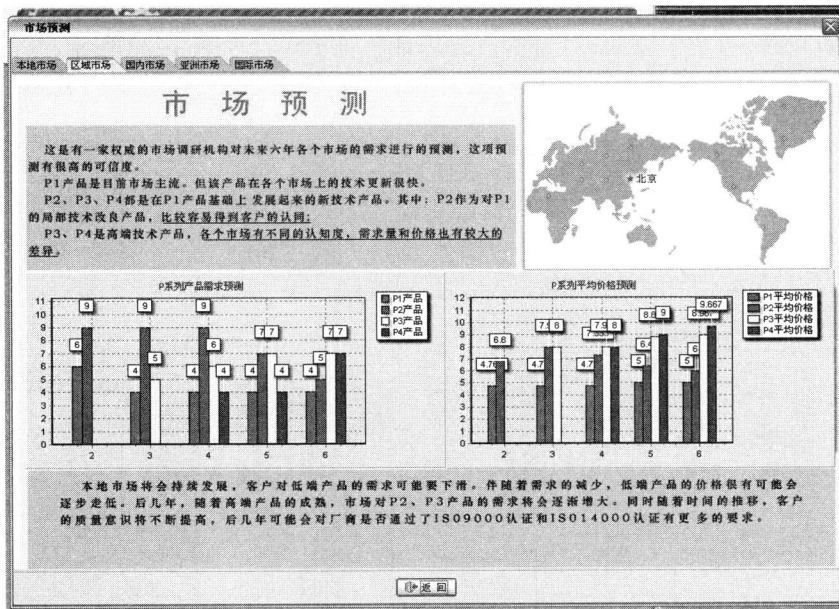

图 4-32　区域市场预测

（3）国内市场。因 P1 产品带有较浓的地域色彩，估计国内市场对 P1 产品不会有持久的需求。但 P2 产品因更适合于国内市场，估计需求一直比较平稳。随着对 P 系列产品的逐渐认同，估计对 P3 产品的需求会发展较快，但对 P4 产品的需求就不一定像 P3 产品那样旺盛了。当然，对高价值的产品来说，客户一定会更注重产品的质量认证，如图 4-33 所示。

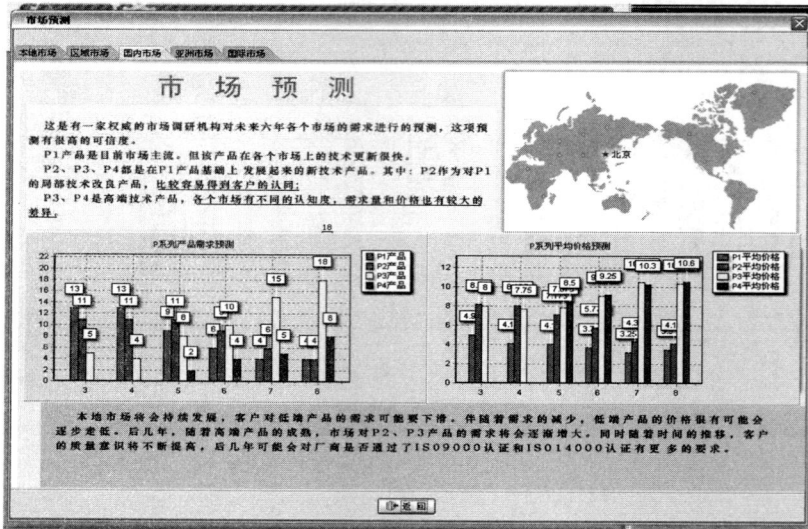

图 4-33　国内市场预测

（4）亚洲市场。这个市场一向波动较大，所以对 P1 产品的需求可能起伏较大，估计对 P2 产品的需求走势与 P1 产品相同。但该市场对新产品很敏感，因此估计对 P3、P4 产品的需求量会发展较快，价格也可能不菲。另外，这个市场的消费者很重视产品的质量，所以没有 ISO 9000 和 ISO 14000 认证的产品可能很难销售，如图 4-34 所示。

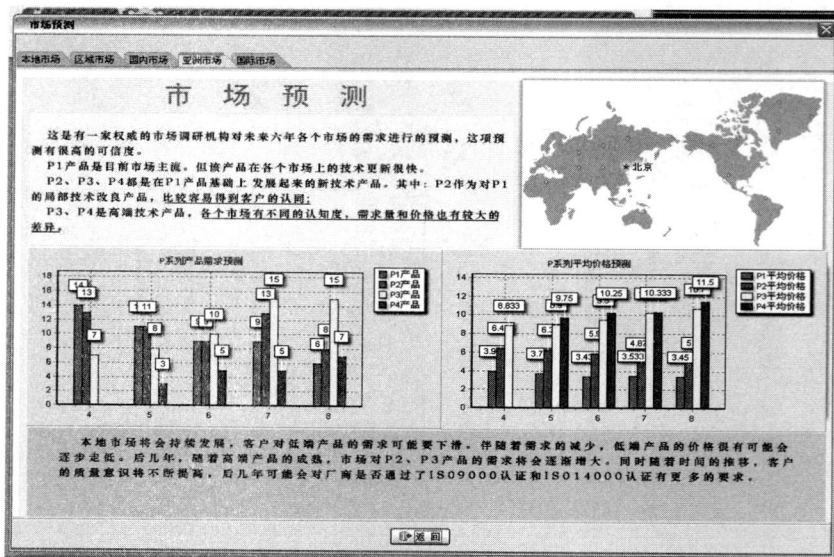

图 4-34　亚洲市场预测

（5）国际市场。P 系列产品进入国际市场可能需要一个较长的时期。有迹象表明，对 P1 产品已经有所认同，但还需要一段时间才能被市场接受。同样，国际市场对 P2、P3、P4 产品的接受也会很谨慎。当然，国际市场的客户也会关注具有 ISO 资格认证的产品，如图 4-35 所示。

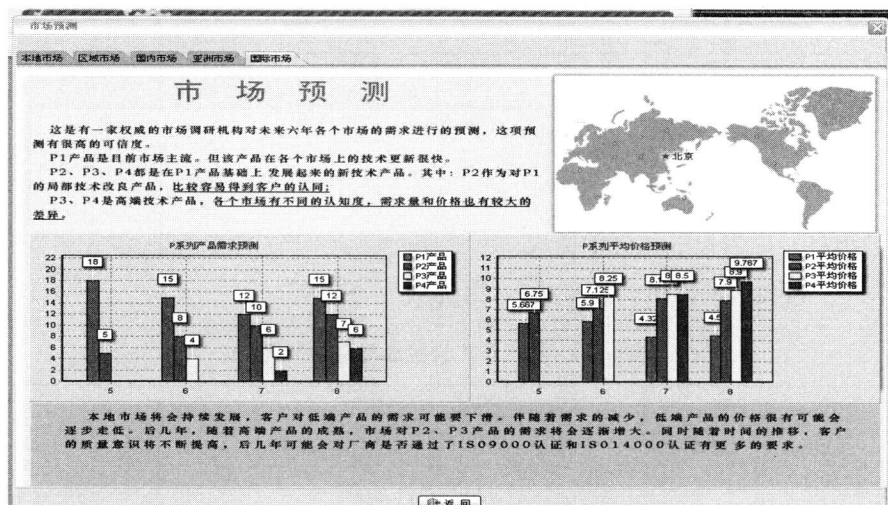

图 4-35　国际市场预测

本次比赛规则借鉴了与沙盘相配合的经营规则，经营期为 6 年。这 8 支队伍经营风格各异，经营策略各不相同，最终经过异常残酷的比赛，D 组技压群雄，以权益 438.08 分夺得冠军；A 组以总分 422.65 分夺得亚军，E 组以 389.75 夺得第三名。各组的最终经营情况和综合得分情况见表 4-13。

表 4-13　各组每年经营情况汇总表

公司		起始年	年份						总分
			1	2	3	4	5	6	
A	a	66	50	33	35	53	77	107	422.65
	b	2	-16	-17	2	18	24	30	
B	a	66	39	14	10	20	42	92	309.20
	b	2	-27	-25	-4	10	22	50	
C	a	66	35	12	4	0	1	0	0
	b	2	-31	-23	-8	-4	1	0	
D	a	66	41	20	31	52	81	118	438.08
	b	2	-25	-21	11	21	29	37	
E	a	66	48	31	25	45	70	115	389.75
	b	2	-18	-17	-6	20	25	45	
F	a	66	42	19	12	19	19	25	63.75
	b	2	-24	-23	-7	7	0	6	

公司		起始年	年份						总分
			1	2	3	4	5	6	
G	a	66	44	17	0	11	8	10	18.00
	b	2	−22	−27	−17	11	−3	2	
H	a	66	46	31	34	35	37	54	153.90
	b	2	−20	−15	3	1	2	17	

注：1. a 为当年年末的所有者权益，b 为当年实现的净利润；

2. C 组在比赛到第 6 年的时候破产，总分显示为 0 分。

二、各组运营情况展示

(一)各组各年广告投放与订单情况

各组各年广告投放与订单情况见表 4-14 至表 4-19。

表 4-14　第 1 年广告投放与订单情况　　　　　　　　　　　　单位：M

组别	项目	本地						区域						国内						亚洲						国际					
		P1	P2	P3	P4	9K	14	P1	P2	P3	P4	9K	14	P1	P2	P3	P4	9K	14	P1	P2	P3	P4	9K	14	P1	P2	P3	P4	9K	14
A	广告费	3																													
	销售额	11																													
	销量	2																													
B	广告费	9																													
	销售额	23																													
	销量	5																													
C	广告费	5																													
	销售额	11																													
	销量	2																													
D	广告费	6																													
	销售额	20																													
	销量	4																													
E	广告费	1																													
	销售额	5																													
	销量	1																													
F	广告费	8																													
	销售额	15																													
	销量	3																													

续表

组别	项目	本地 P1	P2	P3	P4	9K	14	区域 P1	P2	P3	P4	9K	14	国内 P1	P2	P3	P4	9K	14	亚洲 P1	P2	P3	P4	9K	14	国际 P1	P2	P3	P4	9K	14
G	广告费	6																													
	销售额	14																													
	销量	3																													
H	广告费	16																													
	销售额	32																													
	销量	7																													

注：9K 指 IS 9000，14 指 ISO 14000。以下同。

表 4-15　第 2 年广告投放与订单情况　　　　　　　　单位：M

组别	项目	本地 P1	P2	P3	P4	9K	14	区域 P1	P2	P3	P4	9K	14	国内 P1	P2	P3	P4	9K	14	亚洲 P1	P2	P3	P4	9K	14	国际 P1	P2	P3	P4	9K	14
A	广告费	5																													
	销售额	15																													
	销量	3																													
B	广告费	3	1	2				1																							
	销售额	10	14	15				4																							
	销量	2	2	2				1																							
C	广告费	7	2					1	1																						
	销售额	18	15					9	8																						
	销量	4	3					2	1																						
D	广告费	8		1				2																							
	销售额	19		25				5																							
	销量	4		3				1																							
E	广告费	33																													
	销售额	6	15																												
	销量	1	2																												
F	广告费	4						2																							
	销售额	9						15																							
	销量	2						3																							
G	广告费	7	1																												
	销售额	13	8																												
	销量	3	1																												

续表

组别	项目	本地						区域						国内						亚洲						国际					
		P1	P2	P3	P4	9K	14	P1	P2	P3	P4	9K	14	P1	P2	P3	P4	9K	14	P1	P2	P3	P4	9K	14	P1	P2	P3	P4	9K	14
H	广告费	1																													
	销售额	26																													
	销量	6																													

表 4-16　第 3 年广告投放与订单情况　　　　　　单位：M

组别	项目	本地						区域						国内						亚洲						国际					
		P1	P2	P3	P4	9K	14	P1	P2	P3	P4	9K	14	P1	P2	P3	P4	9K	14	P1	P2	P3	P4	9K	14	P1	P2	P3	P4	9K	14
A	广告费	3	3											3	3																
	销售额	11	23											18	25																
	销量	2	3											4	3																
B	广告费	4	3	1				1	1	1				1	1	1															
	销售额	19	25	22		1		9	17	24				15	18																
	销量	4	3	3				2	2	3				3	2																
C	广告费			1					1						1																
	销售额								30						9																
	销量								4						1																
D	广告费	1	1	3						3						9															
	销售额	27	27	44						25						24															
	销量	6	3	6						3						3															
E	广告费	3	3						1					3	3																
	销售额	15	30						15					16	23																
	销量	3	4						2					3	3																
F	广告费	1	1					1	1					1	1																
	销售额	5						12	16					9	16																
	销量	1						3	2					2	2																
G	广告费	6	1											2																	
	销售额	23	26											14																	
	销量	5	3											3																	
H	广告费	1	3						2					1	4																
	销售额	10	14						23					10	31																
	销量	2	2						3					2	4																

表 4-17　第 4 年广告投放与订单情况　　　　　　　　　　　　　　　　　　　　　单位：M

组别	项目	本地						区域						国内						亚洲						国际					
		P1	P2	P3	P4	9K	14	P1	P2	P3	P4	9K	14	P1	P2	P3	P4	9K	14	P1	P2	P3	P4	9K	14	P1	P2	P3	P4	9K	14
A	广告费	1	2											1	3	1															
	销售额	12	9											18	53	25															
	销量	3	1											4	7	3															
B	广告费			1				1	1	1					3																
	销售额			25				15	36	40					49																
	销量			3				3	5	5					6																
C	广告费	1	1					1	1						1																
	销售额	8	17						13																						
	销量	2	2						2																						
D	广告费	1	1	3					2	1						3						3									
	销售额	22	25	48					8							35						17									
	销量	5	3	6					1							4						2									
E	广告费	1	1					1	3		1			1	2					1	1										
	销售额	8	24					9	22	17				13	31							13									
	销量	2	3					2	3	2				3	4							2									
F	广告费	1	3					3	3					1							1										
	销售额	14	25					10	16												22										
	销量	3	3					2	2												3										
G	广告费	1	5												1						1										
	销售额	18	47												17																
	销量	4	6												2																
H	广告费	1	2						1					1	1							3									
	销售额	9	16		1				30				1	5	9																
	销量	2	2						4					1	1																

表 4-18　第 5 年广告投放与订单情况　　　　　　　　　　　　　　　　　　　　　单位：M

组别	项目	本地						区域						国内						亚洲						国际					
		P1	P2	P3	P4	9K	14	P1	P2	P3	P4	9K	14	P1	P2	P3	P4	9K	14	P1	P2	P3	P4	9K	14	P1	P2	P3	P4	9K	14
A	广告费		1	3										1	3	3															
	销售额		16	35	1									13	43	50															
	销量		2	4										3	6	6															

续表

组别	项目	本地 P1	P2	P3	P4	9K	14	区域 P1	P2	P3	P4	9K	14	国内 P1	P2	P3	P4	9K	14	亚洲 P1	P2	P3	P4	9K	14	国际 P1	P2	P3	P4	9K	14
B	广告费		3	3				1	1	3				3							1					1	1				
	销售额		23	26				10	13	26				8							31					6	21			1	
	销量		3	3				2	2	3				1							5					1	3				
C	广告费	1	1	1										1						1											
	销售额	11	22	17								1												1							
	销量	3	3	2																											
D	广告费		1	3						2					1							1				3					
	销售额		29	34						28		1			17							27		1		34					
	销量		4	4						3					2							3				6					
E	广告费				1				1		1				1		1				1										
	销售额				29				15		29	1	1		25		20				14			1	1						
	销量				3				2		3				4		2				2										
F	广告费		1					1							2						3	4									
	销售额		19					5							15						18	26									
	销量		3					1							2						3	3									
G	广告费		2																							1					
	销售额		13																							15				1	
	销量		2																							3					
H	广告费	1	1						1					1	1					1	1										
	销售额			15					12						17					6	17										
	销量			2					2						2					1	2										

表 4-19　第 6 年广告投放与订单情况　　　　　　　　　　　　　单位：M

组别	项目	本地 P1	P2	P3	P4	9K	14	区域 P1	P2	P3	P4	9K	14	国内 P1	P2	P3	P4	9K	14	亚洲 P1	P2	P3	P4	9K	14	国际 P1	P2	P3	P4	9K	14
A	广告费			4											3	5										3	1	1			
	销售额			54			1								34	63										30	13	16		1	1
	销量			6											6	7										5	2	2			
B	广告费							1	3	3											3	3				1					
	销售额							14	37	46		1									33	53		1	1	11					
	销量							3	5	5											5	5				2					

组别	项目	本地 P1	P2	P3	P4	9K	14	区域 P1	P2	P3	P4	9K	14	国内 P1	P2	P3	P4	9K	14	亚洲 P1	P2	P3	P4	9K	14	国际 P1	P2	P3	P4	9K	4
C	广告费		1					5		1					1																
	销售额		19																												
	销量		3																												
D	广告费	1	3					1						1		1				1	3					3	1	1			
	销售额	20	64		1									8		18				20	29			1	1	30	15	17		1	1
	销量	3	7											2		2				3	3					5	2	2			
E	广告费	1		1				1	1					1		1				1		3				1	1				
	销售额	13		41				5	22							32				19		64		1	1	18					1
	销量	2		4				1	3							3				3		6				3					
F	广告费	1								1						1				1	1										
	销售额	12																		27	40	1									
	销量	2																		4	4										
G	广告费	1																								5					
	销售额																									36		1			
	销量																									6					
H	广告费	1	2						1						1	2				1	2										
	销售额		18						19							37					37										
	销量		3						3							4					4										

（二）各组各年报表展示

各组各年的经营情况表见表4-20至表4-43。

表4-20　A组经营情况表　　　　　　　　　　　　单位：M

年份	管理费	广告费	设备维护	厂房租金	转产费	市场开拓	ISO认证	产品研发	其他	总计	P1 收入	数量	成本	P2 收入	数量	成本	P3 收入	数量	成本	P4 收入	数量	成本
1年	4	3	3			3		2	1	16	11	2	4									
2年	4	5	2			2	1	8		22	15	3	6									
3年	4	12	3			2	2	8		31	29	6	12	48	6	18						
4年	4	8	4					2		18	30	7	14	62	8	24	25	3	12			
5年	4	11	6	3		1				25	13	3	6	59	8	24	85	10	40			
6年	4	17	10			2				33	30	5	10	47	8	24	133	15	60			

表 4-21　A 组利润表　　　　　　　　　　　　　单位：M

项目	1	2	3	4	5	6
销售收入	11	15	77	117	157	210
直接成本	4	6	30	50	70	94
毛利	7	9	47	67	87	116
综合费用	16	22	31	18	27	37
折旧前利润	−9	−13	16	49	60	79
折旧	3			10	11	17
息前利润	−12	−13	16	39	49	62
财务收支	4	4	14	21	20	18
额外收支						
税前利润	−16	−17	2	18	29	44
所得税					5	14
净利润	−16	−17	2	18	24	30

表 4-22　A 组资产负债表　　　　　　　　　　　　　单位：M

	项目	1	2	3	4	5	6		项目	1	2	3	4	5	6
流动资产	现金	15	61	11	13	24	8	负债	长期负债	40	80	60	60	60	60
	应收款	11	15	52	32	54	135		短期负债		40	60	60	100	140
	在制品	6	4	8	12	20			应付款						
	产成品	14	18	14	4	2			应缴税					5	14
	原材料					1			1 年期长期资产			20	20		
	合计	46	98	85	61	101	143		合计	40	140	140	120	165	214
固定资产	土地和建筑	40	40	40	40	40	70	所有者权益	股东资本	50	50	50	50	50	50
	机器与设备	4	3	34	40	61	108		利润留存	16		−17	−15	3	27
	在建工程		32	16	32	40			年度利润	−16	−17	2	18	24	30
	合计	44	75	90	112	141	178		合计	50	33	35	53	77	107
总计		90	173	175	173	242	321	总计		90	173	175	173	242	321

表 4-23　B 组经营情况表　　　　　　　　　　　　　单位：M

年份	管理费	广告费	设备维护	厂房租金	转产费	市场开拓	ISO认证	产品研发	其他	总计	P1 收入	P1 数量	P1 成本	P2 收入	P2 数量	P2 成本	P3 收入	P3 数量	P3 成本	P4 收入	P4 数量	P4 成本
1 年	4	9	2			4	1	12	2	34	23	5	10									
2 年	4	7	6		3	1	6			30	14	3	6	14	2	6	15	2	8			
3 年	4	14	8	3		2	1			31	43	7	18	60	7	21	46	6	24			
4 年	4	7	7	3		1	1			23	15	3	6	85	11	33	65	8	32			
5 年	4	17	8	3			1			33	16	3	6	96	14	42	52	6	24			
6 年	4	14	10							28	25	5	10	70	10	30	99	10	40			

表 4-24　B 组利润表　　　　　　　　　　　　　　　　　单位：M

项目	1	2	3	4	5	6
销售收入	23	43	149	165	164	194
直接成本	10	20	63	71	72	80
毛利	13	23	86	94	92	114
综合费用	34	30	32	26	34	31
折旧前利润	-21	-7	54	68	58	83
折旧	2		23	19	12	6
息前利润	-23	-7	31	49	46	77
财务收支	4	18	35	39	24	15
额外收支						
税前利润	-27	-25	-4	10	22	62
所得税						12
净利润	-27	-25	-4	10	22	50

表 4-25　B 组资产负债表　　　　　　　　　　　　　　　单位：M

	项目	1	2	3	4	5	6		项目	1	2	3	4	5	6
流动资产	现金	95	17	21	30	2	5	负债	长期负债	120	100	80	60		
	应收款	23	18		15	37	52		短期负债	60	60	60	60	60	100
	在制品	4	18	21	21	25	4		应付款						
	产成品	6	10	20	5	5	18		应缴税						12
	原材料						4		1 年期长期资产		20	20	20	60	
	合计	128	63	62	69	69	83		合计	180	180	160	140	120	112
固定资产	土地和建筑	40	40	40	40	40	70	所有者权益	股东资本	50	50	50	50	50	50
	机器与设备	3	75	68	49	53	51		利润留存	16	-11	-36	-40	-30	-8
	在建工程	48	16						年度利润	-27	-25	-4	10	22	50
	合计	91	131	108	89	93	121		合计	39	14	10	20	42	92
总计		219	194	170	160	162	204	总计		219	194	170	160	162	204

表 4-26　C 组经营情况表　　　　　　　　　　　　　　　单位：M

年份	管理费	广告费	设备维护	厂房租金	转产费	市场开拓	ISO认证	产品研发	其他	总计	P1收入	P1数量	P1成本	P2收入	P2数量	P2成本	P3收入	P3数量	P3成本	P4收入	P4数量	P4成本
1 年	4	5	4			3	2	12		30	11	2	4									
2 年	4	11	4			2	2	6		29	27	6	12	8	1	3						
3 年	4	3	4		1					12				39	3	9						
4 年	4	5	5							14	20	5	10	30	4	12						
5 年	4	5	2	5						16	11	3	6	22	3	9	17	2	8			
6 年	4	3								7				19	3	9						

表 4-27　C 组利润表　　　　　　　　　　　　　　　　　　　　　　　单位：M

项目	1	2	3	4	5	6
销售收入	11	35	39	50	50	
直接成本	4	15	9	22	23	
毛利	7	20	30	28	27	
综合费用	30	29	12	14	16	
折旧前利润	−23	−9	18	14	11	
折旧	4		10	11	2	
息前利润	−27	−9	8	3	9	
财务收支	4	10	11	7	8	
额外收支		−4	−5			
税前利润	−31	−23	−8	−4	1	
所得税						
净利润	−31	−23	−8	−4	1	

表 4-28　C 组资产负债表　　　　　　　　　　　　　　　　　　　　　　单位：M

	项目	1	2	3	4	5	6		项目	1	2	3	4	5	6
流动资产	现金	66	17	30	27	18		负债	长期负债	80	60	60	20	40	
	应收款		8	8	17				短期负债	40	60	60	40	40	
	在制品	8	11	4	3				应付款						
	产成品	14	17	16	13	3			应缴税						
	原材料	6	3	9	2	2			1 年期长期资产		20	20	40		
	合计	94	56	59	53	40			合计	120	140	140	100	80	
固定资产	土地和建筑	40	40	40				所有者权益	股东资本	50	50	50	50	50	
	机器与设备	5	36	33	22	10			利润留存	16	−15	−38	−46	−50	
	在建工程	16	20	12	25	31			年度利润	−31	−23	−8	−4	1	
	合计	61	96	85	47	41			合计	35	12	4		1	
总计		155	152	144	100	81		总计		155	152	144	100	81	

表 4-29　D 组经营情况表　　　　　　　　　　　　　　　　　　　　　　单位：M

年份	管理费	广告费	设备维护	厂房租金	转产费	市场开拓	ISO认证	产品研发	其他	总计	P1 收入	P1 数量	P1 成本	P2 收入	P2 数量	P2 成本	P3 收入	P3 数量	P3 成本	P4 收入	P4 数量	P4 成本
1 年	4	6	3			4		12	1	30	20	4	8									
2 年	4	11	5	5		3	1	6		35	24	5	10				25	3	12			
3 年	4	17	6	5		2	2			36	27	6	12	27	3	9	93	12	48			
4 年	4	14	6	3		1	2			30	22	5	10	33	4	12	100	12	48			
5 年	4	11	8							29	34	6	12	29	4	12	106	12	48			
6 年	4	16	10							30	38	7	14	55	8	24	128	14	56			

表 4-30　D 组利润表　　　　　　　　　　　　　　　　　　　　单位：M

项目	1	2	3	4	5	6
销售收入	20	49	147	155	169	221
直接成本	8	22	69	70	72	94
毛利	12	27	78	85	97	127
综合费用	30	35	36	30	31	35
折旧前利润	−18	−8	42	55	66	92
折旧	3		15	14	9	14
息前利润	−21	−8	27	41	57	78
财务收支	4	13	16	20	21	23
额外收支						
税前利润	−25	−21	11	21	36	55
所得税					7	18
净利润	−25	−21	11	21	29	37

表 4-31　D 组资产负债表　　　　　　　　　　　　　　　　　　单位：M

	项目	1	2	3	4	5	6		项目	1	2	3	4	5	6
流动资产	现金	97	24	20	27	28	2	负债	长期负债	120	100	80	80		
	应收款		65	98	72	140	125		短期负债	20	40	60	80	120	160
	在制品	6	16	19	19	19			应付款						
	产成品	10	8	2			4		应缴税					7	18
	原材料								1 年期长期			20	20		80
									资产						
	合计	113	113	139	118	187	131		合计	140	160	160	160	207	173
固定资产	土地和建筑	40			40		70	所有者权益	股东资本	50	50	50	50	50	50
	机器与设备	4	51	52	38	45	95		利润留存	16	−9	−30	−19	2	31
	在建工程	24	16		16	56			年度利润	−25	−21	11	21	29	37
	合计	68	67	52	94	101	165		合计	41	20	31	52	81	113
总计		181	180	191	212	288	296	总计		181	180	191	212	288	296

表 4-32　E 组经营情况表　　　　　　　　　　　　　　　　　　单位：M

年份	管理费	广告费	设备维护	厂房租金	转产费	市场开拓	ISO认证	产品研发	其他	总计	P1 收入	P1 数量	P1 成本	P2 收入	P2 数量	P2 成本	P3 收入	P3 数量	P3 成本	P4 收入	P4 数量	P4 成本
1 年	4	1				2		4	2	13	5	1	2									
2 年	4	33				4	1	5		43	6	1	2	15	2	6						
3 年	4	13				2	2	12		33	31	6	12	68	9	27						
4 年	4	12		1		1	2	3		23	30	7	14	90	12	36				17	2	10
5 年	4	6				1				11				54	8	24				78	8	40
6 年	4	12								16	23	4	8	54	8	24				137	13	65

表 4-33　E 组利润表　　　　　　　　　　　　　　　　单位：M

项目	1	2	3	4	5	6
销售收入	5	21	99	137	132	214
直接成本	2	8	39	60	64	97
毛利	3	13	60	77	68	117
综合费用	15	23	37	27	20	25
折旧前利润	−12	−10	23	50	48	92
折旧	2		13	13	8	11
息前利润	−14	−10	10	37	40	81
财务收支	4	7	16	17	13	18
额外收支						
税前利润	−18	−17	−6	20	27	63
所得税					2	18
净利润	−18	−17	−6	20	25	45

表 4-34　E 组资产负债表　　　　　　　　　　　　　　单位：M

	项目	1	2	3	4	5	6		项目	1	2	3	4	5	6
流动资产	现金	53	44	22	15	11	14	负债	长期负债	40	60	60	40	40	40
	应收款		15	3	20	78	157		短期负债	60	80	60	60	100	140
	在制品	4	8	11	16	16			应付款						
	产成品	16	26	24	6	8			应缴税					2	18
	原材料					3			1 年期长期资产			20			
	合计	73	93	60	57	116	171		合计	100	160	120	100	142	198
固定资产	土地和建筑	40	40	40	40	40	70	所有者权益	股东资本	50	50	50	50	50	50
	机器与设备	3	42	45	32	40	72		利润留存	16	−2	−19	−25	−5	20
	在建工程	32	16		16	16			年度利润	−18	−17	−6	20	25	45
	合计	75	98	85	88	96	142		合计	48	31	25	45	70	115
总计		148	191	145	145	212	313	总计		148	191	145	145	212	313

表 4-35　F 组经营情况表　　　　　　　　　　　　　　单位：M

年份	管理费	广告费	设备维护	厂房租金	转产费	市场开拓	ISO认证	产品研发	其他	总计	P1 收入	P1 数量	P1 成本	P2 收入	P2 数量	P2 成本	P3 收入	P3 数量	P3 成本	P4 收入	P4 数量	P4 成本
1 年	4	8	4			3	2		4	25	15	3	6									
2 年	4	6	5			2			10	27	24	5	10									
3 年	4	6	5	5		2				22	26	6	12	32	4	12						
4 年	4	12	6	5	1	1			4	33	24	5	10	63	8	24						
5 年	4	11	6	5		1	2			29	5	1	2	52	8	24	26	3	12			
6 年	4	6	6	5		1	1			22				39	6	18	40	4	16			

表 4-36　F 组利润表　　　　　　　　　　　　　　单位：M

项目	1	2	3	4	5	6
销售收入	15	24	58	87	83	79
直接成本	6	10	24	34	38	34
毛利	9	14	34	53	45	45
综合费用	25	27	22	33	29	23
折旧前利润	-16	-13	12	20	16	22
折旧	4		5	3	4	4
息前利润	-20	-13	7	17	12	18
财务收支	4	10	14	10	12	12
额外收支						
税前利润	-24	-23	-7	7	0	6
所得税						
净利润	-24	-23	-7	7	0	6

表 4-37　F 组资产负债表　　　　　　　　　　　　单位：M

	项目	1	2	3	4	5	6		项目	1	2	3	4	5	6
流动资产	现金	47	7	48	36	26		负债	长期负债	80	60	40	40		
	应收款		1		1	11	18		短期负债			20	20	20	20
	在制品	8	12	11	16	22			应付款						
	产成品	12	17	16	5	3			应缴税						
	原材料	2	1	1			7		1 年期长期资产		20	20		40	
	合计	69	38	76	58	62	25		合计	80	80	80	60	60	20
固定资产	土地和建筑	40	40					所有者权益	股东资本	50	50	50	50	50	50
	机器与设备	5	21	16	21	17	20		利润留存	16	-8	-31	-38	-31	-31
	在建工程	8							年度利润	-24	-23	-7	7		6
	合计	53	61	16	21	17	20		合计	42	19	12	19	19	25
总计		122	99	92	79	79	45	总计		122	99	92	79	79	45

表 4-38　G 组经营情况表　　　　　　　　　　　　单位：M

年份	管理费	广告费	设备维护	厂房租金	转产费	市场开拓	ISO认证	产品研发	其他	总计	P1收入	P1数量	P1成本	P2收入	P2数量	P2成本	P3收入	P3数量	P3成本	P4收入	P4数量	P4成本
1 年	4	6	4			3	1	4		22	14	3	6									
2 年	4	8	5			3	2	2		24	13	3	6	8	1	3						
3 年	4	9	6		5	2	2			28	37	8	16	26	3	9						
4 年	4	8	2		5	1				20	18	4	8	64	8	24						
5 年	4	3	2		5					14	15	3	6	13	2	6						
6 年	4	6	2		5					17	36	6	12									

表 4-39　G 组利润表　　　　单位：M

项目	1	2	3	4	5	6
销售收入	14	21	63	82	28	36
直接成本	6	9	25	32	12	12
毛利	8	12	38	50	16	24
综合费用	22	24	28	20	15	18
折旧前利润	-14	-12	10	30	1	6
折旧	4	8	9	4		
息前利润	-18	-20	1	26	1	6
财务收支	4	7	8	8	4	3
额外收支			-10	-7		-1
税前利润	-22	-27	-17	11	-3	2
所得税						
净利润	-22	-27	-17	11	-3	2

表 4-40　G 组资产负债表　　　　单位：M

	项目	1	2	3	4	5	6		项目	1	2	3	4	5	6
流动资产	现金	33	18	8	23	21	5	负债	长期负债	60	80	40	40	20	20
	应收款		8	20	16	13	17		短期负债	20	40	20		20	
	在制品	8	17	6	4	4			应付款						
	产成品	12	22	26		2			应缴税						
	原材料	2	3						1 年期长期资产					20	
	合计	55	68	60	43	40	22		合计	80	120	80	40	40	20
固定资产	土地和建筑	40	40					所有者权益	股东资本	50	50	50	50	50	50
	机器与设备	29	29	20	8	8	8		利润留存	16	-6	-33	-50	-39	-42
	在建工程								年度利润	-22	-27	-17	11	-3	2
	合计	69	69	20	8	8	8		合计	44	17		11	8	10
总计		124	137	80	51	51	30	总计		124	137	80	51	48	30

表 4-41　H 组经营情况表　　　　单位：M

年份	管理费	广告费	设备维护	厂房租金	转产费	市场开拓	ISO认证	产品研发	其他	总计	P1 收入	P1 数量	P1 成本	P2 收入	P2 数量	P2 成本	P3 收入	P3 数量	P3 成本	P4 收入	P4 数量	P4 成本
1 年	4	16	4			2		4		30	32	7	14									
2 年	4	1	6		3		1	2		17	26	6	12									
3 年	4	11	6			1	1	8		31	20	4	8	68	9	27						
4 年	4	9	6					4		23	14	3	6	55	7	21						
5 年	4	7	6		2					19				18	3	9	49	6	24			
6 年	4	10	6	3					7	30				37	6	18	74	8	32			

表 4-42　H 组利润表　　　　　　　　　　　　　　　　单位：M

项目	1	2	3	4	5	6
销售收入	32	26	88	69	67	111
直接成本	14	12	35	27	33	50
毛利	18	14	53	42	34	61
综合费用	30	17	31	25	19	30
折旧前利润	-12	-3	22	17	15	31
折旧	4		8	6	6	4
息前利润	-16	-3	14	11	9	27
财务收支	4	11	11	10	7	10
额外收支		-1				
税前利润	-20	-15	3	1	2	17
所得税						
净利润	-20	-15	3	1	2	17

表 4-43　H 组资产负债表　　　　　　　　　　　　　　单位：M

	项目	1	2	3	4	5	6		项目	1	2	3	4	5	6
流动资产	现金	69	42	36	11	17	26	负债	长期负债	100	100	60	60	60	
	应收款	32	19	41	44	49	1		短期负债	20	20	40	40	60	60
	在制品	8	16	16	15	23			应付款						
	产成品	4	5		3	6			应缴税						
	原材料					6	3		1 年期长期资产				20		
	合计	113	82	93	73	101	30		合计	120	120	120	100	120	60
固定资产	土地和建筑	40	40	40	40	40	40	所有者权益	股东资本	50	50	50	50	50	50
	机器与设备	5	29	21	22	16	44		利润留存	16	-4	-19	-16	-15	-13
	在建工程	8							年度利润	-20	-15	3	1	2	17
	合计	53	69	61	62	56	84		合计	46	31	34	35	37	54
总计		166	151	154	135	157	114	总计		166	151	154	135	157	114

(三)各组各年市场地位统计表

(1)各组的市场分布见表 4-44。

表 4-44　市场分布统计表

年份 ＼ 市场	本地	区域	国内	亚洲	国际
1	H				
2	D	C			
3	D	B	A		
4	D	B	A	B	
5	D	B	A	F	D
6	D	B	A	B	D

（2）第 6 年末各组的经营现状见表 4-45。

表 4-45　第 6 年末各组经营现状　　　　　　　　　　　　单位：M

项目 ＼ 组别	A	B	C	D	E	F	G	H
大厂房	1	1		1	1			1
小厂房	1	1		1	1			
手工生产线		1				2		2
半自动生产线	1	4		1	5	3	1	7
全自动/柔性线	9	5		9	5	1	1	1
区域市场开发	1	1		1	1	1		1
国内市场开发	1	1		1	1	1		1
亚洲市场开发	1	1		1	1	1		1
国际市场开发	1	1		1	1	1	1	
ISO 9000	1	1		1	1	1	1	1
ISO 14000	1	1		1	1	1	1	
P2 产品开发	1	1		1	1	1	1	1
P3 产品开发	1	1		1		1		1
P4 产品开发				1				
本地市场地位				1				
区域市场地位		1						
国内市场地位	1							
亚洲市场地位		1						
国际市场地位				1				
高利贷次数		3		3	2			

（3）第 6 年末各组得分计算见表 4-46。

表 4-46　各组的综合得分情况　　　　　　　　　　　单位：M

项目	系数	A 数量	A 得分	B 数量	B 得分	D 数量	D 得分	E 数量	E 得分	F 数量	F 得分	G 数量	G 得分	H 数量	H 得分
大厂房	15	1	15	1	15	1	15	1	15					1	15
小厂房	10	1	10	1	10	1	10	1	10						
手工生产线	5			1	5			2						2	10
半自动生产线	10	1	10	4	40	1	10	5	50	3	30	1	10	7	70
全自动/柔性线	15	9	135	5	75	9	135	5	75	1	15	1	15	1	15
区域市场开发	10	1	10	1	10	1	10	1	10	1	10			1	10
国内市场开发	15	1	15	1	15	1	15	1	15	1	15			1	15
亚洲市场开发	20	1	20	1	20	1	20	1	20	1	20			1	20
国际市场开发	25	1	25	1	25	1	25	1	25	1	25	1	25		
ISO 9000	10	1	10	1	10	1	10	1	10	1	10	1	10	1	10
ISO 14000	10	1	10	1	10	1	10	1	10	1	20				
P2 产品开发	10	1	10	1	10	1	10	1	10	1	10	1	10	1	10
P3 产品开发	10	1	10	1	10			1	10					1	10
P4 产品开发	15							1	15						
本地市场地位	1					1	15								
区域市场地位	15			1	15										
国内市场地位	15	1	15												
亚洲市场地位	15			1	15										
国际市场地位	15					1	15								
系数得分			295		285		310		265		155		80		185
综合系数			3.95		3.85		4.1		3.65		2.55		1.8		2.85
所有者权益			107		92		118		115		25		10		54
实际得分			422.65		354.20		483.8		419.75		63.75		18		153.9
高利贷扣分	15			3	45	3	45	2	30						
其他扣分															
总成绩			422.65		309.20		438.80		389.75		63.75		18.00		153.90

说明：由于 C 组在第 6 年破产，这里没有计算该组的得分。

三、各组经营策略分析

表面的经营数字和过程实际上是各个模拟经营企业（小组）不同的经营策略、经营过程竞争的结果。本部分将剖析各个模拟经营企业采取的策略，分析其经营成果。

（一）A 组：幸运的亚军

A 组最后夺得亚军，应当说非常幸运。从策略上看，该组前期经营趋于保守，度过困难的前两年后，规模发展，最后赢得胜利。

根据前面利润表提供的数据，分析该组的销售收入、毛利和净利润的变化情况，见表4-47。从图4-36 中可以看出，该组在第 1、2 年销售收入和毛利都很少，净利润为负。第3 年开始，销售收入、毛利和净利润同步稳定增加，呈现良性发展的态势，说明从第 3 年开始，企业逐步进入稳步发展的时期。

表 4-47　A 组各年销售收入、毛利、净利润变化表　　　　　　　单位：M

年份	销售收入	毛利	净利润	年份	销售收入	毛利	净利润
1	11	7	−16	4	117	67	8
2	15	9	−17	5	157	87	24
3	77	47	2	6	210	116	30

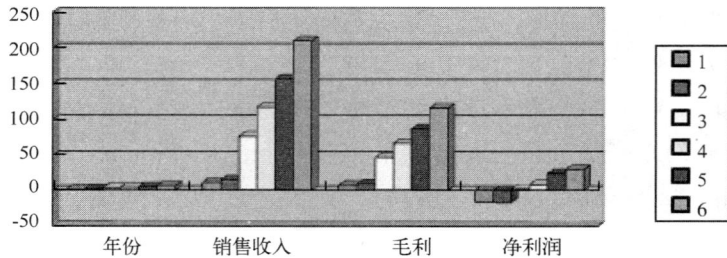

图 4-36　A 组各年销售收入、毛利、净利润变化图（单位：M）

下面结合前面提供的资料，对该组的筹资、投资、生产等策略进行分析，希望读者从该组的经营操作中吸取成功的经验和失败的教训。

（1）筹资策略。企业要进行各种开发和投资，必须要有资金作保证。该案例中，由于前两年市场单一、产品单一，各组销售产品取得的收入相对比较少，在这种情况下，企业要进行无形资产和固定资产投资，扩大产能，必须想办法筹集资金。经营过程中，该组采用的筹资方式主要有 3 种：长期贷款、短期贷款和贴现。从资产负债表中，可以看出该组的举债筹资情况，见表4-48。

表 4-48　A 组各年举债筹资一览表　　　　　　　　　　单位：M

项目	年份	第1年	第2年	第3年	第4年	第5年	第6年
长期贷款	借入		60				
短期贷款	借入		40	60	60	100	140

从表4-48 中可以看出，该组在第一年没有进行任何贷款，第 2 年最大限度贷入长期贷款，借入了 40M 的短期借款。从第 3 年开始，企业通过循环借入短期借款，较好地解决

了资金的困难。那么，该组的筹资策略是否科学合理呢？

企业经营，起步阶段是最困难的，面临着资金紧张、市场狭窄、产品单一、生产线落后等问题。要解决市场、产品、生产线等投资问题，需要资金。但该组在第1年没有进行任何贷款，迫于资金的压力不得不暂停开发和投资，这样，企业就丧失了提前发展的机会。所以，从筹资的时机上来看，该组错过了最好的时机。但是，从筹集资金的结构上来看，比较合理。在第2年，最大限度地进行长期贷款，之后，利用短期贷款解决流动资金不足的问题，基本满足了资金的需要。

（2）无形资产投资策略。无形资产投资包括产品研发、市场开拓和ISO资格认证投资，该组的无形资产投资策略见表4-49。下面分别对该组的无形资产投资策略进行分析。

表4-49　A组无形资产投资策略一览表　　　　　　　　　　单位：M

项目		第1年	第2年	第3年	第4年	第5年	第6年
产品开发	P2	2	4				
	P3		4	8			
市场开发	区域						√
	国内	√	√				
	亚洲	√		√			√
	国际	√	√	√		√	
ISO认证	9000			√	√		
	14000		√	√	√		

①产品研发。产品研发有的放矢、逐步推进，但研发时间拖后，错过了及时增强竞争实力的时机。第1、2年分别投入2M、4M开发P2产品，在第2年底开发完成，第3年投入生产。P3产品在第2年Q3开始研发，第3年末完成，第4年投入生产。从产品上来看，该组在第1、2年只能生产P1产品，无法有效扩大销售，占领市场，抢占先机。

②市场开发。从市场开发投资可以看出，A组的目标市场主要定位在本地和国内市场，目标市场明确。但投资出现了一些失误，导致市场单一、产品销售不畅。该组开发出了所有的市场，但真正发挥作用的只有本地、国内和国际市场，其余市场虽然开发完成，并没有销售产品，没有达到开发市场的最终目的。市场开发完成时间比较晚，严重影响了产品的销售，造成了产品的积压，占用了资金。而且，企业在第1年开发了国内、亚洲和国际市场，但亚洲和国际市场中途暂停了投资，说明投资的时机出现了失误。从资产负债表上可以看出，企业在前三年的产品积压非常多，这与企业市场开发失误是分不开的。

③ISO资格认证。该组在第3年末将ISO9000和ISO14000开发出来，从第4年开始就可以生产出相应的产品，应当说比较合理。

（3）固定资产投资策略。固定资产投资包括厂房和生产线的投资。

①厂房：企业在经营期间，如果资金不足，可以通过出售厂房融资，待资金宽裕的时

候，再将厂房购回。该组在整个经营期间，没有利用大厂房来筹集资金，导致不敢在前三年扩大投资和购买生产线，一定程度上错失了发展的时机。在第6年的时候，企业资金充裕，购买了小厂房。

②生产线：从资产负债表中固定资产和在建工程的变化情况，可以分析出该组生产线的购置情况，见表4-50。

表4-50 A组生产线投资情况一览表

项目	第2年				第3年				第4年				第5年				第6年			
	1	2	3	4	1	2	3	4	1	2	3	4	1	2	3	4	1	2	3	4
全自动生产线	8	8	8	8	4	4	4	4	8	8	8	8	8	16	8	8	8			

从该组生产线的投资情况来看，在第1年没有购买生产线，从第2年开始，该组陆续在大厂房新建、改建全自动生产线。到第4年结束，大厂房的生产线改建完成，第5年开始在小厂房投资建造全自动生产线。这样，到第6年结束，该组共有9条全自动生产线，1条半自动生产线。生产线的建设没有盲目地一哄而上，较好地缓解了资金的压力。也正因为生产线建设稳步推进，企业的销售收入、毛利和净利润出现了同步增长的局面。

生产线的投资时间与产品开发同步，没有出现停工待产的情况。比如，第2年建造了两条全自动生产线，第3年Q1就可以生产P2产品，而P2产品也在第2年研发完成，第3年Q1投入生产，这样，产品研发完成的时间与生产线的完工时间步调一致，没有两者脱节出现停工待产的情况。该组生产线的建造结果应该是不错的，但建造时间相对靠后，没有抓住提前改善生产线的有利时机，产能不能有效扩大，延缓了企业的发展。

（4）市场营销策略。企业的营销主要围绕产品和市场进行。从提供的利润表可以分析出该组产品销售变化情况（表4-51、表4-52，图4-37、图4-38）。从图中可以看出，企业在不同时期，产品销售策略是不相同的。第1、2年，由于企业的其他产品尚未开发出来，企业主要生产、销售P1产品，第3、4年，企业产品的重点开始转向P1和P2产品，第5、6年企业产品的重点是P2和P3产品。

表4-51 A组各年销售额变化情况　　　　　　　　　　　　　单位：M

年份	P1	P2	P3	P4	年份	P1	P2	P3	P4
1年	11	0	0	0	4年	30	62	25	0
2年	15	0	0	0	5年	13	59	85	0
3年	29	48	0	0	6年	30	47	133	0

表4-52 A组各年销售数量变化情况

年份	P1	P2	P3	P4	年份	P1	P2	P3	P4
1年	2	0	0	0	4年	7	8	3	0
2年	3	0	0	0	5年	3	8	10	0
3年	6	6	0	0	6年	5	8	15	0

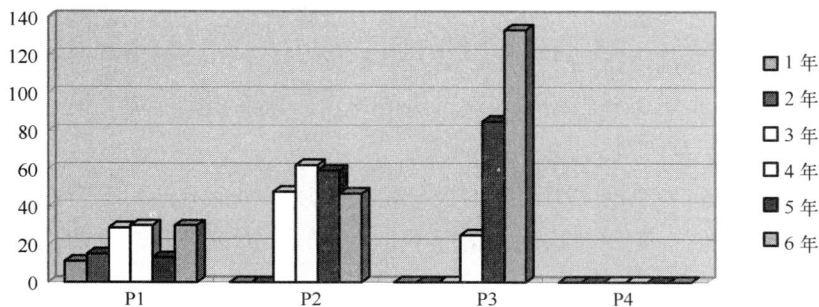

图 4-37　A 组各年销售额变化情况（单位：M）

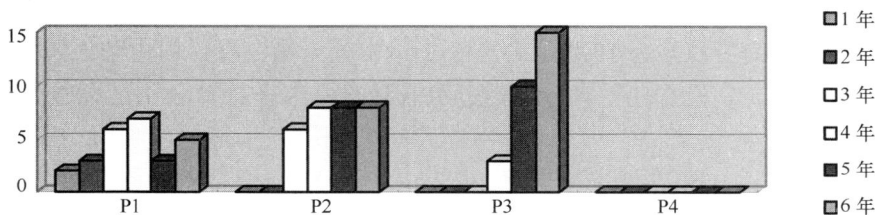

图 4-38　A 组各年销售数量变化情况（单位：M）

企业产品要实现销售，必须借助一定的营销策略。沙盘企业中，企业的营销策略主要是围绕广告策略进行的。成功的广告策略应当是以较少的广告投入实现较多的产品销售。A 组的不同区域广告投入与销售额、销售量情况见表 4-14 至表 4-19。

从表中可以看出，该组在前三年广告投入产出比是比较低的，说明企业间产品销售竞争激烈。后三年，企业的投入产出比相对比较高，说明企业采取了合理的市场和产品策略，取得了比较好的销售效果。下面我们分析该组的广告策略。第 1 年，只有本地市场，竞争非常激烈。该组投放了 3M 的广告费，取得了 2 个 P1 产品 11M 的销售收入，应该说在第 1 年这个销售业绩还是可以接受的。由于市场很单一，产品销售渠道少，所以，第 1 年产品积压严重。

第 2 年，企业为了减少库存，增加收入，不得不投放较多的广告。由于企业没有开发区域市场，产品只能在本地一个市场销售，企业虽然投入了高达 5M 的广告费，但仍只得到 3 个产品的订单，广告投入产出比很低。

第 3 年，该企业抓住了各个组资金相对紧张的有利时机，在本地市场和国内市场取得了相对满意的订单，并"意外"地取得了国内市场的市场老大地位，这为企业以后产品的顺利销售奠定了良好的基础。同时，由于资金控制得比较好，没有出现资金问题，这也为企业后三年的顺利发展创造了条件。但是，由于前两年市场开发的失误，导致市场单一，产品仍然积压比较严重。

第 4 年，每个企业都面临归还长期贷款的压力，加之第三年各个组所有者权益都不高，所以每个企业的资金压力非常大。正因为如此，各组广告投放都比较克制，以减少财务费用。各组会固守已有的市场，并将广告主要力量投放到已有市场。同样，A组在这一年的策略也是全力固守国内市场，将主要的产品都放在这个市场销售，应该说销售是比较成功的。但是，该组在第4年中断了亚洲市场的开发，导致在第5年、第6年企业没有进入亚洲市场，失去了一些市场机会。

第5年、第6年，各组的实力出现两极分化，经营好的企业开始奋力前进，经营差的企业还在为生存而挣扎。正是在这样的情况下，A组的营销策略非常成功，最后将产品全部销售出去，没有出现库存。同时，在第6年，利用充裕的现金，将小厂房购回。应该说，后两年，该组的经营基本上是正常的，没有出现大的失误。

综合来看，A组采取稳步推进的经营策略，但在头两年显得过分保守，在资金的筹集、生产线的购买和市场的开发方面都显得非常缓慢，错失了快速发展、提前发展的机会。该组最后的所有者权益为107M，在整个小组中处于第3位，但由于该组资金控制比较好，没有借高利贷，没有任何扣分，经过综合计算，综合总得分422.65分，处于第二位，"意外"地获得亚军。

（二）B组：理想≠现实

B组的经营风格与A组完全相反，采取的是激进式的经营策略：大力借款，大力开发产品和市场，集中精力构建全自动生产线。但由于产能扩大过快，导致资金需求过多，出现了资金困难，后期主要靠高利贷和贴现勉力维持经营。应该说，这是一种比较典型的理想主义经营模式，这种经营模式在前期过度开发和产能扩张，如果资金控制不好，容易出现资金断流的风险，所以采用这种模式关键在于控制好资金，使产品、市场协调发展。

根据前面利润表提供的数据，分析该组的销售、毛利和净利润的变化情况（表4-53、图4-39）。

表4-53　B组各年销售收入、毛利、净利润变化表　　　　　　　　　单位：M

项目	第1年	第2年	第3年	第4年	第5年	第6年
销售收入	23	43	149	165	164	194
毛利	13	23	86	94	92	114
净利润	−27	−25	−4	10	22	50

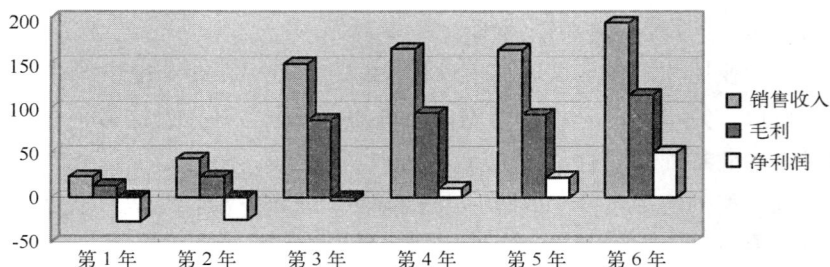

图4-39　B组各年销售收入、毛利、净利润情况（单位：M）

从图 4-39 可以看出，从第 3 年开始，该组每年的销售额达到了 150M，毛利基本也在 90M 以上，但是净利润却很少，而且增长缓慢。那么，是什么原因导致该组的销售收入、毛利和净利润没有同步增长呢？要弄清楚这个问题，必须合该组的投资策略进行分析。

（1）筹资策略。首先，通过资产负债表可以分析出该组的筹资情况，见表 4-54。

表 4-54　B 组各年举债筹资一览表　　　　　　　　　　单位：M

项目	第 1 年	第 2 年	第 3 年	第 4 年	第 5 年	第 6 年
长期贷款	80					
短期贷款		60	60	20	40	80
高利贷			40	40	20	20

从表 4-54 可以看出，该组在第一年最大限度地贷入了长期贷款，没有进短期贷款。从第 2 年开始，最大限度地进行了短期贷款，但是，资金困难情况依旧。第 3 年开始，企业不得不通过高利贷来维持正常的经营。大量举债，虽然解决了资金的困难，但同时增大了企业的财务费用，严重吞噬了企业的利润。通过计算发现，仅仅是由于借入高利贷，比正常的长期贷款多发生的财务费用就达 12M，而且还面临扣分的惩罚。从该组的利润表显示：第 3~6 年，其财务收支情况分别为：35M、39M、24M、15M。巨大的财务支出，不仅导致企业的所有者权益上升很慢，而且还牵制了企业的后期发展。那么，是什么导致该组大量举债，甚至大量借入高利贷呢？这就涉及企业的投资问题了。

（2）无形资产投资策略。B 组的无形资产投资策略见表 4-55。

表 4-55　B 组无形资产投资策略一览表

项目		第 1 年	第 2 年	第 3 年	第 4 年	第 5 年	第 6 年
产品开发	P2	4	2				
	P3	8	4				
市场开发	区域	√					
	国内	√	√				
	亚洲	√	√	√			
	国际	√	√	√	√		
ISO 认证	9000		√	√			
	14000		√	√	√		

从企业的投资策略可以看出，企业在第 1 年一举开发了 P2 和 P3 两种产品，开拓了所有的市场，仅这两项投资就投入资金 12M，而在第 1 年，企业的收入非常少，为此，不得不通过贷款维持经营。由于开发费用和贷款利息直接作为当期的费用，计入当期利润，企业的所有者权益迅速减少，影响了企业的贷款额度。

而且，该组可能忽略了一个问题，企业将两种产品开发出来以后，要生产就需要购买材料，买材料需要占用较多的资金，这对企业的资金有非常大的影响。

从企业的无形资产投资可以看出，该组希望提前利用扩大的生产能力，生产多种产品，进入多个市场，先声夺人，提前提高企业的实力。但是，百密一疏，忽略了资金，没有估计到资金的不足及应对办法，这是企业失败的最根本原因。

（3）固定资产投资

①厂房：该组没有利用出售厂房来筹集资金，在资金极度紧张的情况下，利用厂房筹集资金比高利贷对企业更有利。

②生产线：该组的生产线建设与企业产品的开发出现了一定失误。下面来看一下该组生产线投资情况，见表4-56。

表4-56　B组生产线投资一览表　　　　　　　　　　单位：M

项目	第1年				第2年				第3年				第4年			
	Q1	Q2	Q3	Q4	Q1	Q2	Q3	Q4	Q1	Q2	Q3	Q4	Q1	Q2	Q3	Q4
全自动生产线	12	12	12	12	4	4	4	4								

从表4-56可以看出，第1年，购买了四条全自动生产线，出售了三条手工生产线，一条半自动生产线。为了进一步扩大产能，该组第2年在小厂房扩建了一条全自动生产线，并力图通过产能的扩大来增加收入，弥补费用的增加。但从生产线投资的数量来说，应当是比较匹配的。那么，企业的问题出现在什么地方呢？通过仔细分析，发现以下几种情况。

第一，生产线构建速度过快，没有预计可能出现的资金困难。在第1年，企业进行了各种开发，改造了大厂房的4条生产线，已经占用了很多的资金，而企业真正扩大产能，将产能转化为收入是在第3年，也就是说，企业要在第3年才能逐步实现收入的增加。但是，由于借入了高额的贷款，导致财务费用急剧增加，要生产P2和P3产品，还需要垫支较多的材料资金。

第二，生产线投资建设的时间与产品开发出现了一定的失误。由于企业的产品开发在第2年Q3才完成，但第1年企业的生产线就投资完成，在第2年空置了两个季度，形成了资金的占用，不是很合理。

第三，在资金压力比较大的情况下，盲目扩充生产线是企业失败的根本。第2年，该组还没有意识到巨大资金需求，仍然很乐观地按照既定策略进行。

第2年初，盲目地在小厂房扩建了一条全自动生产线，这为企业的发展埋下了"隐患"。因为使用小厂房，意味着企业就必须在年末支付租金。一方面减少了现金，另一方面，也直接增加了当期的综合费用，减少了当期的所有者权益。其实，即使该组企业在第2年不扩建小厂房的生产线，企业在第3年年初也已经面临资金短缺的问题了。从企业的资产负债表中可以看出，企业在第2年年末的现金为17M，如果不扩建生产线，可以减少当期支出 19M(生产线安装费 16M+小厂房租金 3M)，就是说现金增加 19M。两项相加，企业在下年年初的现金只有 35M，而投入广告费为 15M，假设广告费减少为 10M，企业在年初支付广告费后的现金为 25M，而企业年初需要还短期借款 60M，由于企业第 2 年的所有者权益为 17M(14M+3M)，企业能续贷的短期借款只能是 20M。这样，企业还短缺 15M，而且还没有考虑马上要购买材料的材料款支出和加工费支出。所以，在第 2 年扩大产能的决策是失误的，这是该组陷入困境的最直接原因。企业如果在第 2 年年初意识到资金面临的困境，唯一的方法就是将大厂房在 Q1 出售，这样，在第 3 年 Q1，企业可以收回 40M 的现金，暂时渡过难关。

最终，该组最初的雄心壮志却由于资金的问题而导致失败。从前面分析可知，该组的销售收入和毛利从第 3 年开始每年都比较多，但是，巨大的费用支出，吞噬了企业的利润，导致净利润增长缓慢。所以，企业在进行决策时，应当综合全面分析，通盘考虑，一方面扩大收入，另一方面，努力控制和降低企业的费用，使企业的利润与收入同步增长。

(三)C 组：痛，并不快乐

C 组破产了。从报表来看，该组是在第 6 年破产的，但分析报表，发现该组应该在第 4 年破产，因为该组在第 4 年已经没有厂房，但却没有交纳租金，如果将租金费用计算在内，该组在第 4 年的所有者权益为-5M。连年经营，连年亏损。透过该组的经营，又能吸取什么教训呢?

首先了解一下该组的经营情况(表 4-57、图 4-40)。

表 4-57　C 组各年销售收入、毛利、净利润变化表　　　　　　　单位：M

项目	第 1 年	第 2 年	第 3 年	第 4 年	第 5 年	第 6 年
销售收入	11	35	39	50	50	
毛利	7	20	30	28	27	
净利润	-31	-23	-8	-4	1	

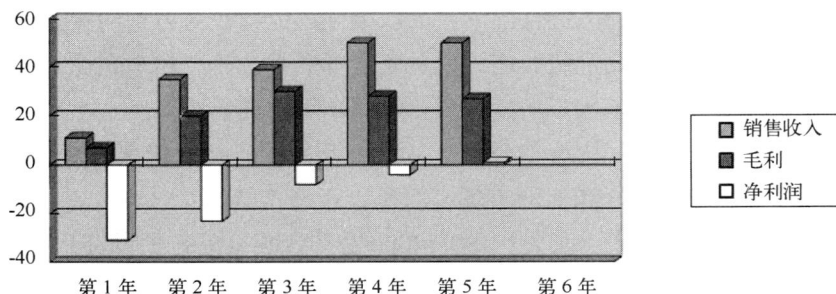

图 4-40　C 组各年销售收入、毛利、净利润变化表(单位：M)

从表4-57可以看出，该组的销售收入比较少，而且增长缓慢。产品毛利在第3年以后逐步下降，说明企业产品的销售价格在逐年降低，销售策略上出现了问题。从净利润来看，虽然每年亏损的金额在减少，但是由于销售收入没有增加，毛利逐年降低，虽然控制了一些费用的发生，但仍然入不敷出，最终导致所有者权益为负，破产倒闭。下面简单分析一下该组的失误之处。

（1）产品的研发与生产线的构建不协调、不匹配。产品研发与生产线购建的数量不匹配。第1年，该组将P2和P3产品一起研发，如果产品研发完成，投入生产，至少需要两条以上的生产线。但是，企业只构建了一条全自动生产线，也就是说，产品研发出来后，面临生产线短缺的困难。如果生产线不能满足生产需要，就意味着产品研发的时机不恰当。

产品研发与生产线构建的时间不匹配。企业产品研发是从第1年的Q1开始的，完成的时间是第2年Q3。也就是说，企业的P2和P3产品，必须在第2年的Q3才能生产。但是，企业生产线的购建时间是从第1年的Q1开始的，完成时间为第2年Q1。这样，产品研发完工的时间与生产线完工的时间不一致，造成生产线闲置2Q。在资金紧张的情况下，造成了资金的占用，降低了资金的使用效率。所以，企业在生产线建设时，可以推迟2Q。

该企业产品开发与生产线投资情况见表4-58。

表4-58　C组产品开发与生产线投资情况　　　　　　　　　　　　单位：M

项目		第1年	第2年	第3年	第4年	第5年	第6年
产品开发	P2	4	2				
	P3	8	4				
生产线	全自动	4					

（2）资金筹集和资金预算出现了失误。企业筹集的资金与其研发支出不匹配。企业在第1年借入长期借款40M，应该说，借款的金额与其研发支出是不匹配的。因为，在头三年，从企业的生产线情况来看，产能情况并不理想，相应其销售收入也不会有很大的改观。在现金流出远多于现金流入的情况下，借款金额过少势必对后期的资金造成压力。同时，企业在第3年开始借入高利贷，应该说是完全可以避免的。如果企业能合理预计现金收支，企业应该在第2年出售大厂房，可以化解第3年的资金缺口。

资金预算不准确，造成了资金的被动。从该组开发投资与筹资情况表（表4-59）可以看出，企业开发了区域、国内和亚洲市场，但是，亚洲市场在第3年停止了开发。同样，企业进行了ISO资格认证投资，但是，ISO 14000在第3年也停止了投资，都是半途而废。为什么？原因只有一个，就是企业没有做出准确的资金预算，导致最后资金短缺不得不停止投资，既造成了资金的浪费，也影响了企业的利润。

表 4-59　C 组开发投资与筹资情况　　　　　　　　　　　　　单位：M

项目		第 1 年	第 2 年	第 3 年	第 4 年	第 5 年	第 6 年
市场开发	区域	√					
	国内	√	√				
	亚洲	√	√				
ISO 认证	9000	√	√				
	14000	√	√				
长期贷款	借入	40					
短期贷款	借入	40	60				
高利贷	借入			40	40	40	

（3）营销策略发生了失误。第 2 年，该组的营销策略在区域市场大获全胜。由于只有 B 组、C 组、D 组和 F 组进入区域市场，但区域市场 P2 产品并不激烈，使得该组以 2M 的广告费取得了该市场的市场老大地位。但是，该组在第 3 年却没有发挥这一优势，出现了重大的营销失误，导致产品积压，销售收入没有相应增加。

该组在第 3 年的广告投放情况见表 4-16。从表中可以看出，该组的广告费投放非常分散，没有牢牢抓住区域市场老大优先可选单的机会扩大销售，这是营销上最大的失误，这种失误对于企业来说是非常致命的。从报表上无法看出该组的产能情况，不知道该组目前到底有没有 P1 产品（表 4-60）。但单纯根据常理分析，该组应该还在生产 P1 产品，但该组没有投放 P1 的广告，不知原因。但从资产负债表中看出，该组在第 3 年年末还有 16M 的产成品，至少可以说明，该组在产品生产的安排与营销策略的配合上是失误的。

表 4-60　C 组开发投资与资金筹措情况　　　　　　　　　　　单位：M

	本 地	区 域	国 内	合 计
P1				
P2		1	1	2
P3	1			1
合计	1	1	1	3

（4）原材料采购计算不准确，造成了原材料的积压。从资产负债表上可以看出，该组每年年末都有原材料库存，特别是在资金压力比较大的第 3 年，年末还有 9M 的原材料库存。这从一个侧面反映了该组的原材料采购计划编制不准确，导致原材料库存，造成了资金的占用。

总之，该组的经营策略比较混乱，思路不清晰。在资金上没有做出准确的预算，产品的研发与生产线的构建不匹配。同时，经营过程中没有把握市场老大地位的机会，失去了扩大销售，失去了挽回败局的时机。

(四)D组:成功的冠军

D组作为本次比赛的冠军,采取的是激进但不冒进的经营策略,合理预算资金,大胆开发产品和市场,及时扩大产能,通过科学的营销策略,及时销售产品,增加收入,增加利润,取得了比较好的市场效果。经营过程中,虽然资金出现了一点困难,但通过借入高利贷解决了资金的问题,最后取得了成功。

先看一下该组的销售收入、毛利与净利润变化情况(表4-61、图4-41)。

表4-61 D组各年销售收入、毛利、净利润变化表 单位:M

项目	第1年	第2年	第3年	第4年	第5年	第6年
销售收入	20	49	147	155	169	221
毛利	12	27	78	85	07	127
净利润	−25	−21	11	21	29	37

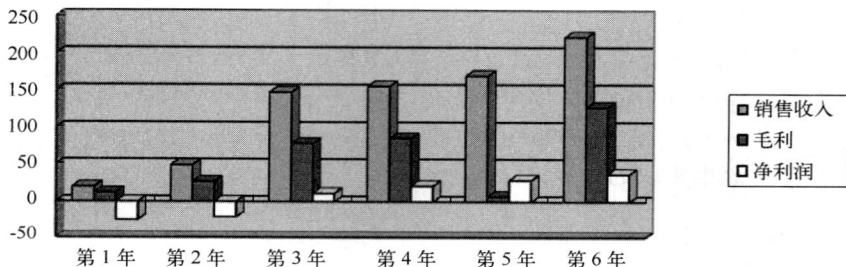

图4-41 D组各年销售收入、毛利、净利润变化图(单位:M)

从图4-41可以看出,企业在前两年销售收入较少,毛利少,净利润为负数。第3年,企业的销售收入和毛利迅速增加并开始盈利。从第3年开始,企业的销售收入、毛利、净利润平稳增长,说明企业基本步入正轨。下面就分析该组经营的成功之处。

(1)在准确预算资金需求的前提下,尽早实现产能和市场的最大化。从该组的产品开发与生产线投资情况(表4-62)可以看出,D组第一年全力开发P2、P3产品,对所有的市场进行了开发。为了使产品开发完成后迅速投入生产,第1年的Q3在大厂房新建了两条、改建了一条全自动生产线(出售一条手工生产线),产品开发完工的时间与生产线完工的时间完全一致,尽早实现产能、市场的最大化,为后期抢夺市场,提升企业综合竞争力创造了有利条件。

表4-62 D组产品开发与生产线投资情况 单位:M

项目		第1年	第2年	第3年	第4年	第5年	第6年
产品开发	P2	4	2				
	P3	8	4				
生产线	全自动	24	40		16	48	
	半自动					8	

其他组也有这种投资策略，基本上是都以失败而告终，但该组采用这种策略却能取得成功，这是因为 D 组把握了以下几个关键。

①通过科学的资金预算和严格的资金控制，有效解决了资金短缺的问题。该组通过预算，提早采取了应对资金短缺的措施。除了采用借款筹集资金外，还出售了大厂房，缓解了资金的压力。

②企业采取了错位竞争的营销策略，把握住市场机会，及时将产品销售出去，及时收回垫支的成本。

③产品开发、市场开发、生产线的建设同步协调进行。该组没有在第 1 年的 Q1 投资新生产线，而是在 Q3 投资建设，做到产品开发完成的时间与生产线完工的时间相一致，既保证了产品的生产，也不会由于生产线的空置而积压资金。

（2）准确把握不同阶段的重点产品和重点市场，避免了各组之间的恶性竞争。为控制费用支出、实现产品销售创造了条件，为取得市场老大地位提供了机会。该组对于自己的重点产品和重点市场非常明确，在第 2、3 年，该组的重点产品是 P3，重点市场是本地市场。从表 4-15 可知，该组在第 2 年产品开发完成后，在新建的三条全自动生产线上同时生产 P3 产品，放弃了 P2 产品的生产。P2 产品停止了 2Q，在第 3 年 Q1 才在改建的全自动生产线上生产。该组采取的这种策略的原因一是产品错位，防止过度竞争；二是为第二年抢占市场埋下伏笔。

在第 2 年，该组通过巨额广告和没有竞争对手的 P3 产品全力进攻本地市场，并最终从 H 组手中抢得市场老大地位，为后期产品的顺利销售铺平了道路。应该说，该组的成功，与第 2 年战略和战术的成功是密不可分的。

（3）充分发挥本地市场老大的地位优势，牢牢把握本地市场，扩大产品的销路。D 组在第 2 年成功取得本地市场老大地位后，利用优先选单的机会，积极扩大产品在本地市场的销售，一方面保证了产品销售，另一方面，节约了广告费用。

从表 4-16 至表 4-18 可以看出，企业从第 3 年到第 5 年，产品主要在本地市场销售，这也从一个侧面反映本地市场对该组销售的相关程度。

（4）科学合理筹资，有效解决了资金短缺的问题。从该组的筹资情况（表 4-63）可以看出，D 组由于在第 1 年大力开发产品市场、大力构建生产线，并在第 2 年全力生产 P3 产品，这对资金的需求非常大，稍有疏忽，就容易导致资金短缺。该组在第 1 年就最大限度地借入了 80M 的长期借款，为了解决流动资金的问题，借入了 20M 的短期借款。在第 2 年，出售了大厂房，取得了 40M 的应收款，极大地缓解了第 3 年的资金压力。但是，由于过多的资金支出，该组还是在第 3 年到第 5 年出现了资金短缺的问题，不得不通过借入高利贷来渡过难关，这也在一定程度上为企业最后的总成绩带来了负面的影响。

表 4-63 D 组筹资情况 单位：M

项目		第 1 年	第 2 年	第 3 年	第 4 年	第 5 年	第 6 年
长期贷款	借入	80					
短期贷款	借入	20	40	20	60	100	160
高利贷	借入			20	20	20	

另外，该组借入的长期借款期限为 4 年，这样不得不在第 5 年归还，一定程度上带来了第 5 年还贷的资金压力。

（5）稳扎稳打，稳中求胜。D 组的经营一直比较稳健，第 2 年改建了生产线后，第 3 年没有改建生产线。第 4 年，该组为了扩大产能，在小厂房新建了一条全自动生产线，当企业度过资金比较紧张的第 4 年后，第 5 年全面扩建、改建生产线。当然，该组在第 4 年是否应当在小厂房建这一条全自动生产线，还值得商榷。

总之，D 组能取得最后的胜利，首先在于决策的正确，其次在于科学地控制资金，第三在于准确地把握市场，控制企业的发展节奏。

（五）E 组：委屈的季军

E 组经过六年的经营，所有者权益在整个比赛队伍中处于第二名，比亚军的 A 组还多，但由于借入了高利贷被扣分，最后因为总分低于 A 组而成为该次比赛的季军。E 组的经营风格与 A 组相似，属于稳健经营型，但是在经营策略上又有自己的特点。下面先看一下该组的销售收入、毛利和净利润情况（表 4-64、图 4-42）。

表 4-64 E 组各年销售收入、毛利、净利润变化表 单位：M

项目	第 1 年	第 2 年	第 3 年	第 4 年	第 5 年	第 6 年
销售收入	5	21	99	137	132	214
毛利	3	13	60	77	68	117
净利润	-18	-17	-6	20	25	45

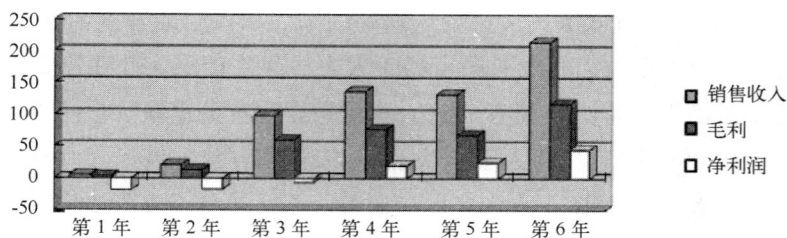

图 4-42 E 组各年销售收入、毛利、净利润变化（单位：M）

从表 4-64 可以看出，该组第 1、2 年的销售收入、毛利都很少，净利润为负数；第 3 年销售收入和毛利增长很快，但仍然亏损，说明费用支出很多；第 4、5 年销售收入和毛利增长缓慢，第5年甚至还在下降，说明销售出现了一定的问题。第6年销售收入、毛利、净利润大幅增加。总体来看，该组经营不稳定，没有及时将生产力转化为盈利能力。

从策略上来看，该组采取了非常稳健的策略，具体表现在以下几个方面。

（1）低调行事、志在高远。面对激烈竞争的本地市场，该组第1年只投放了1M的广告费，非常低调，充分显示了该组志在高远的决心。

（2）产品、市场开发稳步推进。第1年，该组只开发了P2产品、国内和国际市场，在资金压力逐步缓解的情况下，着手开发其他的产品、市场和认证。该组这样做的目的主要有两个：控制资金和费用支出，从而为以后的融资和全面扩大产能奠定基础。

（3）产品错位生产。该组瞄准P4产品没有企业开发的机会，开发了P4产品，这样，从第4年开始，在每个市场投入较少的广告费就可以保证产品的销售。正是采用这种稳健的策略，该组在第6年的所有者权益为115M，仅仅比冠军D组少3M。

那么，该组的经营有哪些地方值得总结呢？前面已经分析过，该组经营不稳定，盈利时间靠后，所以，这里重点分析该组经营策略上存在的不足，供大家思考。也许正是由于该组经营过于稳健，导致出现了一些失误，主要表现在以下几个方面。

（1）筹资策略不够科学。从表4-65可以看出，该组在第4年和第5年分别借入了20M的高利贷，正是因为高利贷的扣分，使E组最后的得分少于A组屈居第三名。如果该组能控制好资金，把筹资问题解决好，那么应该能取得更好的成绩。其实，可以借鉴D组的做法，第3年将大厂房出售，第4年应收款到期，企业就可以不借高利贷，而且即使第3年的所有者为权益20M，对第4年借入短期借款不会产生任何影响。当然，在经营过程中，是否要出售厂房、什么时候出售厂房取决于企业的经营决策和资金的状况。

表4-65　E组举债筹集资金情况　　　　　　　　　　　　单位：M

项目		第1年	第2年	第3年	第4年	第5年	第6年
长期贷款	借入		20	20			
短期贷款	借入	60	80	60	40	80	140
高利贷	借入				20	20	

（2）固定资产投资不够科学。该组第1年投资建造柔性生产线不够科学。从表4-66看出，第1年资金比较紧张的情况下，该组首先投资建造柔性生产线，既占用了资金，又暂时不能发挥应有的作用。由于企业开发P2产品要在第2年Q3才能完工，企业投资柔性生产线就只有先生产P1，当P2开发出来后马上转产P2。这种思路应该说是正确的，但是，这里忽略了一个问题，在前三年，由于市场小，P1产品本身就积压严重，再生产P1只会造成更多的库存，对企业是不利的。如果企业能在第1年Q3建设三条全自动生产线，既解决了产能的问题，同时对当期的所有者权益也没有影响，如果再配合市场开发，那么企业的产品销售会好一些，资金回收快一些，企业的资金压力也相应小一些。

表 4-66　E 组生产线投资情况　　　　　　　　　　　　　　　　　单位：M

项目		第 1 年	第 2 年	第 3 年	第 4 年	第 5 年	第 6 年
生产线	全自动	8	24		16	16	
	柔性	24					
	半自动						32

（3）市场开发过晚。E 组对市场开发过晚，导致前三年产品积压过多，严重影响了资金的回笼和销售收入的增加。从 E 组资产负债表中可以看出，该组在前三年产品库存分别为 16M、26M 和 24M，产品积压相当严重。导致出现这种情况的根本原因在于市场单一，产品销售渠道不多。

从 4-67 表可以看出，由于企业在第 1 年没有开发区域市场，导致第 2 年只有本地市场可供销售产品，势必增加竞争的激烈程度。企业如果在第 1 年多开发两个市场，对资金不会构成太大的压力，而且由于第 2 年市场的扩大，销售收入的增加，可以弥补市场开发支出的资金和费用。当然，由于产品、市场开发和生产线构建三者都与资金息息相关，所以，企业要重点解决好资金的问题。

表 4-67　E 组市场开发投资情况

项目		第 1 年	第 2 年	第 3 年	第 4 年	第 5 年	第 6 年
市场开发	区域		√				
	国内	√	√				
	亚洲	√	√	√			
	国际		√	√	√	√	

（4）企业抢夺 P4 产品市场老大地位。企业没有完全发挥 P4 产品销售单价高、没有竞争对手的优势抢夺市场老大地位，对企业造成了潜在的影响。企业生产 P4 产品，占用的资金多，其单价一般高于 P3 产品。从市场预测图可以看出，P4 产品的单价只略高于 P3 产品，有的市场 P4 产品毛利可能还不及 P3 产品，那么在这种情况之下选择 P4 产品生产，就应当发挥 P4 产品的作用，积极抢占市场老大位置，为下年节约广告费，增加销售收入。通过对企业广告投放情况的分析，可以看出，企业对 P4 产品广告的投放应当说比较均衡，主要目的是以销售为主，而不是抢夺市场老大地位。

当然，在企业竞争过程中，由于市场和对手策略的不确定性，企业要做好决策应当从多方面分析，增加随机应变能力，这样方能处于不败之地。

（六）F 组：步履艰难

F 组的生产线很少，相应生产能力很有限，销售收入一直上不去，到经营结束，该组仅仅在第 4 年和第 6 年有盈利。应该说，F 组的经营总是处于很艰难的境地。先看一下该组的销售收入、毛利和净利润情况(表4-68、图4-43)。

表4-68 F组各年销售收入、毛利、净利润变化表　　　　　　单位：M

项目	第1年	第2年	第3年	第4年	第5年	第6年
销售收入	15	24	58	87	83	79
毛利	9	14	34	53	45	45
净利润	-24	-23	-7	7	0	6

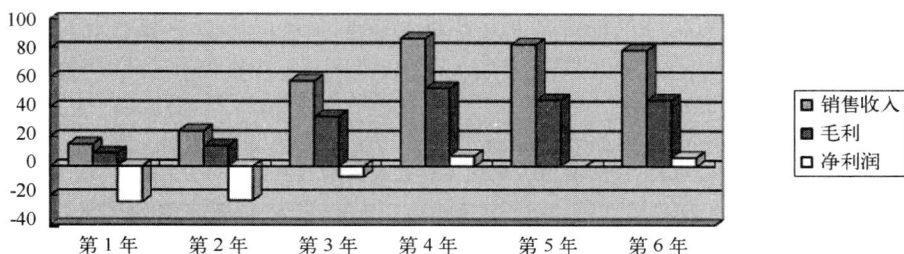

图4-43　F组各年销售收入、毛利、净利润变化图(单位：M)

从图4-43可以看出，该组的经营情况分为两个阶段，第一阶段是第1年至第3年，销售收入、毛利稳步增长，连年亏损；第二阶段为后三年，销售收入、毛利逐年下降，净利润很少。但总体来看，销售收入都很少。第4年企业销售收入最多，但也没有突破100M，这样的结果引人深思。

(1)第1年的广告费投入没有达到预期的效果，对该组决策产生了消极的影响。在第1年，该组投入了8M的广告费，拿到了3个P1产品的销售订单，销售收入15M。如果单纯从广告投入产出比来看的话，这个结果肯定是不会令人满意的，但因为是第1年，这个结果也还不算最坏。但是，因为销售收入与广告投入不成比例，对该组成员的心理上产生了一定的消极影响，导致决策上出现了失误。

(2)没有合理利用筹资规则筹集资金，导致因为资金的原因影响了产能的扩大，错失了企业发展的机遇。该企业在经营过程中，P3产品、ISO资格认证的开发中断过，说明该组资金出现了问题。企业也非常希望扩大产能，但可能是因为资金的原因，也仅仅分别在第3年和第6年各购买了一条半自动生产线。从表4-69可以看出，企业在第一年仅仅借入了40M的长期借款，在前两年都没有借入短期借款，而在第3年，企业在发现资金紧张后，及时出售了大厂房，解决了资金紧张的难题。

表4-69 F组资金筹集情况　　　　　　单位：M

项目		第1年	第2年	第3年	第4年	第5年	第6年
长期贷款	借入	40					
短期贷款	借入			20	20	20	20

如果企业能在第1年借入40M的短期借款，利用这些借款扩建全自动生产线，及时扩大产能，在第2年年初出售大厂房，就可以解决第3年的资金问题。由于市场的扩大，销售的增加，第3年产品的销售收入会明显好转，这种情况下，企业就可能步入良性发展的轨道。

（3）产品的开发与生产线的建设没有协调发展，出现了"跛脚现象"。企业在第1年投资了P2产品的研发，第2年又开始研发P3产品。从表4-70可以看出，企业生产数量少，建设缓慢。第2年仅仅有一条全自动生产线完工投入产品生产。如果P3产品研发成功，将面临没有生产线生产的尴尬局面。那至少说明，要么是产品的开发过于仓促，要么是生产线的建设没有跟上企业的发展步伐。当然，主要原因还是在投资决策和资金的控制上出现了问题。

表4-70　F组生产线投资情况

项目		第1年	第2年	第3年	第4年	第5年	第6年
生产线	全自动	8	8				
	半自动				8		8

综上所述，该组由于没有合理筹集资金，导致产能没有有效扩大，销售收入增长缓慢。如果企业能把以上问题解决好的话，最后结果还很难预料。

（七）G组：痛，还是痛

G组从起步到结束，经营得都非常困难。六年经营，四年亏损，另外两年也只是微利。那么该组的问题出在什么地方呢？

先看一下G组经营期间各年的销售收入、毛利、净利润变化情况（表4-71、图4-44）。

表4-71　G组各年销售收入、毛利、净利润变化表　　　　单位：M

项目	第1年	第2年	第3年	第4年	第5年	第6年
销售收入	14	21	63	82	28	36
毛利	8	12	38	50	16	24
净利润	−22	−27	−17	11	−3	2

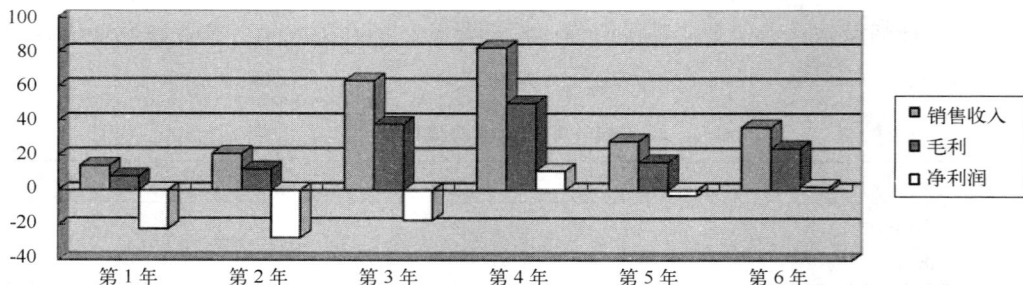

图4-44　G组各年销售收入、毛利、净利润变化图（单位：M）

从图4-44可以看出，除第3、4年销售收入和毛利稍好，其余年份销售收入和毛利都很少。六年中，每年的销售收入均未超过100M。结合报表发现，该组只开发了P2产品，在第1年投资建设了一条柔性生产线，开发了除区域市场外的所有市场，进行了ISO 9000和ISO 14000认证开发。因为资金困难，在第3年不得不出售大厂房，第4年不得不通过出售手工生产线降低设备维护费来增加企业的权益。第6年经营结束时，只剩一条半自动生产线和一条全自动生产线。可以说，经营得非常痛苦。那么，是什么原因导致出现这种情况呢？该组在决策上有一些失误，主要表现在以下几个方面。

（1）生产线建设失误。企业如果要抢占市场，必须要有丰富的产品，包括产品的品种和数量，而要有丰富的产品，必须要有配套的生产线作为支撑。从表4-72可以看出，企业只在第1年投资建设了一条柔性生产线，在第3年扩建了一条半自动生产线。这种结构和数量的生产线，显然不能满足企业扩大产品销售、实现盈利的目的。

表4-72　G组生产线投资情况　　　　　　　　　　　　　　　　单位：M

项目		第1年	第2年	第3年	第4年	第5年	第6年
生产线	柔性生产线	24					
	半自动			8			

（2）生产线与企业市场开发不协调。从表4-73可以看出，企业的生产线虽然很少，产能比较低，但是，企业却开发了国内、亚洲和国际市场，进行了所有的质量认证。由于企业的生产能力没有跟上，开发了这么多市场，可能会面临有市场但没有产品销售的情况。所以，企业市场开发与生产线的建设是不匹配的。

表4-73　G组市场开发与ISO资格认证投资情况

项目		第1年	第2年	第3年	第4年	第5年	第6年
市场开发	国内	√	√				
	亚洲	√	√	√			
	国际	√	√	√	√		
ISO资格认证	9000		√	√			
	14000	√	√	√			

（3）融资策略不够科学，影响了扩大产能的决策。企业在第1年和第2年分别借入了20M的长期借款，第1、2、3年分别借入短期借款20M、40M和20M，第4年由于没有借款额度，无法借贷。这种融资策略，对于解决资金日常周转有帮助，但却无法满足长期投资的资金需要。企业应当在前期通过长期借款与短期借款相配合，进行产品和市场的开发，同时扩建生产线，通过扩大销售来增加企业的收入。所谓开源节流，关键还在于开源。如果企业不增强自身实力，面对激烈的竞争，最终的结果只能是被淘汰。

综上所述，该组经营艰难，关键在于没有科学地筹集资金，没有解决好长期资金、短期资金与企业投资相配合的问题；从生产线建设来看，生产线单一，数量少，与开发的市场不匹配，出现有市场没有产品的窘境，从而导致企业销售收入不能稳步增长。

（八）H组：曾经辉煌

H组在第1年就投入了16M的广告费用拿到了本地市场的老大位置，这样的开局应当说还是比较理想的。但是，第2年就拱手将市场老大的位置让给了B组，失去了很好的发展机会。该组虽然拥有P2和P3两种产品的生产资格，但是它们的生产线落后，产能低下，最后只能眼看着其他小组遥遥领先。H组经营期间各年的销售收入、毛利、净利润变化情况见表4-74、图4-45。

表4-74　H组各年销售收入、毛利、净利润变化表　　　　　单位：M

项目	第1年	第2年	第3年	第4年	第5年	第6年
销售收入	32	26	88	69	67	111
毛利	18	14	53	42	34	61
净利润	-20	-15	3	1	2	17

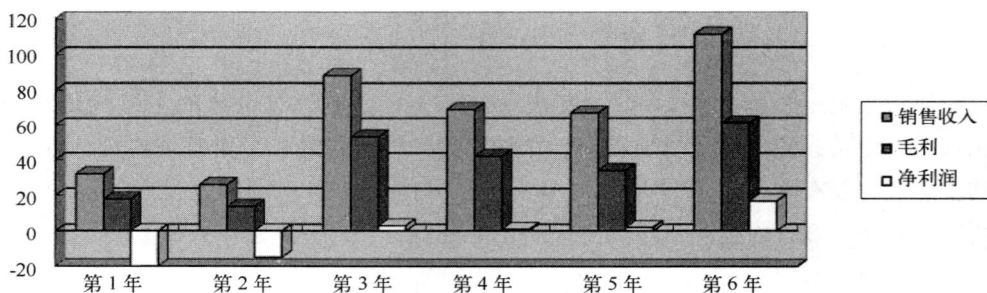

图4-45　H组各年销售收入、毛利、净利润变化图（单位：M）

从图4-45可以看出，该组销售波动比较大，特别是第4、5年，销售收入和毛利不仅没有增长，反而呈下降的趋势。纵观6年，销售收入没有大的突破，即使是销售收入最多的第6年，销售收入也不到120M。那么，该组的问题出在什么地方呢？有哪些方面值得总结和引起注意呢？

（1）第1年广告费支出过多，对后期资金使用造成了压力。通过前面的分析，已经明确，广告费用不仅直接导致现金流出，而且直接计入当期的销售费用，减少当期利润，将影响所有者权益。在第1年，该组非常希望得到市场老大地位，因为按照普遍的逻辑，取得了市场老大位置，企业在下一年可以优先选单，从而降低广告费用，对企业应该是非常有利的。但前提一定是不能因为争取市场老大的位置而伤了元气。该组第1年虽然取得了本地市场的老大位置，但却付出了16M的高额代价，对后期的发展造成了一定的资金压力。

（2）没有巩固市场老大地位。市场老大地位的优势在于在下一年可以优先选单，减少广告投入。第1年，该组通过高额代价取得本地市场老大的位置，第2年，由于产品单一（只有P1产品），不得不将老大地位拱手相让，失去了乘胜发展的机会，应该说这是H组最大的失误。

其实，H组在第1年已经开发了P2产品，也新建了一条全自动生产线，从资产负债表的期末库存分析，企业已经生产了两个P2产品，但却没有投入P2的广告费，说明企业根本就没有考虑巩固市场老大的地位，这与企业第1年投巨资的策略完全不吻合。

市场老大地位目前在各类比赛规则中出现的比较少，近年浙江省企业经营沙盘比赛中一直都没有采用这一规则。这一规则采用要谨慎，因为争夺市场老大位置时，广告费用投出较大。

（3）生产线建设速度缓慢，没有及时扩大产能，贻误了商机。从表4-75可以看出，企业在第1年取得市场老大地位后，在第1年的Q3只建设了一条全自动生产线，在第2年建设了一条半自动生产线。生产线数量少，而且比较落后，对于要巩固和发挥市场老大地位的企业来说，这种策略显得过于保守。当然，企业之所以出现这种情况，与企业保守的筹资策略是分不开的。

表4-75 H组生产线投资情况

项目		第1年	第2年	第3年	第4年	第5年	第6年
生产线	全自动	8	8				
	半自动		8		8		32

（4）没有及时利用融资规则筹集资金，贻误了扩大产能的有利时机。因为巨额广告费的缘故，第1年虽然取得了不错的收入，但因为是应收款，下年才能到期，导致企业现金相对比较紧张。于是，企业在生产线的建设上采取了保守的策略。其实，企业完全可以通过借入短期借款、出售大厂房等方式来解决资金的问题。从资产负债表上可以看出，该组在第1年仅仅借入了20M的短期借款，另外还有80M的借款额度没有利用，影响了产能的及时扩大。如果企业担心第2年的还款压力，还可以考虑在第1年出售大厂房，这样，资金的问题应该不存在了。企业产能扩大后，利用本地市场老大地位的优势，优先选单，将产品全部出售、降低库存、扩大销售、增加收入，企业就会进入一个良性发展的轨道。

（5）P3产品的开发与生产线的建设脱节。从前面的经营表中可以分析出，H组在第3年开始开发P3产品，到第4年Q2开发完成，但是，该组在第4年仅仅增加了一条半自动生产线。如果该组用一条半自动生产线生产P3产品，对其是没有利润的，开发的产品不能真正给企业带来效益。

通过对H组的分析，可以看出，该组在取得市场老大地位后，应当各方面协调配合，尽早扩大产能，充分发挥这一优势，用丰富的产品巩固市场，实现销售，从而使企业步入良性发展的轨道。

【本章小结】

本章学习了企业经营模拟系统的规则、重要参数、系统的主要操作过程。学习根据规则的规定和竞赛对手的情况拟定出自己的经营策略，在模拟经营中学会经营策略运用。

本章用较大篇幅介绍了一次模拟经营竞赛，并在对各赛组的表现成绩进行详细介绍后对他们在赛中所采取的策略进行复盘和点评。

【复习思考题】

一、填空题

1. 营销与规划中心是销售总监负责，其职能是_____，_____，_____。

2. P1 产品构成为_____，成本为____，P2 产品构成为_____，成本为____。P3 产品构成为____，成本为____，P4 产品构成为_____，成本为_____。原材料_____采购期提前____季度，原材料_____采购期提前__季度，原材料 R3 采购期提前__季度，原材料 R4 采购期提前__季度。

3. 亚洲市场的开发费用为_____，开发时间为_____年。

4. 对于企业已经进入的市场，因为资金等原因某年不准备在该市场进行营销，但想继续维持该市场的进入权，则应该至少投入_____的资金维持当地办事处的正常运转，否则再次进入需要重新开发。

5. 投广告_____M 表示最多能拿_____张订单。

6. 若订单标注"ISO 9000"，则企业必须 1)_____ 2)_____。

7. 大厂房买价为_____，租金为_____/年，容量为_____条生产线，卖出时得到_____账期的_____应收款。小产房租金为_____，容量为_____条生产线。

8. 生产线种类为手工生产线，半自动生产线，全自动生产线，柔性生产线；残值各为_____，_____，_____，_____。其中，安装周期最短的为手工生产线，转产周期最长的为全自动生产线。转产费用最多的是全自动生产线，转产费用为_____/年。每条生产线每年需交_____维修费。

9. P2，P3，P4 产品的研发时间都是 6Q，总的研发投资各为_____，_____，_____。

10. ISO 9000 认证费用为_____，ISO 14000 认证费用为_____。

11. 长期贷款贷款时间为_____，最高限额为_____，年利率为_____，最长期限为____年。40M 的短期贷款到期需还_____。高利贷借款期限为_____年，利率为_____。30M 的应收款贴现时贴现费用为_____，_____放入现金库，剩下_____计入应收款。

二、综合题

1. 请销售总监简要分析下面两个预测图，并据此设计一下本企业在区域市场的营销战略。

P系列产品需求预测

P1产品　P2产品　P3产品　P4产品

P系列平均价格预测

P1平均价格　P2平均价格　P3平均价格　P4平均价格

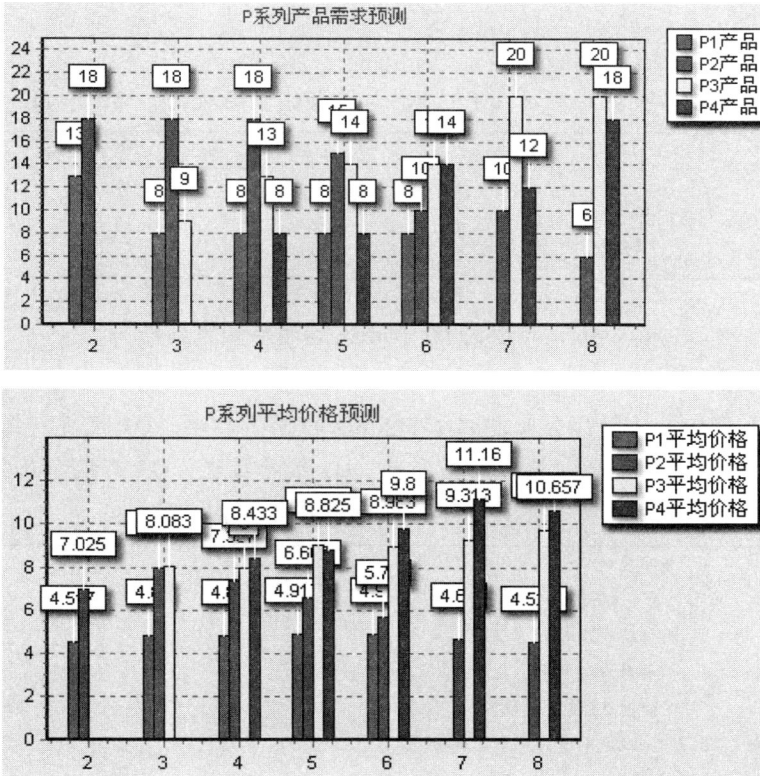

2. 请生产总监回答。

假设某企业处于第 4 年 Q1。企业拥有大厂房一个，内有 6 条生产线。

A. 1 条半自动生产线生产 P1 产品，在制品 P1 在半自动线 Q2。

B. 1 条手工生产线生产 P3 产品，在制品 P3 在 Q2。

C. 2 条全自动线生产 P2 产品，在制品 2 个。

D. 2 条柔性线，a 生产 P3 产品，有在制品 1 个，b 生产 P4 产品，有在制品 1 个。

E. 所有生产线在第 5 年内不停产，不变卖。

因为销售总监失误多接了一个 P3 产品订单，因此 Q2 更新生产完工入库后，生产 P4 产品的柔性生产线 b 转产生产 P3 产品。Q3/Q4b 生产 P4 产品。Q1 企业原材料入库后，有 R1 材料 4 个，有 R2 原材料 8 个，有 R3 原材料 3 个，有 R4 原材料 3 个。第 3 年 Q4 订 R3 原材料 7 个，R4 原材料 1 个。要求 Q2、Q3 和 Q4 原材料入库开始下一批生产后原材料库库存最少，尽量接近零。那么：

（1）Q1 至少下原料订单 R1 _____ 个，R2 _____ 个，R3 _____ 个，R4 _____ 个。

（2）Q2 至少下原料订单 R1 _____ 个，R2 _____ 个，R3 _____ 个，R4 _____ 个。

（3）Q3 至少下原料订单 R1 _____ 个，R2 _____ 个，R3 _____ 个，R4 _____ 个。

（4）这一年总共生产出 P1 成品_____ 个，P2 成品_____ 个，P3 成品_____ 个，P4

成品＿＿＿＿个。

3. 请销售总监回答。

下表是国内市场各企业广告投入 P3 产品与其营销量的数据，单位：M。

企业	第3年(广告/销售)	第4年(广告)	企业	第3年(广告/销售)	第4年(广告)
A	3/16	1	D	6/37	1
B	3/15	2	E	4/16	3
C	5/32	5	F	1/8	2

请根据上述数据回答：第 4 年国内 P3 市场选单顺序从先到后为：＿＿＿＿。

4. 请财务总监回答。

某企业第 1 年报表。年初企业拿到 15M，4Q 的 3P1 订单，Q1 交货，至年末无贴现。Q3 卖出 1 条手工生产线，Q1 投资一条全自动，Q2 继续投资，Q3 新投资两条全自动，Q4 继续投资。生产线无转产。每季度每条生产线都有产品在生产。

新年度规划会议	★			
参加订货会/登记销售订单	5			
制订新年度计划	★			
支付应付税	1			
季初现金盘点(请填余额)	36	( )	15	20
更新短期贷款/还本付息/申请短期贷款(高利贷)	0	0	( )	20
更新应付款/归还应付款	★	★	★	★
原材料入库/更新原料订单	1	1	( )	( )
下原料订单	★	★	★	★
更新生产/完工入库	★	★	★	★
投资新生产线/变卖生产线/生产线转产	( )	( )	( )	( )
开始下一批生产	( )	( )	( )	( )
更新应收款/应收账款	★	★	★	★
出售厂房	★	★	★	★
按订单交货	★	★	★	★
产品研发投资	( )	( )	( )	( )
支付行政管理费	( )	( )	( )	( )
其他现金收支情况登记	( )	( )	( )	( )
支付利息/更新长期贷款/申请长期贷款				( )
支付设备维护费				( )
支付租金/购买厂房				★
计提折旧				(0)
新市场开拓/ISO 资格认证投资				( )
结账				★
现金收入合计	0	0	0	80
现金支出合计	( )	( )	( )	28
期末现金对账(请填余额)	( )	( )	( )	( )

综合管理费用明细表

项　目	金　额	备　注
管理费	（　）	
广告费	（　）	
保养费	（　）	
租　金	（　）	
转产费	（　）	
市场准入开拓	（　）	☑区域　☑国内　☑亚洲　□国际
ISO 资格认证	（　）	□ISO 9000　□ISO 14000
产品研发	12	P2(√)　P3(√)　P4(　)
其　他	（　）	
合　计	（　）	

利　润　表

项　目	上年数	本年数
销售收入	33	（　）
直接成本	12	（　）
毛利	21	（　）
综合费用	9	（　）
折旧前利润	12	（　）
折旧	5	（　）
支付利息前利润	7	（　）
财务收入／支出	4	（　）
其他收入／支出	0	（　）
税前利润	3	（　）
所得税	1	（　）
净利润	2	（　）

资产负债表

	项　目	期初数	期末数		项　目	期初数	期末数
流动资产	现金	42	（　）	负债	长期负债	40	（　）
	应收款	0	（　）		短期负债	0	（　）
	在制品	8	（　）		应付账款	0	（　）
	产成品	6	（　）		应交税金	1	（　）
	原料	3	0		一年内到期的长期负债	0	（　）
	流动资产合计	59	（　）		负债合计	41	（　）

项　目		期初数	期末数	项　目		期初数	期末数
固定资产	土地和建筑	( )	( )	所有者权益	股东资本	( )	( )
	机器与设备	8	( )		利润留存	14	( )
	在建工程	0	( )		年度净利	( )	( )
	固定资产合计	( )	( )		所有者权益合计	( )	( )
资产总计		107	( )	负债和所有者权益总计		( )	( )

（1）请根据资产负债表描述一下企业起始年走完，第1年年初的情况。

在制品为4个P1，分别位于手工第1周期、第2周期、第3周期、半自动第1周期。长贷40M，4年期20M和3年期20M。

（2）请填写上述各表格括号内数字。

第五章　浙江省大学生企业经营沙盘模拟竞赛

浙江省大学生企业经营沙盘模拟竞赛是参赛大学生以企业经营者的身份，与其他参赛队模拟的同质企业在变化的市场竞争条件下，展开企业经营竞争的大学生科技竞赛。

竞赛以制造型企业为原型，参赛选手以企业经营者的身份，在变化的市场竞争条件下，模拟企业运营的关键环节，包括战略规划、产品研发、市场营销、设备投资改造、生产能力规划、物料采购、资金筹集等。在模拟过程中，把企业运营所处的内外部环境抽象为一系列的规则，由参赛选手组成多个相互竞争的模拟企业，通过模拟企业 5 年的经营过程，使学生在分析市场、制定战略、营销策划、组织生产、财务管理等一系列活动中，感悟企业的经营管理规律，提升管理企业的能力，锻炼分析决策与团队协作能力，全面提高综合素质。

本章所述内容是以"百树电子沙盘系统"为例。运营年限为 5 年；计量单位为"W"（万）和；"M"（百万）；"Q"表示季度，1Q 表示 1 季度，Q1 表示第 1 季度；本章所选规则由笔者设定。

【本章重点】

"百树电子沙盘系统"目前被列为浙江省大学生企业经营沙盘模拟竞赛系统，其主要内容包括企业经营模拟系统的规则、重要参数、系统的操作过程；通过比赛，选手学习企业经营思想，了解企业经营环境、企业财务状况，掌握筹资策略、生产管理、营销管理等内容；根据给定的规则制定自己的经营策略，从而进行企业模拟经营。

第一节　学生端操作简介

一、学生端界面介绍

读者可以根据教师所分配的账号选择"学生端"，单击"用户登录"，如图 5-1 所示。

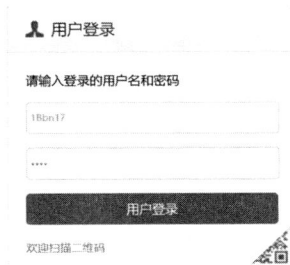

图 5-1　企业经营沙盘模拟系统登录界面

(一)学生端左侧信息栏

左侧信息栏中包括：账务信息、研发认证信息、库存采购信息等，如图 5-2 所示。

图 5-2　信息展示界面

(1)账务信息包括当前企业现金、应收账款、长贷总额、短贷总额、股东注资(实际比赛时此项功能不开放)、特别贷款(实际比赛时此项功能不开放)、综合财务信息。

(2)研发认证信息包括企业当前的市场准入资格、生产资格、ISO 资格、市场开拓，以及市场开发和 ISO 认证的详细进度。

(3)库存采购信息包括各类产品已生产产品的数量和在途、已到库的原料数量。

财务信息、研发认证信息和库存采购信息的右上角有下拉箭头，单击下拉箭头可查看详细信息。

(二)企业经营的生产操作流程

企业经营每季度生产操作流程一般有 9 个模块组成，如图 5-3 所示。但每季度不一定要九个模块都操作，可根据实际运营情况操作运行。如果本季度不需要操作相应模块，直接单击"应收款更新"模块即可进入下一个季度。但建议初学者按照从左到右顺序完成各个模块，以避免遗漏相应模块的操作。

图 5-3　生产操作流程图

(三)应急

为应对企业突然情况时需要采取的操作区，应急操作在经营的任意时间皆可进行，如

图 5-4 所示。图中"订单信息"不属于应急内容。

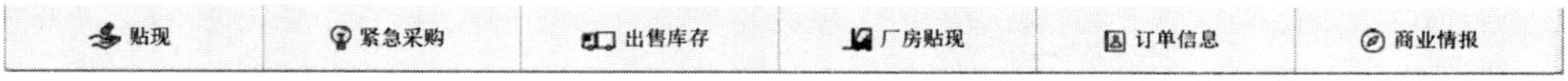

图 5-4　应急界面

(四)其他功能

企业经营模拟系统还提供了规则说明、市场预测的功能,如图 5-5 所示。

图 5-5　其他功能

二、学生端操作流程

(一)用户注册

登录系统后,所需要做的第一件事就是注册自己的企业信息,主要包括:各管理岗位的人员定岗、账号密码的修改,如图 5-6 所示。

图 5-6　"用户注册"界面

注册完成后,确定登记完成就可以开始企业经营,如图 5-7 所示。

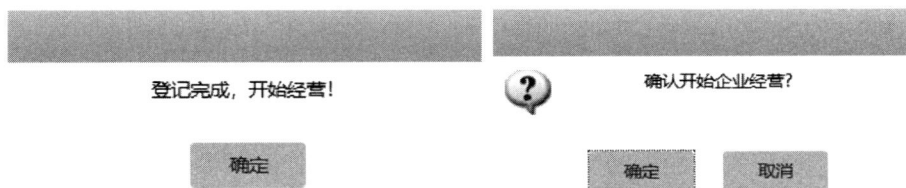

图 5-7　确认登记及开始经营

(二)市场订单

在公司营销战略决策的时候，决策者需要清楚地了解相应的市场产品需求信息，系统中提供了未来几年的订货会订单和竞拍会订单信息，各企业可通过"市场订单"进行相应的查询，如图5-8所示。

	A	B	C	D	E	F	G	H	I	J
1	订单编号	类型	年份	市场	产品	数量	总价	交货期	账期	ISO
2	X22-0001	选单	2	区域	P1	4	210	3	2	9K
3	X22-0002	选单	2	区域	P1	4	223	3	3	9K
4	X22-0003	选单	2	区域	P1	5	270	1	1	9K
5	X22-0004	选单	2	区域	P1	4	211	3	1	9K
6	X22-0005	选单	2	区域	P1	3	153	2	1	-
7	X22-0006	选单	2	区域	P1	5	255	1	1	9K
8	X22-0007	选单	2	区域	P1	5	260	4	1	9K
9	X22-0008	选单	2	区域	P1	3	159	3	1	9K
10	X22-0009	选单	2	区域	P1	1	56	4	3	-
11	X22-0010	选单	2	区域	P1	4	207	4	3	-
12	X22-0011	选单	2	区域	P1	1	52	1	1	9K
13	X22-0012	选单	2	区域	P1	2	110	4	3	9K
14	X23-0013	选单	2	国内	P1	1	55	3	3	-
15	X23-0014	选单	2	国内	P1	4	220	3	2	-
16	X23-0015	选单	2	国内	P1	2	105	4	2	-
17	X23-0016	选单	2	国内	P1	4	213	2	1	9K
18	X23-0017	选单	2	国内	P1	6	308	2	2	-
19	X23-0018	选单	2	国内	P1	3	165	3	1	-
20	X23-0019	选单	2	国内	P1	2	103	1	0	-
21	X23-0020	选单	2	国内	P1	2	106	4	4	9K
22	X23-0021	选单	2	国内	P1	5	275	3	2	-
23	X23-0022	选单	2	国内	P1	4	205	2	0	9K
24	X23-0023	选单	2	国内	P1	5	254	4	3	9K
25	X23-0024	选单	2	国内	P1	2	103	2	2	-
26	X23-0025	选单	2	国内	P1	6	324	2	1	9K
27	X23-0026	选单	2	国内	P1	5	271	3	1	9K

详单　竞单

图5-8　市场需求情况

(三)操作流程

(1)注册完成后，当年开始，将开始整年的操作，新的操作流程将开启，如图5-9所示。

申请长贷　　当季开始

图5-9　当年开始后操作流程界面

(2)申请长贷。如需申请长期贷款，单击图5-9中的"申请长贷"，跳出弹窗，显示最大贷款额度，可输入所需金额及选择年限，如图5-10所示。"申请长贷"操作，只能在Q1初进行操作，但在额度内可以多次贷款。

(3)当季开始。单击图5-9中"当季开始"后，正式进入了第1年Q1的企业运营，在第 1 年后的每年的"当季开始"时，系统会根据规则自动判断，是否需要偿还短期贷款本金和付短期贷款利息，如图 5-11 所示。如果资金不足，系统会提醒现金不足。

图 5-10　申请长贷界面　　　　图 5-11　"当季开始"对话框

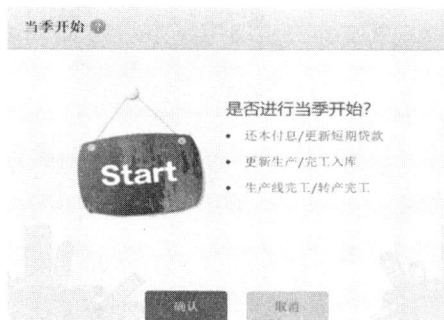

"当季开始"后，之前的操作权限将关闭，可以开启新的操作流程，如图 5-12 所示。

图 5-12　当季开始后操作流程界面图

(4)申请短贷。如需申请短期贷款，单击图 5-12 中的"申请短贷"按钮，跳出如图 5-13所示弹窗，显示最大贷款额度。经营者可输入所需短贷的金额，贷款金额必须为大于等于 10W 的整数并小于等于最大贷款额度。每一季度只能申请一次短期贷款。

注意：如果某一季度有短期贷款需要归还，且同时还拥有贷款额度时，必须先归还到期的短期贷款，才能申请新的短期贷款。

(5)单击图 5-12"更新原料库"按钮，系统会根据原材料的配送情况判断是否需要支付原料费，并显示需支付的金额。购买原材料的金额需要一次性全额支付，现金不足将无法进入下一步，如图 5-14 所示。单击"确定"后，系统会提示操作成功，如图 5-15 所示。同时可在库存采购信息(图 5-16)中查看库存数据。单击"确定"后，之前的操作权限将关闭，可以开启新的操作流程，如图 5-17 所示。

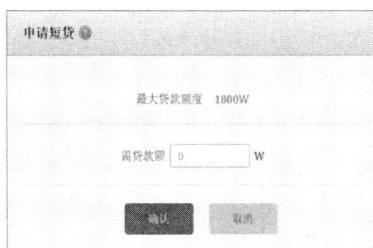

图 5-13　"申请短贷"对话框　　　　图 5-14　"更新原料"对话框

图 5-15　提示更新原料库成功

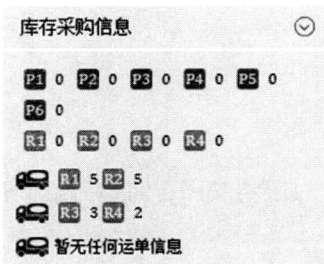

图 5-16　库存采购信息

图 5-17　更新原料库后操作流程界面

（6）订购原料。在生产前，库存中必须有原材料，原材料通过单击图 5-17 中"订购原料"按钮获得，每种原料的运货期不同，可根据运货期下单。在所需原材料的后面输入数量（需为正整数），并单击"确认"按钮，如图 5-18 所示，单击"确定"，则会提示"操作成功"，如图 5-19 所示。"订购原料"操作一季度只可操作一次，下原材料订单时不扣除现金。

图 5-18　"订购原料"界面

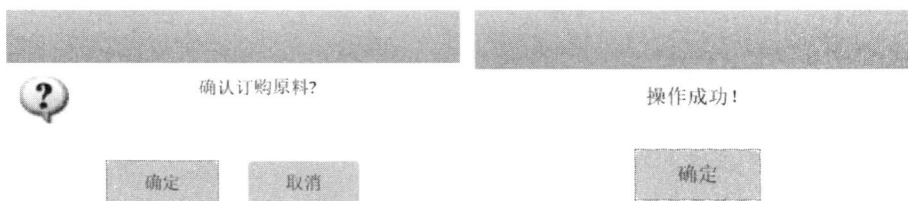

图 5-19　提示订购原料成功

（7）购租厂房。企业在进行新建生产线之前需要购租厂房，单击图 5-17 中"购租厂房"按钮，如图 5-20 所示。选定厂房大小及订购方式，其中订购方式分为"买"和"租"，并单击"确认"按钮（图 5-20），再单击图 5-21 中"确定"按钮，则系统会提示操作成功，如图 5-21 所示。如果资金不足时系统会提示"资金不足"，无法购买或租用。

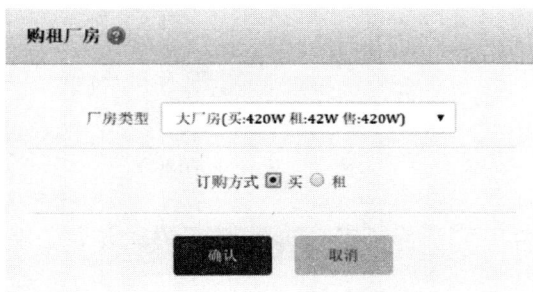

图 5-20　"购租厂房"界面

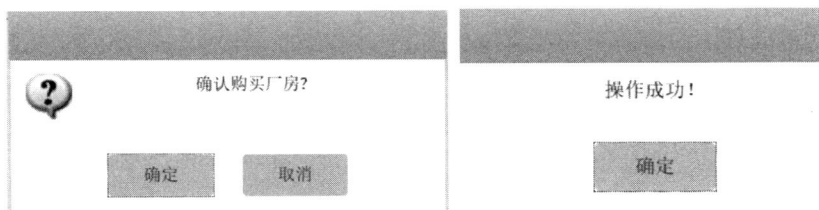

图 5-21　提示购租厂房成功

（8）新建生产线。进行产品生产前必须新建生产线，如果购买或租用了多个厂房，则需在新建生产线时选择将生产线建在哪个厂房中，同时选择生产线的类型和生产产品的类型。单击图 5-17 中"新建生产线"按钮，进入"新建生产线"界面，如图 5-22 所示。一次操作只能新建一条生产线，"新建生产线"操作允许操作多次，直到厂房没有容量为止。

单击"确认"后系统会提示新建生产线成功，如图 5-23 所示。现金不足时会提示"资金不足"，无法新建生产线。未安装成功的生产线显示"在建"，并给出安装进度，已经完成的生产线显示"空闲"。空闲的生产线可进行转产、出售、生产的操作。用户可将鼠标悬浮在某条生产线上，将有窗口给出该条生产线的详细信息，如图 5-24 所示。

图 5-22 "新建生产线"界面

图 5-23 生产线信息

图 5-24 生产线详细信息

（9）在建生产线。企业从第 1 年 Q2 开始，如果有新建生产线且安装周期大于 1Q 的，则需要进行对在建生产线进行再投资。单击图 5-17 中"在建生产线"，进入"在建生产线"界面，如图 5-25 所示。选中所需要在建的生产线。"在建生产线"操作一季度只可操作一次。

单击"确认"后系统会提示是否确定投资选中的生产线，如图 5-26 所示。单击"确定"后系统将立即扣除全部所选生产线一季度建设费的总和。现金不够时会提示"资金不足"，无法投资生产线。

图 5-25　"在建生产线"界面

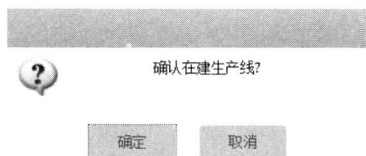

图 5-26　"确认在建生产线"对话框

（10）生产线转产。当想要更改生产线生产产品的类型时，可以在生产线空闲状态时单击图 5-17 中"生产线转产"按钮，进入"生产线转产"界面，如图 5-27 所示。系统给出该生产线的转产周期及费用，用户选择需要转产的产品类型，单击"确认转产"后，将立即扣除转产费用，生产线状态变为"转产中"，直到转产周期结束。

（11）出售生产线。当企业不再需要某条生产线时可选择出售，在生产线空闲状态时单击图 5-17 中"出售生产线"按钮，进入"出售生产线"界面并进行"确认"，如图 5-28 所示。

图 5-27　"生产线转产"界面

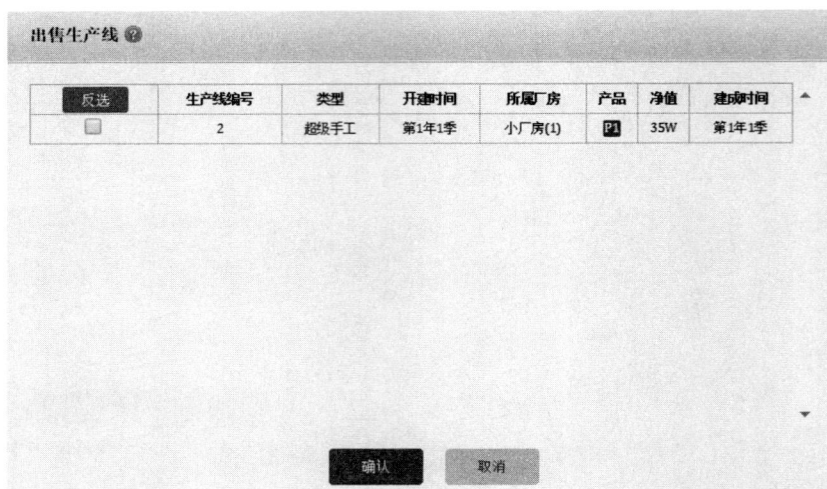

图 5-28 "出售生产线"界面

（12）开始生产。在用户获得相应原材料和生产资格之后，就可进行产品生产，单击图5-17中"开始生产"界面，进入"开始下一批生产"界面，如图5-29所示。单击"确认"之后生产线状态变为"在产"，并给出生产进度，如图5-30所示，到下一季时单击"当季开始"后，生产进度加一格，如果进度已满，代表生产完成，该类型产品的库存将自动加1，可在采购库存信息中查看生产完成的产品，生产线立即恢复到"空闲"状态。

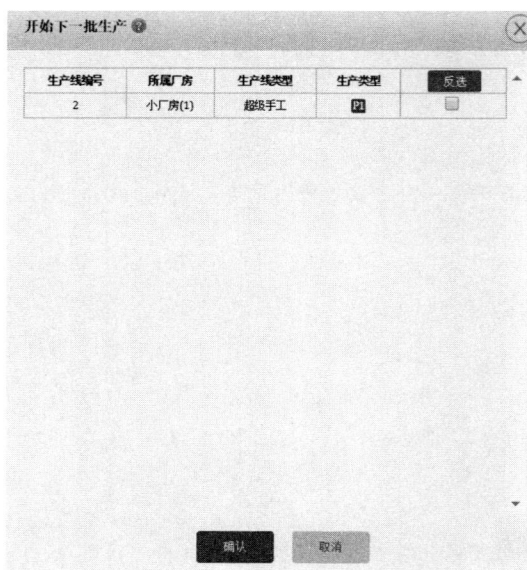

图 5-29 "开始下一批生产"界面

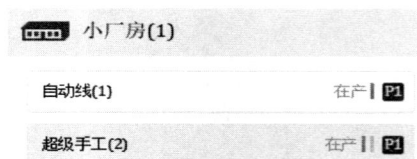

图 5-30 生产进程

（13）应收款更新。在订单交货之后，用户将获得订单总价的应收款，单击图 5-17 中"应收款更新"按钮后所有应收款账期减 1，当账期为零时，即可自动收回应收款，如图 5-31 所示。单击"确认"，收取的现金额将自动加入用户现金。

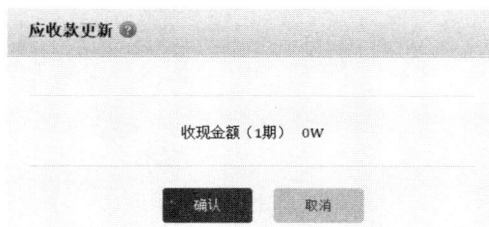

图 5-31 "应收款更新"对话框

"应收款更新"后，之前的操作权限将关闭，可以开启新的操作流程，如图 5-32 所示。

图 5-32 "应收款更新"后操作流程界面

（14）按订单交货。当产品库存满足订单的数量那么就可以单击图 5-32 中"按订单交货"，用户将立即获得订单总价的应收款。账期为"0"的订单，交货后金额自动加入现金。也可以提前进行交货，但如果超过交货期，订单则会显示已违约。违约会根据相关规则处罚，当年结束会扣除违约金，订单交货界面如图 5-33 所示。

订单编号	市场	产品	数量	总价	得单年份	交货期	账期	ISO	操作
X22-0880	区域	P1	3	141W	第2年	4季	3季	-	确认交货
X22-0726	区域	P1	2	96W	第2年	4季	0季	-	确认交货
X21-0925	本地	P1	3	139W	第2年	4季	4季	-	确认交货

图 5-33 "订单交货"界面

（15）产品研发可同时选定要开发的所有产品，一季只允许操作一次。单击图 5-32 中"产品研发"按钮，进入"产品研发"界面，如图 5-34 所示。单击"确认"，并退出本窗口。一旦退出，则本季度不能再次进入操作。

产品研发一季只允许操作一次。单击图 5-35 中"确定"按钮并退出产品研发。

图 5-34 "产品研发"对话框

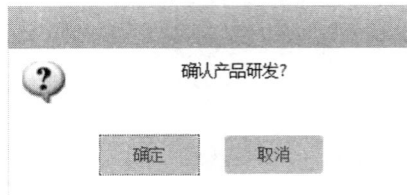

图 5-35 "产品研发确认"对话框

（16）厂房处理。企业可以根据情况需要对已购置的厂房进行处理，选中需要处理的厂房，根据购买方式选择合适的处理方式。单击图 5-32 中"厂房处理"按钮，进入"厂房处理"界面，如图 5-36 所示。选定处理方式，单击"确认"按钮，即可处理厂房。现金不够时会提示"资金不足"，无法购买。"厂房处理"操作每季度可操作多次。

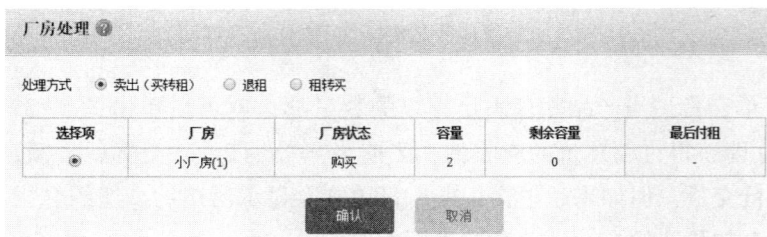

图 5-36 厂房处理

（17）ISO 投资。每年 Q4 会进行 ISO 投资，如图 5-37 所示。

图 5-37 Q4 出现"ISO 投资"界面

企业在订货会和竞单的时候有些订单会需要 ISO 的认证。单击"ISO 投资"按钮，进入"ISO 投资"界面，如图 5-38 所示。在复选框中选中需要进行的 ISO 投资进行认证。单击"确认"系统会提示是否确定认证选中的 ISO 投资，如图 5-39 所示。单击"确认"后系统将直接扣除全部所选 ISO 认证的一年投资费用总和，现金不够时会提示"资金不足"，无法认证。

图 5-38 ISO 投资

图 5-39 "确认 ISO 认证"对话框

（18）市场开拓在每年 Q4 才会进行。企业可根据自身的需求，在每年 Q4 进行市场开拓。不同的市场开拓所需的时间也不同，如图 5-40 所示。在复选框中选中全部所需开拓的市场，单击"确认"则系统会提示是否"确认进行市场开拓?"对话框，如图 5-41 所示。单击"确定"则确定开拓选中的市场，系统立即扣除全部所选市场认证的一年投资费用总和。现金不够时会提示"资金不足"，无法投资。单击"取消"，则放弃对选中市场的开拓，可进行重新选中。"市场开拓"操作每年只可操作一次。完成开拓后的市场永久有效。

图 5-40 "市场开拓"界面

图 5-41 "确认进行市场开拓"对话框

（19）当季结束。确定一季的工作操作完成之后，单击图 5-32 中"当季结束"按钮，系统会弹出对话框询问"是否进行当季结束"并且每一季都需支付行政管理费，如图 5-42 所示。当季结束后系统将进入下一季度操作流程。

图 5-42 "当季结束"界面

（20）当年结束。确定一年的工作操作完成之后，单击"当年结束"，系统会弹出对话框询问"是否进行当年结束"并且给出需要支付行政管理费、厂房续租、检测产品开拓完成情况、检测新市场开拓完成情况、检测 ISO 资格认证投资完成情况、支付设备维护费、计提折旧和违约扣款等提示，如图 5-43 所示。单击"确认"后，之前的操作权限将关闭，可以开启新的操作流程，如图 5-44 所示。

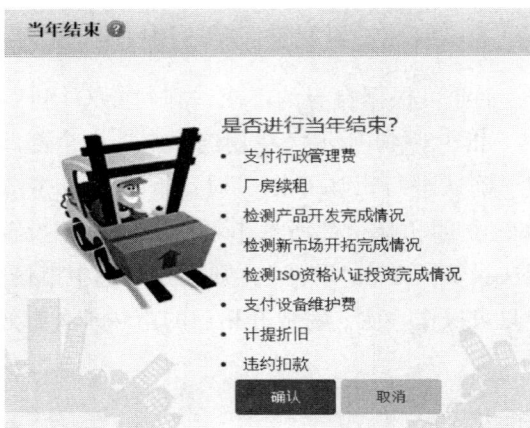

图 5-43 "当年结束"界面

图 5-44 "填写报表"界面

（21）填写报表。当年结束后，每组需要填写企业报表。单击图 5-44 中"填写报表"按钮，进入"填写报表"界面。报表内容如图 5-45 所示。所有栏目皆为必填项，所填项必须为整数，如填写错误将根据系统规则扣除企业总分值。

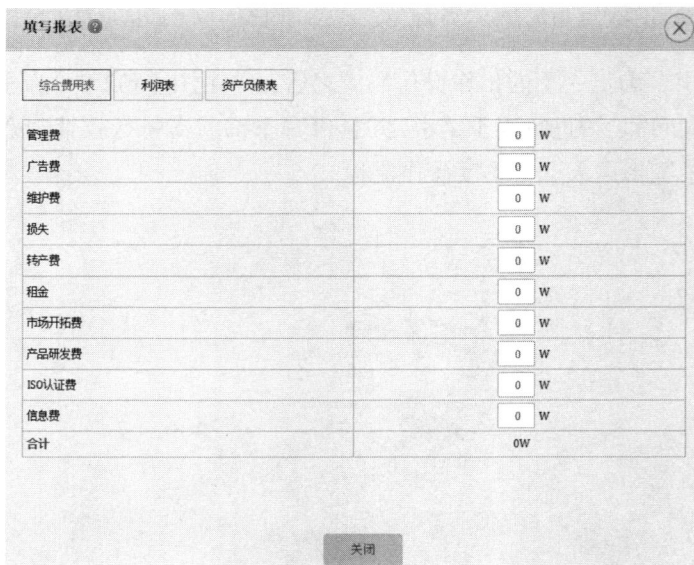

图 5-45 "填写报表"界面

（22）投放广告。从第 2 年起，每一年单击"当年开始"都将增加"投放广告"和"参加订货会"两个按钮，如图 5-46 所示。企业可通过投放广告获得订货会选单的机会，如图 5-47 所示。产品广告投放必须为大于等于"0"的整数，投放广告确定后将立即扣除广告现金。

图 5-46　第 2 年起增加的"投放广告""参加订货会"按钮

图 5-47　"投放广告"界面

（23）参加订货会。从第 2 年起，所有用户都进入当年并投放广告才能参加订货会。订货会页面如图 5-48 所示。界面上方为市场标签，可单击进行切换，左侧为用户投放广告、上年本地细分市场的销售额、违约情况及可选单次数，右端为市场订单情况，包括订单编号、总价、数量、交货期、账期及 ISO 要求。轮到自己选单时可看到每张订单后有"选单"二字，根据自身的情况进行选单。

图 5-48　"订货会进行中"界面

选单时，两个市场同时开单，各队需要同时关注两个市场的选单进展，订货会上方也将提示市场情况，其中一个市场先结束，则第三个市场立即开单，即任何时候会有两个市场同开，除非到最后只剩下一个市场选单未结束。如某年有本地、区域、国内、亚洲四个市场有选单，则系统将本地、区域同时放单，各市场按 P1、P2、P3、P4、P5 产品顺序独立放单，若本地市场选单结束，则国内市场立即开单；此时区域、国内两市场保持同开，紧接着区域结束选单；则亚洲市场立即放单，即国内、亚洲两市场同开。选单时各队需要单击相应的市场按钮（如"国内"），某一市场选单结束，系统不会自动跳到其他市场。

（24）竞单会。只有在第 3 年和最后一年开始后有竞单会这一步骤。竞单会的页面如图 5-49 所示，可以看到订单编号、市场、产品、数量、ISO、状态、得单用户、总金额、交货期及账期等信息。竞单结束后将直接给出中标用户情况，并扣除中标用户的标书费。资金不足时不能参加竞单会。

竞单会进行中！

XGB01参加第4年竞单会，当前回合剩余竞单时间为28秒

ID	订单编号	市场	产品	数量	ISO	状态	得单用户	总金额	交货期	账期
1	J41-0023	本地	P2	4	-	完成	XGB13	262W	4季	2季
2	J42-0014	区域	P3	3	14K	完成	XGB11	286W	4季	0季
3	J43-0128	国内	P2	2	9K 14K	完成	XGB03	104W	4季	2季
4	J41-0229	本地	P2	3	-	设置	-	-	-	-
5	J43-0538	国内	P5	2	-	设置	-	-	-	-
6	J43-0455	国内	P2	3	9K 14K	设置	-	-	-	-
7	J42-0960	区域	P3	6	9K 14K	等待	-	-	-	-
8	J43-0266	国内	P1	3	9K	等待	-	-	-	-
9	J42-0576	区域	P2	3	9K	等待	-	-	-	-
10	J42-0376	区域	P3	2		等待	-	-	-	-
11	J41-0779	本地	P2	4	9K 14K	等待	-	-	-	-
12	J42-0505	区域	P1	3	9K	等待	-	-	-	-

图 5-49　"竞单会进行中"界面

三、应急操作

（一）贴现

企业在运营的过程中，可能会遇到现金不足的情况，这时候就需要进行应收账款贴现，单击图 5-4"贴现"按钮，进入"贴现"界面，如图 5-50 所示。可填写相应账期的贴现额，贴现额应为正整数，单击"确认"后企业将直接获得扣除贴现费后的现金，同时应收款变为减去贴现额后的数值。

注意：贴现费用一般采用向上取整规则。

图 5-50　"贴现"界面

(二)紧急采购

在运营过程中，可能会遇到产品库存无法满足订单或者原材料库存不足的情况，这时候可以进行"紧急采购"，单击图 5-4"紧急采购"按钮进入"紧急采购"界面，如图 5-51 所示。企业选中某一原材料或产品，并在对应的表格下方填入订购量，订购量应为正整数，单击"确认采购"，系统将立即扣除现金，资金不足时会提示"资金不足"，无法购买。运营过程中可随时多次进行"紧急采购"操作。

注意：紧急采购时，原材料是平时的 2 倍价格，产品是平时的 3 倍价格(具体倍数由参数设置为准)。

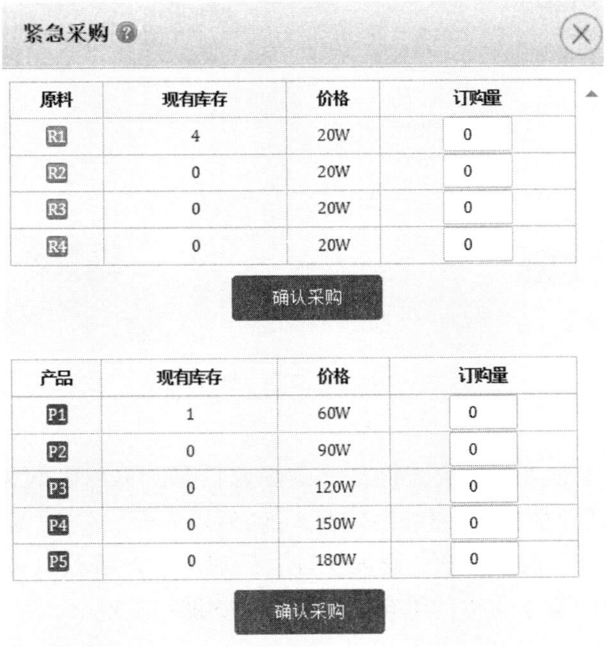

图 5-51　"紧急采购"界面

(三)出售库存

企业在运营过程中，会遇到生产经费不足的情况，这时可以出售多余的原材料库存或者库存产品，单击图5-4"出售库存"按钮，弹出界面如图5-52所示。企业选中某一原材料或产品，并在对应的表格下方填入出售量，出售量应为小于等于库存量的正整数，单击"出售原料""出售产品"后，系统将立即增加现金，运营过程中可随时多次操作。

(四)厂房贴现

企业在运营的过程中，可能会遇到资金不足的情况，这时可以对已购买的厂房进行"厂房贴现"。单击图5-4"厂房贴现"按钮，弹出界面如图5-53所示。选中厂房并单击"确认"，将立即获得扣除贴现费用后的现金，如厂房内有生产线，则还需扣除厂房租金。

图5-52　"出售库存"界面

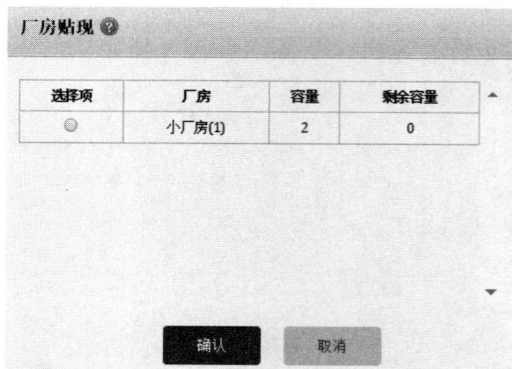

图5-53　"厂房贴现"界面

(五)商业情报

企业在经营过程中，可以免费获得自己的综合信息，也可以购买竞争对手的综合信息。单击图5-4中"商业情报"即可弹出如图5-54所示界面。单击"确认下载"可看到自己企业的信息、库存信息、银行贷款、研发认证、厂房与生产线及订单信息等，如图5-55所示。单击"确认下载"竞争对手的综合信息后，将立即扣除现金。

图 5-54　"商业情报"界面

| 企业信息 | 库存信息 | 银行贷款 | 研发认证 | 厂房与生产线 | 订单信息 |

图 5-55　商业情报内容

(六)订单信息

企业在经营过程中，通过了解计单信息，可以查看经营过程中所有获得的订单信息，包括订单编号、市场、产品、数量、总价、状态、得单年份、交货期、账期、ISO 及交货时间。单击图 5-4 中"订单信息"按钮，即可进入"订单信息"界面，如图 5-56 所示。

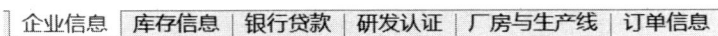

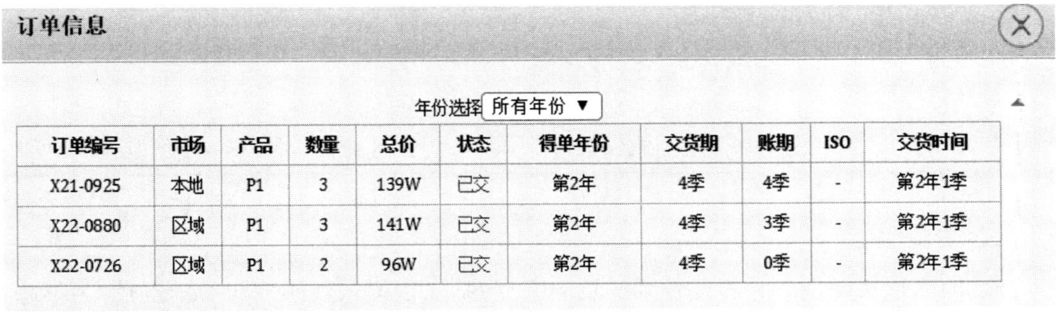

订单信息

年份选择 所有年份 ▼

订单编号	市场	产品	数量	总价	状态	得单年份	交货期	账期	ISO	交货时间
X21-0925	本地	P1	3	139W	已交	第2年	4季	4季	-	第2年1季
X22-0880	区域	P1	3	141W	已交	第2年	4季	3季	-	第2年1季
X22-0726	区域	P1	2	96W	已交	第2年	4季	0季	-	第2年1季

图 5-56　"订单信息"界面

第二节 百树电子沙盘系统运营规则

企业经营模拟是指练习者在网络上扮演现实企业中的不同角色(具体包括总经理、财务总监、运营总监、销售总监)在相同的市场条件下展开企业竞争。主要包括筹资、投资、生产、经营、产品的设计与研发、广告的投放、市场订单的选取。整个企业经营模拟历时5年。企业的运营涉及各个方面,受到来自各方面条件的制约。在模拟运营以前,必须要熟悉和了解这些条件,才能做到合法经营,在竞争中提升实力。

一、筹资

企业要进行生产、经营及投资活动,就需要筹集一定数量的资金。筹资是企业进行一系列经济活动的前提和基础。在市场经济环境下,企业可以从不同渠道取得所需资金,而不同的筹资渠道和不同的筹资方式组合都存在一定的资金成本,将给企业带来不同的预期收益,也将使企业承担不同的税负水平。适当利用负债工具,有助于企业在有效抑制税负的同时,实现预期所有者权益最大化目标。

(一)筹资策略

由于"百树电子沙盘系统"的筹资渠道以长、短期贷款为主,一般不使用股东注资、特别贷款,所以贷款策略主要介绍长期贷款、短期贷款。

贷款按还款期可分为长期贷款和短期贷款(表5-1)。长期贷款指企业向银行和非银行的金融机构及其他单位借入的、期限在一年以上的各种借款,主要用于购建固定资产和满足长期流动资金占用的需要;短期贷款指为满足企业临时性流动资金需要而进行的筹资活动。企业的短期资金一般是通过流动负债的方式取得,短期贷款也称为流动负债筹资或短期负债筹资。

表5-1 贷款类型

贷款类型	贷款时间	贷款额度	贷款最大年限	年利率	还款方式
长期贷款	每年年初	所有长贷和短贷之和不能超过上年末所有者权益的3倍(具体倍数根据比赛规则而定)	4年	10%	年末付息到期还本付息
短期贷款	每季度初		1年	5%	到期一次性还本付息

(二)贷款额度

贷款额度指长期贷款和短期贷款的总额度(包括已借但未到还款期的贷款),为不超过上年末所有者权益的3倍(根据每次比赛规则而定)。例如,第1年年末所有者权益为800W,第1年已借4年期长期贷款506W(且未申请短期贷款),则第2年可贷款总额度为:800W×3−506W=1894W。

（三）贷款规则

（1）长期贷款只能在每年 Q1 初进行，每年年初系统自动扣除利息，长期贷款为分期付息，到期一次还本。年利率由教师/裁判在参数设置中设定。到期还本付息。最大年限为 4 年（可按系统规则设定最大年限），长期贷款利率一般为 10%，贷款金额必须为大于等于 10W 的整数并小于等于最大贷款额度。

当年的新长期贷款从下一年度开始支付利息；不允许提前还款，本年度结束时，不要求归还没有到期的长期贷款。

长期贷款利息根据长期贷款的贷款总额乘以利率计算，取整规则一般采用四舍五入。运用好这一规则可以在支付相同利息的情况下，获得更多的贷款金额。

【例 5.1】　第 1 年申请 504W 长期贷款，第 2 年申请 210W 长期贷款，则第 2 年年末所需要支付的长期贷款利息为：（504W+210W）×10% = 71.4W，取整后，实际支付利息为 71W。

又如第 1 年申请 504W 长期贷款，第 2 年申请 201W 长期贷款，则第 2 年年末所需要支付的长期贷款利息为：（504W+201W）×10% = 70.5W，取整后，实际支付利息为 71W。

【例 5.2】　若长期贷款年利率设定为 10%，贷款额度设定为上年末所有者权益的 3 倍，企业上年末所有者权益总额为 80W，则本年度贷款上限为 240W（80W×3）。假定企业之前没有贷款，则本次贷款最大额度为本年度贷款上限，即为 240W。若企业之前已经存在 100W 的贷款，则本次贷款最大额度为本年度贷款上限减去已贷金额，即为 140W。

【例 5.3】　若企业第 1 年初贷入了 100W，期限 4 年，则系统会在第 2、3、4、5 年初每年自动扣除长贷利息 10W（100W×10%），并在第 5 年初自动偿还贷款本金 100W。

（2）短贷期限默认为 1 年，到期一次还本付息，贷款年利率由教师/裁判在参数设置中设定，短贷申请时不得超过"申请短贷"对话框中的"最大贷款额度"。

【例 5.4】　假定企业短期贷款年利率为 5%，则企业若在第 1 年 Q1 贷入 200W，那么，企业需在第 2 年 Q1 偿还该笔短贷的本金 200W 和利息 10W（200W×5%）。

某一季度有短期贷款需要归还，且同时还拥有贷款额度时，必须先归还到期的短期贷款，才能申请新的短期贷款。贷款利息一般取整规则采用四舍五入，短贷因为次数较多，运用好这一规则可以在支付相同利息的条件下，获得更多的贷款金额。

【例 5.5】　短期贷款 210W，则利息为：210W×5% = 10.5W，取整后，实际支付利息为 11W。

短期贷款 229W，则利息为：229W×5% = 11.45W，取整后，实际支付利息为 11W。支付同样的 11W 利息，却多贷到 19W 的资金。

（3）最后一年运营结束时，不要求归还没有到期的各类贷款。

二、投资

面对激烈竞争的市场，企业必须提升综合竞争能力。要提升竞争能力，必须进行投资。投资包括固定资产投资和无形资产投资。沙盘企业中，固定资产投资主要是购买厂房、购建生产线，无形资产投资主要是开拓市场、ISO认证开发和产品研发等。

（一）厂房

（1）购买或租用厂房可以在任何季度进行。购买厂房，需要按购买价立即一次性全额支付，租用厂房需要立即支付租金，租金以年为单位交纳。

厂房使用可以任意组合，但总数不能超过系统规定个数（表5-2）。厂房容量代表这个厂房可以容纳的生产线数量，使用上限指一共可以允许多少个这样的厂房。生产线必须在厂房有空余容量的情况下新建。

表 5-2　厂房类型

厂房类型	购买价/W	租金/（W/年）	生产线容量/条	使用上限/个
大厂房	440	44	4	4
中厂房	300	30	3	4
小厂房	180	18	2	4

【例 5.6】　若企业在第1年Q2选择购入1个大厂房，则系统会在购入时一次性扣除相应的购买价款，以后不再产生相关扣款。

若企业在第1年Q2选择租入1个大厂房，则需在第1年Q2租入时支付第1年租金，以后每年的租金由系统自动在Q2季末支付。

（2）厂房处理。厂房出售后，4Q后获得厂房出售款。厂房内有生产线的情况下出售厂房，则在4Q后获得厂房出售款。同时，自动进行租用厂房处理，租金立即支付。厂房退租必须是厂房中没有生产线。租约到期如果没有选择"租转买""退租"，系统自动做续租处理，租金在"当季结束"时和"行政管理费"一并扣除。购买原本租用的厂房，需要按购买价立即一次性全额支付。厂房贴现视同出售厂房并将4Q应收款进行贴现。若厂房中有生产线，则会自动做租用厂房处理，租金立即支付。

（二）生产线

生产线一般包括租赁线、手工线、半自动线、自动线和柔性线等，各种生产线的投资总额、折旧、残值、生产周期、转产周期、生产周期详见规则，表5-3为本书假设。

（1）新建生产线。不同生产线的生产周期不同，但每条生产线同时只能有一个产品在产。产品开始生产时需要支付加工费，加工费多少按规则而定。

表5-3　生产线种类

生产线	投资总额/W	安装周期/Q	生产周期/Q	转产费/W	转产周期/Q	维修费/(W/年)	折旧年限/年	折旧费/W	残值/W
租赁线	0	0	1	0	0	85	0	0	-100
手工线	35	无	3	0	无	5	3	10	5
半自动线	50	1	2	20	1	10	4	10	10
全自动线	150	3	1	20	1	20	4	30	30
柔性线	200	4	1	0	无	20	4	40	40

新建生产线需选择厂房、生产线的类型、生产产品的类型；产品类型一经确定，本生产线所生产的产品便不能更换。如需更换，须在建成后，进行转产处理。投资新生产线时，按安装周期平均支付投资，全部投资到位的下一个季度开始生产。资金短缺时，可以随时中断投资。

【例5.7】　A公司在第1年的Q2开始投资全自动生产线，需要分3个安装周期，按50W/季投资，在第1年Q4投资完毕，在第2年Q1才能上线生产产品。具体的安装进程见表5-4。

表5-4　自动生产线安装进程

运行期间	投资额	进度
第1年Q2	50W	启动1期安装
第1年Q3	50W	完成1期安装，启动2期安装
第1年Q4	50W	完成2期安装，启动3期安装
第2年Q1		完成3期安装，生产线建成，可以生产产品

购买手工线当季即可使用，半自动线、全自动线和柔性线需要安装周期，投资需要分期投入，待最后一期投资到位后，必须到下一季度开始才算安装完成，才允许投入使用。新建生产线一经确认，即刻进入第一期在建，当季便自动扣除现金，并且在生产线位置显示相应的生产线名称及生产线的状态。

（2）生产线的维护费。当年建成的生产线，不论是否开工生产，年末都需要交维护费；正在进行转产的生产线也必须交纳维护费；已出售的生产线、在建的生产线，均不需要交纳维护费。

【例5.8】　根据表5-4，A公司在第1年Q2开始投资建设全自动生产线，则在第1年年末时候，该条生产线还没建成，不需要交纳维护费。而在第2年Q1完成建设，但属于在第2年建成的生产线，因此，在第2年年末需要交纳维护费。

【例5.9】　A公司的半自动生产线原来生产P1产品，在第3年Q1决定转产生产P2产品，在第3年年末需要支付维护费。

（3）生产线转产、生产、出售。只有已经建成且空闲的生产线方可转产、生产、出售。转产生产线是指生产线转而生产其他产品。转产时可能需要一定的转产周期，并支付一定的转产费用，待转产结束后方可生产新产品。转产时，生产线上不能有正在生产的产品。

【例 5.10】　A 公司的半自动生产线原来生产 P1 产品，在第 3 年 Q2 决定转产生产 P2 产品，转产周期为 1Q，并支付转产费用 20W，见表 5-5。

表 5-5　转产进程

运行期间	转产费用	进 度
第 3 年 Q1	20W	停止生产 P1 产品，开始转产
第 3 年 Q2		完成转产，开始生产 P2 产品

进行生产线生产时，每条生产线一次只能生产一个产品。建成的生产线第 2 年开始折旧，购置费减去累计折旧等于净值，当净值等于残值时生产线不再计提折旧，但可以继续使用。

生产线无论何时出售只能按残值出售，把残值转化为现金，净值（生产线的原值减去累计折旧后的余额）与残值之差计入综合费用表中的"损失"。即已提足折旧的生产线不会产生出售损失，未提足折旧的生产线必然产生出售损失。

【例 5.11】　在不同时间点出售第 2 年 Q1 建成的全自动线情况见表 5-6。

表 5-6　全自动线不同时间出售情况

生产线建成时间	出售时间	原值/W	折旧/W	净值/W	残值/W	出售额/W	损失/W
第 2 年 Q1	第 2 年 Q4	150	0	150	30	30	120
	第 3 年 Q1	150	0	150	30	30	120
	第 4 年 Q1	150	30	120	30	30	90

（4）生产线折旧。当年投资的生产线价值计入在建工程，当年不计提折旧。建成的生产线第 2 年开始折旧，"生产线投资总额"减去"累计折旧"等于"净值"，当净值等于残值时生产线不再计提折旧，但可以继续使用。

表 5-7 是每条生产线单独计提折旧情况，计算用的是平均年限法，比赛时系统会规定一定的折旧费和折旧时间。

表 5-7　生产线每年折旧额计算表　　　　　　　　　　　　　　单位：W

生产线类型	购置费	残值	建成第 1 年	建成第 2 年	建成第 3 年	建成第 4 年	建成第 5 年
手工线	35	5	0	10	10	10	0
半自动线	50	10	0	10	10	10	10
全自动线	150	30	0	30	30	30	30
柔性线	200	40	0	40	40	40	40

(三)产品研发

只有完成产品研发后，才能获得产品生产资格，产品研发需要分期投入研发费用，见表5-8。

表5-8 产品研发规则

产品类型	研发费用 /（W/Q）	研发费用 总额/W	研发周期 /Q	加工费 /（W/个）	V 直接成本 /（W/个）	产品组成
P1	10	20	2	5	25	R1+R3
P2	10	30	3	5	35	R2+R4
P3	10	40	4	5	45	R1+R3+R4
P4	11	55	5	10	60	P1+P2+R3
P5	12	72	6	10	70	P2+R1+R4

（1）产品研发必须按研发周期分别投入，可以中断或终止，但不允许超前或一次性投入。已投资的研发费不能回收。

【例5.12】 研发P2产品需要3Q，每季研发费用10W，不能一次性投入30W，以获得P2产品的生产资格，只能分期投入，累计达到30W时，方可获得P2产品的生产资格。

【例5.13】 在第2年Q2，经预测，如果继续研发P3产品，企业将出现资金短缺情况，于是停止开发P3产品（之前已开发两个季度，还剩两个季度就完成开发），即在当年不投入。在第3年Q1，企业资金状况好转，遂决定继续开发P3产品，在第3年Q1、Q2分别投入产品研发费用。至此，已经达到研发周期4Q，即可获得P3产品的生产资格。在Q3，即可安排生产。

【例5.14】 在第2年Q2，在P2产品投入10W的研发费用，在Q2发现之前市场预测分析失误，于是停止对P2产品的研发，即最终放弃对P2产品的研发。

（2）产品研发没有完成，无法进行该产品生产。

（3）各个产品的研发可同时独立存在，需在不同产品上分别投入研发经费，以获得相应的生产资格。

【例5.15】 在资金充裕的情况下，可以同时研发P2和P3产品，需要在研发周期内每季度分别在P2和P3产品投入10W的研发费用。

（4）拿到产品生产资格才能生产相应产品，但不影响参加相应产品的订货会。

【例5.16】 在第1年的Q1开始研发P4产品，在第2年的产品订货会上，依然可以在P4产品上投入广告费，争取相应的订单。因为P4产品的研发需要5Q，在第1年经过4Q的研发后，还需第2年的Q1继续投入研发费用。完成5Q的研发后，就可在第2年Q2开始生产P4产品。假设此时用一条全自动生产线来全力生产P4产品，则可在第2年Q2、Q3、Q4分别下线生产1个P4产品，共计能生产出2个P4产品。

三、营销管理

(一)资格认证

拥有资格认证的企业可在订货会或竞拍会中获取有资格认证要求的订单。资格认证可以中断或终止,但不允许超前或一次性投入。已投资的认证费不能回收。资格认证没有完成,不允许选择有该资格认证要求的订单,具体情况见表5-9。

表5-9 产品资格认证

认证类型	认证费用/(W/年)	认证年限/年	认证费用总额/W
ISO 9000	10	2	20
ISO 14000	10	3	30

【例5.17】 本地市场P1的产品销售订单情况见表5-10、表5-11。

表5-10 P1单(1)

第3年 本地市场 P1
产品数量:2P1
产品单价:41W/个
总金额:82W
账期:2Q
—

表5-11 P2单(2)

第3年 本地市场 P1
产品数量:2P1
产品单价:44W/个
总金额:88W
账期:1Q
ISO 9000

由于A公司没有在本地市场上投入ISO的宣传费,于是不能获得无论在价格还是账期上都很有利的表5-11的订单,只能选择获得表5-10的订单,或者选择放弃。

(二)市场开拓

为了便于操作,本书设定市场类型、开拓费用、开拓年限及开拓费总额,见表5-12。

表5-12 市场类型

市场类型	开拓费用/(W/年)	开拓年限/年	开拓费用总额/W
本地	10	1	10
区域	10	1	10
国内	10	2	20
亚洲	10	3	30
国际	10	4	40

注:1. 市场开拓,只有在每年Q4才可以操作,完成开拓后的市场永久有效;

2. 市场开拓可以中断或终止,但不允许超前或一次性投入。已投资的开拓费不能回收。市场开拓没有完成,不允许在该市场投放广告。

3. 各个市场的开发可同时进行。可以在开发区域市场的同时开发国内市场及亚洲市场,甚至国际市场。

4. 拿到市场准入证才能参加相应市场的订货会。

【例 5.18】　开发国内市场的投资周期是 2 年，投资费用 20W，不能在一年内一次性投入 20W，以获得国内市场准入资格，只能在一年内投入 10W，累积达到 20W 时，方可获得国内市场的准入资格。

【例 5.19】　企业出现资金短缺情况，于是停止开发亚洲市场(之前已开发 1 年)，即在当年不投入。在第 3 年，企业资金状况好转，遂决定继续开发亚洲市场，继续投入亚洲市场开发费 10W。至此，开发周期累计达到 3 年，投资费用累计达到 30W，获得亚洲市场准入资格。在第 4 年，即可在亚洲市场上投入广告费，争抢产品订单。

【例 5.20】　第 1 年在国内市场上投入 10W 进行开发，后发现之前市场预测分析失误，于是停止对国内市场的开发，即最终放弃国内市场。

【例 5.21】　A 企业第 1 年同时开发了区域和国内市场，在第 2 年的产品订货会上，只能在区域市场上参加订单会，不能在国内市场上参加订单会。因为区域市场的投资周期为 1 年，经过 1 年的开发已经取得市场准入资格，而国内市场的投资周期为 2 年，还不具备市场准入资格。

四、原材料采购

原材料采购需经过"更新原料库""订购原料"两个步骤。订购原料要注意订货提前期。各种材料的订货提前期见表 5-13。

表 5-13　原材料类型及提前期

原材料类型	购买价格/(W/个)	提前期/Q
R1	10	1
R2	10	1
R3	10	2
R4	10	2

原材料根据提前期的规定，需要提前订购原材料。所有预订的原材料到期必须全额支付。紧急采购时，原材料价格是正常购买价格的 2 倍，紧急采购价格与原材料价格之差计入综合费用表中的"损失"。原料折价率为 80%，即出售原材料按正常购买价格的 80% 计算。

【例 5.22】　出售 1 个 R2 原材料获得 10W×80%＝8W。

五、订货规则

(一)广告规则

(1)广告投放后方可参加订货会。当年在某个细分市场上至少投放 10W 广告费，理论上将获得该细分市场一次选单机会，此后每增加 20W 广告费，理论上增加一次选单机会，实际选单总次数则根据该细分市场订单总数及竞争情况决定。如果投放小于 10W 广告费则无选单机会，但仍扣除广告费，对计算市场广告额有效。广告投放额须为正整数。

（2）广告费分市场、分产品投放，订单按市场、按产品发放。

企业拥有 P1、P2 产品的生产资格，在年初国内市场的订货会上只在 P1 产品上投入了广告费用，那么在选单时，不能在国内市场上获得 P2 产品的订单。

订单发放时，先发放本地市场的订单，按 P1、P2、P3、P4 产品次序发放；再发放区域市场的订单，再按 P1、P2、P3、P4 产品次序发放。

（二）选单规则

在无市场老大的情况下，当所有队伍投放广告后，进入订货会进行选单时，顺序为：以当年本市场本产品广告额投放大小顺序依次选单；如果两队本市场本产品广告额相同，则根据本市场广告总额投放大小顺序依次选单；如果本市场广告总额也相同，则根据上年本市场销售排名高低顺序依次选单；如仍无法决定，则根据投放广告时间先后顺序依次选单。

（三）注意事项

（1）第一年无订货会。

（2）每队选单需在系统规定时间（以倒计时秒的形式显示）内完成，否则视为放弃。

（3）必须为选单留足时间，如在倒计时小于等于 5 秒再提交，可能视为放弃。

（4）在某细分市场（如 P1 产品在本地市场）有多次选单机会，只要放弃一次，则视同放弃该细分市场剩余所有选单机会。

六、竞拍规则

在第 3 年和最后一年订货会后，召开竞拍会。系统每回合一次性发放 3 张订单同时进行竞拍。订单标明了订单编号、市场类型、产品类型、产品数量、ISO 认证要求等信息，而订单总价、交货期、应收账期三项为空。竞拍会相关要求说明如下。

（一）投标资质

（1）参与投标的企业需要有相应市场、ISO 认证的资质，但无需有生产资格。

（2）中标的企业需为该订单支付 10W 标书费（计入广告费）。

（3）如果（已竞得单数+本次同时竞拍数）×10 > 现金余额，则不能再参与竞拍，即必须有一定现金余额作为保证金。

【例 5.23】 目前库存现金为 54W，已经竞得 3 张订单。如果这时还想同时竞得 3 张订单，那么库存现金是否够，还需要多少现金？

（3+3）×10=60，也就是说目前库存现金不够，要还想同时竞 3 张订单，还需要 6W。

（4）为防止恶意竞拍，应对竞得订单张数进行限制。如果［某队已竞得订单张数>ROUND（3×该年竞拍总张数／经营中的队伍数）］，则不能继续竞拍（ROUND 表示四舍五入）。

（5）破产队伍不得参加竞拍。

（6）如果某一张订单所有的队伍都参加竞拍，则不用等时间结束，直接给出结果。

（二）投标

参与投标的企业须根据所投标的订单，在系统规定时间（以倒计时秒的形式显示）填写订单总价、交货期、应收账期三项内容，确认后由系统按照下式计算：

得分=100+（5-交货期）×2+应收账期-8×订单总价/（该产品直接成本×数量）

得分最高者中标。如果计算分数相同，则提交投标时间先者中标。

注意：总价不能低于成本价，也不能高于成本价的3倍；必须为竞拍留足时间，如在倒计时小于等于5秒再提交，可能无效；竞拍会竞得订单与订货会选中订单，完成交单后同样计入当年市场销售额。

七、交货规则

在订货会选单和竞拍会中获得订单后，需要在规定时间内完成订单交货，订单交货见表5-14。

表5-14 订单交货

编号	得单年份	市场	产品	数量	总价	ISO	交货期	账期
D6601	5	本地	P5	3	480W	–	4Q	2Q
D6602	5	本地	P5	3	450W	9000、14000	4Q	3Q

（一）订单交货可提前不可推后，否则记作订单违约

【例5.24】 如交货期为4Q，可在Q1或Q2或Q3提交订单，不可推迟，否则视为订单违约。

（二）提交订单后可获得对应账期的应收款

【例5.25】 如账期为2Q，Q4提交订单，收款时间则在次年Q2，系统自动完成应收款回收。

（三）提前收回应收款

若需提前收回应收款可进行应收款贴现，并支付贴息（取整规则采用向上取整），贴息记作财务费用，贴现规则见表5-15。

表5-15 贴现规则

贴现用途	贴现时间	贴现金额		贴现率
获取现金	任何时间	不高于当季的应收款总额	10%（Q1，Q2）	12.5%（Q3，Q4）

【例5.26】 如贴现2Q账期的102W应收款，贴息=102W×10%向上取整得11W，收

到资金为 $102W-11W=91W$。

注意：比赛时贴现率可能会有变化。

八、违约规则

所有订单必须在规定的期限内完成(按订单上的产品数量交货)，违约订单不计入当年销售额，并按违约订单总价的20%计算违约金，取整规则采用四舍五入，并在当年 Q4 结束后扣除，违约金记入"损失"。

【例 5.27】 某企业违约了以下两张订单见表5-16。

表5-16 违约单

订单编号	市场	产品	数量	总价	状态	得单年份	交货期	账期	ISO	交货期
180016	本地	P2	2个	146W	违约	第2年	Q3	0	—	—
180011	本地	P1	1个	60W	已交单	第2年	Q2	1	—	第2年Q1
180006	本地	P1	3个	162W	违约	第2年	Q3	2	—	—

则缴纳的违约金分别为：$146W\times20\%=29.2W\approx29W$；

$$162W\times20\%=32.4W\approx32W;$$

$$合计为 29+32=61W。$$

九、其他规则

(一)重要参数

表5-17 参数表

违约金比例	20%	贷款额倍数	3倍
产品折价率	100%	原料折价率	80%
长贷利率	10%	短贷利率	5%
1，2期贴现率	10%	3，4期贴现率	12.50%
初始现金	600W	管理费	10W
信息费	1W	所得税率	25%
最大长贷年限	4年	最小得单广告额	10W
原料紧急采购倍数	2倍	产品紧急采购倍数	3倍
选单时间	45秒	首位选单补时	15秒
市场同开数量	2	市场老大	无
竞单时间	45秒	竞单同竞数	3
最大厂房数量	4个		

注：每年每季度运营结束时，需要扣除10W管理费；所得税在年末结束时扣除；每年报表只要有错误，无论错误个数多少一律扣250分；每年运营中，信息费1W/(次·队)，即交1W可以查看一支队伍的运营信息，交费队伍以Excel表格形式获得某一队伍详细信息，竞拍会时无法使用情报功能；同一赛区所有队伍年末运营结束时，各队可以免费查看同一赛区队伍的运营情报。

（二）取整规则

要合理运用取整规则（表5-18），在规则允许的条件下合理避税，减少费用支出。

表 5-18　取整规则

规则	四舍五入	向上取整	向下取整
内容	1. 订单违约金 2. 所得税 3. 长、短贷利息	贴现费用	库存拍卖所得现金

（三）破产处理

当权益为负（指当年结束系统生成资产负债表时的权益为负）或现金断流时（现金为负），企业破产。破产的队伍将不再继续竞赛，需退出比赛场馆。

（四）系统分数

经营结束后，系统将直接给出各队的系统分数和排名。

系统分数＝所有者权益×（1＋∑企业综合发展潜力/100）

企业综合发展潜力见表5-19。

表 5-19　企业综合发展潜力

项目	企业综合发展潜力	项目	企业综合发展潜力
小厂房	3/个	国际市场开发	1
中厂房	5/个	P1 产品开发	2
大厂房	7/个	P2 产品开发	4
半自动线	2/条	P3 产品开发	6
全自动线	4/条	P4 产品开发	8
柔性线	6/条	P5 产品开发	10
国内市场开发	6	ISO 9000	5
亚洲市场开发	8	ISO 14000	8

如有队伍分数相同，则参照各队经营结束后的最终权益排序，权益高者排名在前；若权益仍相等，则按照经营结束时间排序，先结束经营的队伍排名在前；生产线建成即加分（结束年交纳维修费的生产线才算建成），无须生产出产品，也无须有在制品。

第三节　企业经营模拟分析工具

沙盘企业模拟经营，是一个博弈的过程，这其中必须对市场、对手进行分析，这一分析必须是量化的，所以在比赛过程中必须对经营的数据借助一定的方法进行分析。

一、商战推演工具一

企业经营模拟分析工具主要是借助 Excel 软件对经营数据进行分析。所用的案例来自“浙江省大学生企业经营沙盘模拟竞赛”，比赛年份设定为 5 年，一般将 Excel 工作簿建成 7 个工作表，分别为“规则设置”“采购表”“第 1 年运营分析”“第 2 年运营分析”“第 3 年运营分析”“第 4 年运营分析”和“第 5 年运营分析”。

(一)规则设置表制作

根据比赛规则将 Sheet1 制作成表名为“规则设置”的表，如图 5-57 所示。表格内容根据每次练习或比赛的规则设定，深色部分根据比赛规则直接手工输入数据，白色部分通过对单元格进行公式定义，系统自动生成数据。

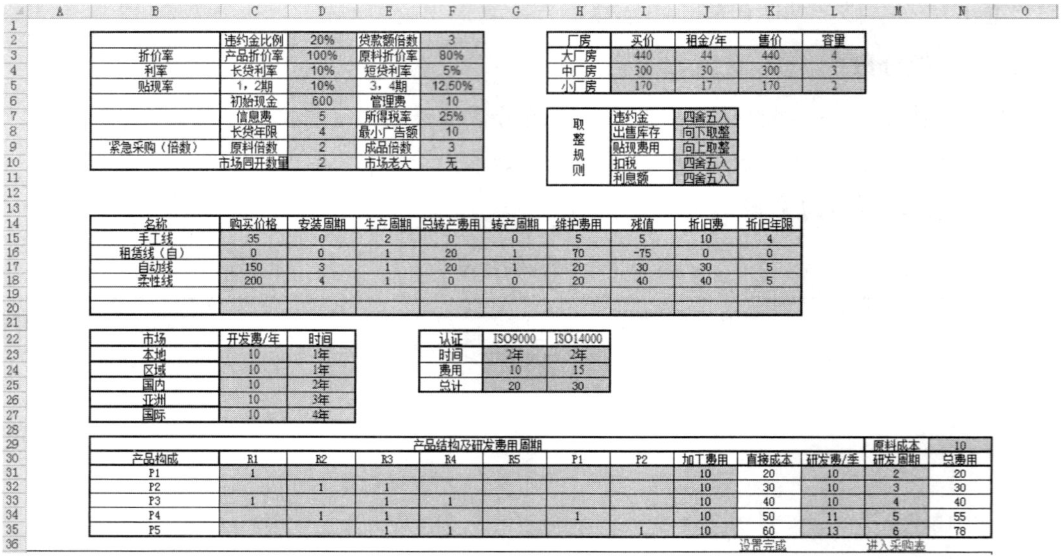

	违约金比例	20%	贷款额倍数	3
折价率	产品折价率	100%	原料折价率	80%
利率	长贷利率	10%	短贷利率	5%
贴现率	1，2期	10%	3，4期	12.50%
	初始现金	600	管理费	10
	信息费	5	所得税率	25%
	长贷年限	4	最小广告额	10
紧急采购（倍数）	原料倍数	2	成品倍数	3
	市场同开数量	2	市场老大	无

厂房	买价	租金/年	售价	容量
大厂房	440	44	440	4
中厂房	300	30	300	3
小厂房	170	17	170	2

取整规则		
	违约金	四舍五入
	出售库存	向下取整
	贴现费用	向上取整
	扣税	四舍五入
	利息额	四舍五入

名称	购买价格	安装周期	生产周期	总转产费用	转产周期	维护费用	残值	折旧费	折旧年限
手工线	35	0	2	0	0	5	5	10	4
租赁线（自）	0	0	1	20	1	70	-75	0	0
自动线	150	3	1	20	1	20	30	30	5
柔性线	200	4	1	0	0	20	40	40	5

市场	开发费/年	时间
本地	10	1年
区域	10	1年
国内	10	2年
亚洲	10	3年
国际	10	4年

认证	ISO9000	ISO14000
时间	2年	2年
费用	10	15
总计	20	30

产品结构及研发费用周期											原料成本	10
产品构成	R1	R2	R3	R4	R5	P1	P2	加工费用	直接成本	研发费/季	研发周期	总费用
P1	1							10	20	10	2	20
P2		1	1					10	30	10	3	30
P3	1		1	1				10	40	10	4	40
P4		1	1			1		10	50	11	5	55
P5			1	1			1	10	60	13	6	78

设置完成　进入采购表

图 5-57　规则设置表

【例 5.28】　假设 P 系列产品原材料构成见表 5-20，原材料成本为每个 10W。

表 5-20　产品结构、加工费用、研发费、研发周期表

产品构成	R1	R2	R3	R4	R5	P1	P2	加工费用	直接成本	研发费/季	研发周期
P1	1							10W	20W	10W	2Q
P2		1	1					10W	30W	10W	3Q
P3	1		1	1				10W	40W	10W	4Q
P4		1	1			1		10W	50W	11W	5Q
P5			1	1			1	10W	60W	13W	6Q

那么产品的直接成本、总成本计算结果见表 5-21。

表 5-21　产品成本、总费用公式

产品	直接成本公式	总费用公式
P1	K31＝SUM（C31：H31）＊10+J31＝20	N31＝L31＊M31＝20
P2	K32＝SUM（C32：H32）＊10+J32＝30	N32＝L32＊M32＝30
P3	K33＝SUM（C33：H33）＊10+J33＝40	N33＝L33＊M33＝40
P4	K34＝（C34+D34+E34+F34+G34）＊10+H34＊K31+I34＊K32+J34＝50	N34＝L34＊M34＝55
P5	K35＝（C35+D35+E35+F35+G35）＊10+H35＊K31+I35＊K32+J35＝60	N35＝L35＊M35＝78

（二）采购表制作

Sheet1 制作成“规则设置”表后，需要将 Sheet2 制作成名为“采购表”的工作表，如图 5-58 所示。此表的制作有助于预测各年各季原材料的采购。

	A	B	C	D	E	F	G	H	I	J	K	L
1		原料成本	10									
2		产品结构及研发费用周期（注：此处自动生成，请在规则设置页面变更）										
3		产品构成	R1	R2	R3	R4	R5	P1	P2	加工费用	直接成本	
4		P1	1	0	0	0	0	0	0	10	20	
5		P2	0	1	1	0	0	0	0	10	30	
6		P3	1	0	1	1	0	0	0	10	40	
7		P4	0	1	1	0	0	1	0	10	50	
8		P5	0	0	1	1	0	0	1	10	60	

图 5-58　产品结构及研发费用周期

（1）“产品结构及研发费用周期”表制作。“产品结构及研发费用周期”表在制作过程中，通过单元格公式定义和“规则设置”表之间建立关联。只要“规则设置”表内输入了相应的数据，此表相应单元格数据系统会自动生成。C4：J8 区域数据通过公式定义不用手工输入，如果“规则设置”页面内容变更，此处数据自动生成，见表 5-22。

表 5-22　C4：J8 区域公式

C4＝规则设置！C31	D4＝规则设置！D31	E4＝规则设置！E31	F4＝规则设置！F31
C5＝规则设置！C32	D5＝规则设置！D32	E5＝规则设置！E32	F5＝规则设置！F32
C6＝规则设置！C33	D6＝规则设置！D33	E6＝规则设置！E33	F6＝规则设置！F33
C7＝规则设置！C34	D7＝规则设置！D34	E7＝规则设置！E34	F7＝规则设置！F34
C8＝规则设置！C35	D8＝规则设置！D35	E8＝规则设置！E35	F8＝规则设置！F35
G4＝规则设置！G31	H4＝规则设置！H31	I4＝规则设置！H31	J4＝规则设置！J31
G5＝规则设置！G32	H5＝规则设置！H32	I5＝规则设置！H32	J5＝规则设置！J32
G6＝规则设置！G33	H6＝规则设置！H33	I6＝规则设置！H33	J6＝规则设置！J33
G7＝规则设置！G34	H7＝规则设置！H34	I7＝规则设置！H34	J7＝规则设置！J34
G8＝规则设置！G35	H8＝规则设置！H35	I8＝规则设置！H35	J8＝规则设置！J35

K4 单元格至 K8 单元格的数据，即 P1 至 P5 产品的直接成本。通过定义以下公式后自动生成：

$$K4=(C4：G4)*C1+J4=20$$

$$K5=(C5：G5)*C1+J5+H5*K4=30$$

$$K6=(C6：G6)*C1+J6+H6*K4+I6*K5=40$$

$$K7=(C7：G7)*C1+J7+H7*K4+I7*K5=50$$

$$K8=(C8：G8)*C1+H8*K4+I8*K5+J8=60$$

（2）采购表制作。"采购表"D11：H30为深色部分，此部分数据根据每年的"生产计划表"手工输入数据，根据每季输入的产品数，白色部分I11：O30系统会自动生成对应的原材料数量（图5-59）。

			D	E	F	G	H	I	J	K	L	M	N	O
							采购表							
			P1	P2	P3	P4	P5	R1	R2	R3	R4	R5	P1	P2
第一年	第一季									0	0	0	0	0
	第二季							0	0	0	0	0	0	0
	第三季							0	0	0	0	0	0	0
	第四季							8	0	4	0	0	0	0
第二年	第一季		8					0	4	4	0	0	4	0
	第二季				4			4	4	4	0	0	4	0
	第三季		4		4			0	4	16	0	0	0	0
	第四季		4					0	16	8	0	0	8	0
第三年	第一季			8	8			0	8	12	0	0	0	0
	第二季			8				0	12	8	0	0	0	0
	第三季			12				0	8	11	7	0	0	0
	第四季			8				7	4	10	6	0	0	0
第四年	第一季			4	7			6	4	11	7	0	0	0
	第二季			4	6			7	4	14	10	0	0	0
	第三季			4	7			10	4	12	6	0	0	0
	第四季			4	10			6	6	10	6	0	0	0
第五年	第一季			6	6			6	4	4	0	0	0	0
	第二季			4	6			0	4	0	0	0	0	0
	第三季			4	6			0	4	0	0	0	0	0
	第四季							0	0	0	0	0	0	0

图5-59　采购表

①R1原料第1年至第6年每年每季采购数，对应单元格公式为：In＝SUM（C4*D(n+1)：C8*H(n+1)）。I表示I列，n表示行号。因为R1原料需要提前1Q进行采购，所以n对应的单元格需要n+1。也可以将以上公式定义为：In＝Sum（C$4*D(n+1)：C$8*H(n+1)），这样可以利用Excel自动填充功能实现公式定义。其他各原料采购数定义也相同，不再赘述。

【例5.29】　假如n＝12，I12是指第1年Q2需要订购的R1原材料数量，此R1原料用于第1年Q3所有需要R1原料的产品的生产。

$$I12=C4*D13+C5*E13+C6*F13+C7*G13+C8*H13$$

如I30是指第5年Q4需要订购的R1原材料数量，此R1原料用于第5年Q1所有需要R1原料的产品的生产。

$$I30=C4*D31+C5*E31+C6*F31+C7*G31+C8*H31$$

②R2原料第1年至第6年每年每季采购数，对应单元格公式为：Jn＝SUM（D4*D(n+1)：D8*H(n+1)）。

J表示J列，n表示行号。因为R2原料需要提前1Q进行采购，所以n对应的单元格需要n+1。

【例 5.30】　如 J12 是指第 1 年 Q2 需要订购的 R2 原材料数量，此 R2 原料用于第 1 年 Q3 所有需要 R2 原料的产品的生产。

J12＝D4＊D13+D5＊E13+D6＊F13+D7＊G13+D8＊H13

如 J30 是指第 5 年 Q4 需要订购的 R2 原材料数量，此 R2 原料用于第 5 年 Q1 所有需要 R2 原料的产品的生产。

J30＝D4＊D31+D5＊E31+D6＊F31+D7＊G31+D8＊H31

③R3 原料第 1 年至第 6 年每年每季采购数，对应单元格公式为：Kn＝SUM（E4＊D（n+2）：E8＊H（n+2））。K 表示列，n 表示行号。因为 R3 原料需要提前 2Q 进行采购，所以 n 对应的单元格需要 n+2。

【例 5.31】　如 K11 是指第 1 年 Q1 需要订购的 R3 原材料数量，此 R3 原料用于第 1 年 Q3 所有需要 R3 原料的产品的生产。

K11＝E4＊D13+E5＊E13+E6＊F13+E7＊G13+E8＊H13

如 K30 是指第 5 年 Q4 需要订购的 R3 原材料数量，此 R3 原料用于第 6 年 Q2 所有需要 R3 原料的产品的生产。

K30＝E4＊D32+E5＊E32+E6＊F32+E7＊G32+E8＊H32

④R4 原料第 1 年至第 6 年每年每季采购数，对应单元格公式为：Ln＝SUM（F4＊D（n+2）：F8＊H（n+2））。L 表示 L 列，n 表示行号。因为 R4 原料需要提前 2Q 进行采购，所以 n 对应的单元格需要 n+2。

【例 5.32】　假如 n＝11，L11 是指第 1 年 Q1 需要订购的 R4 原材料数量，此 R4 原料用于第 1 年 Q3 所有需要 R4 原料的产品的生产。

L11＝F4＊D13+F5＊E13+F6＊F13+F7＊G13+F8＊H13

如 L30 是指第 5 年 Q4 需要订购的 R4 原材料数量，此 R4 原料用于第 6 年 Q2 所有需要 R4 原料的产品的生产。

L30＝F4＊D32+F5＊E32+F6＊F32+F7＊G32+F8＊H32

⑤R5 原料第 1 年至第 6 年每年每季采购数，对应单元格公式为：Mn＝SUM（G4＊D（n+2）：G8＊H（n+2））。M 表示 M 列，n 表示行号。因为 R5 原料需要提前 2Q 进行采购，所以 n 对应的单元格需要 n+2。

【例 5.33】　如 M11 是指第 1 年 Q1 需要订购的 R5 原材料数量，此 R5 原料用于第 1 年 Q3 所有需要 R5 原料的产品的生产。

M11＝G4＊D13+G5＊E13+G6＊F13+G7＊G13+G8＊H13

如 M30 是指第 5 年 Q4 需要订购的 R5 原材料数量，此 R5 原料用于第 6 年 Q2 所有需要 R5 原料的产品的生产。

M30＝G4＊D32+G5＊E32+G6＊F32+G7＊G32+G8＊H32

⑥P1 产品第 1 年至第 6 年每年每季作为原料数，对应单元格公式为：Nn＝SUM（H6＊F（n+1）：H8＊H（n+1））。N 表示 N 列，n 表示行号。因为根据事先制定的规则，建议以

P1 产品为原料的复合产品提前 1Q 进行准备，所以 n 对应的单元格需要 n+1。

【例 5.34】 N11 是指第 1 年 Q1 需要准备 P1 产品的数量，此 P1 产品用于第 1 年 Q2 所有需要 P1 产品的生产。

N11＝H6＊F12+H7＊G12+H8＊H12

⑦P2 产品第 1 年至第 6 年每年每季作为原料数，对应单元格公式：On＝SUM（I6＊F（n+1）：I8＊H（n+1））。O 表示 O 列，n 表示行号。建议以 P2 产品为原料的复合产品提前 1Q 进行准备，所以 n 对应的单元格需要 n+1。

【例 5.35】 O11 是指第 1 年 Q1 需要准备的 P2 产品的数量，此 P2 产品用于第 1 年 Q2 所有需要 P2 产品的生产。

O11＝I6＊F12+I7＊G12+I8＊H12

【例 5.36】 假设每年每季产品生产数见表 5-23，系统就会根据上面定义的公式自动生成每季所需购买的原材料数。

表 5-23　产品生产表　　　　　　　　　　　　　　　　　　单位：个

		P1	P2	P3	P4	P5
第 2 年	Q1	8				
	Q2				4	
	Q3	4			4	
	Q4		4			
第 3 年	Q1		8		4	
	Q2		8			
	Q3		12			
	Q4		8			
第 4 年	Q2		4	6		4
	Q3		4	7		4
	Q4		4	10		
第 5 年	Q1		6	6		4
	Q2		4	6		5
	Q3		4	6		5

第 2 年 Q1 需要生产 8 个 P1 产品，也就是在图 5-59 的 D15 单元格输入 8，对应的 I14 单元格＝8（第 1 年 Q4 需要购买 8 个 R1 原材料）。

结合图 5-58 和图 5-59 的数据：C4＝1，C5＝0，C6＝1，C7＝0，C8＝0，D15＝8，E15＝F15＝G15＝H15＝0。

I14＝C4＊D15+C5＊E15+C6＊F15+C7＊G15+C8＊H15＝1＊8+0＊0+0＊0+0＊0＝8

同样，如果第 2 年 Q2 需要生产 4 个 P4，因为生产 1 个 P4 产品，需要原材料是 1 个 R2、1 个 R3、1 个 P1，所以图 5-59 中上马上会显示：K14 单元格＝4（第 1 年 Q4 需要购买 4 个 R3），J15 单元格＝4（第 2 年 Q1 需要购买 4 个 R2），N15 单元格＝4（准备 4 个 P1

产品）。对应数值的计算方法如下。

结合图 5-58、图 5-59 数据：E4 = 0，E5 = E6 = E7 = E8 = 1，D16 = E16 = F16 = H16 = 0，G16 = 4

K14 = E4 * D16+E5 * E16+E6 * F16+E7 * G16+E8 * H16 = 0+0+0+4+0 = 4

结合图 5-58 数据：D4 = 0，D5 = 1，D6 = 0，D7 = 1，D8 = 0

J15 = D4 * D16+D5 * E16+D6 * F16+D7 * G16+D8 * H16 = 0+0+0+40 = 4

结合图 5-58 数据：H6 = 0，H7 = 1，H8 = 0

N15 = H6 * F16+H7 * G16+H8 * H16 = 0+4+0 = 4

对应表 5-23，以后各季需要采购的原材料如图 5-59 所示，其计算方式同上。

（三）各年经营运行分析

规则设置和采购表设置好后，就可以进行每年运营分析表的制作。在运营中，最主要是控制好资金流，为此需要制作"预算表""当年广告投放情况""本年销售情况""持订单交货（应收账款）"。其中，后三个表要和"预算表"建立关联。如果运营预测正确，那么随后的"资产负债表""利润表""综合费用表"，就会自动生成。所以需要将 Sheet3 命名为"第 1 年运营分析"，以此类推，下面将以"第 5 年运营分析"（图 5-60）为例，介绍如何进行各表的制作。

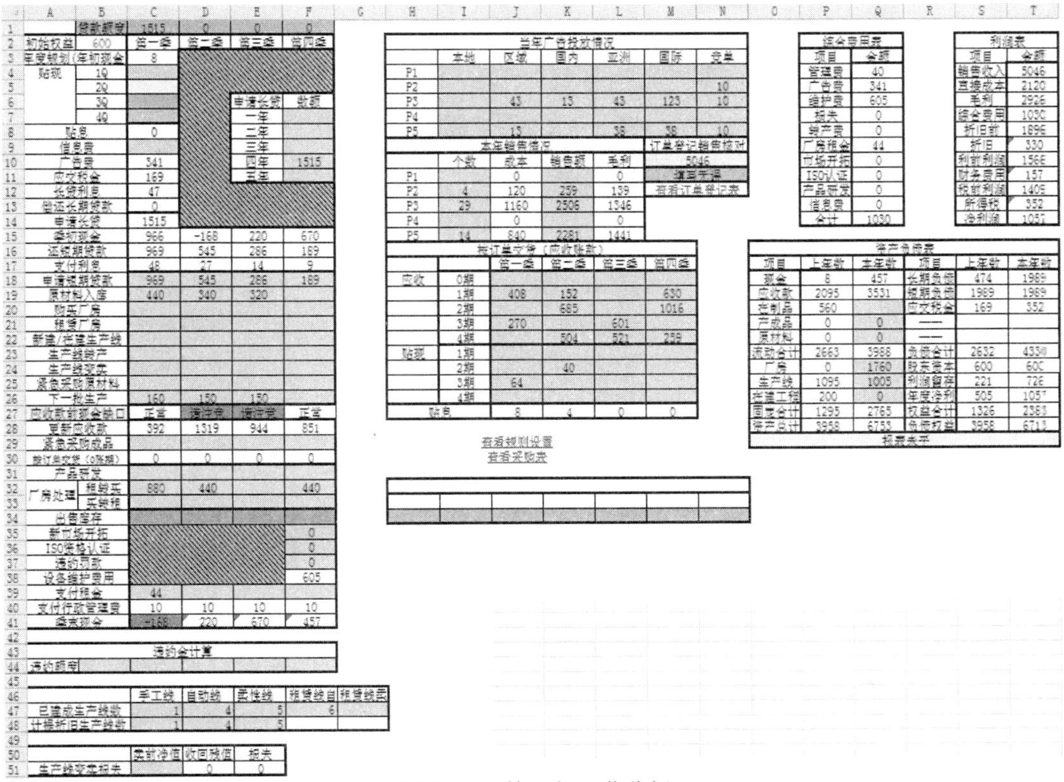

图 5-60 第 5 年运营分析

1）年初运营分析

在工作表的最左边，制作"预算表"。整个"预算表"中标为黑色部分（C4：F7，C9，C18：F18，F7：F11）的单元格需要根据经营策略手工输入数据，白色单元格部分通过单元格公式定义后系统会自动生成数据。

图 5-61 是第 5 年年初运营内容，现在以 A1：F18 为区域，根据系统运营顺序，对每一个项目公式定义进行讲解。

	A	B	C	D	E	F
1		贷款额度	1515	0	0	0
2	初始权益	600	第一季	第二季	第三季	第四季
3	年度规划(年初现金)		8			
4	贴现	1Q				
5		2Q				
6		3Q		申请长贷	数额	
7		4Q		一年		
8	贴息		0	二年		
9	信息费			三年		
10	广告费		341	四年	1515	
11	应交税金		169	五年		
12	长贷利息		47			
13	偿还长期贷款		0			
14	申请长贷		1515			
15	季初现金		966	-168	220	670
16	还短期贷款		969	545	286	189
17	支付利息		48	27	14	9
18	申请短期贷款		969	545	286	189

图 5-61　第 5 年年初运营内容

（1）第 5 年每季度的贷款额度见表 5-24。

表 5-24　第 5 年每季贷款额度计算公式

年份	Q1 贷款额度公式	Q2 贷款额度公式	Q3 贷款额度公式	Q4 贷款额度公式
1	C1＝规则设置！F2＊S27＝贷款额倍数＊上年权益合计数	D1＝C1＋C13－C14＋C16－C18＝Q1 的贷款额度＋Q1 偿还长期贷款－Q1 申请长贷数＋本季度还短期贷款－Q1 申请短期贷款	E1＝D1＋D16－D18＝Q2 的贷款额度＋Q2 还短期贷款－Q2 申请短期贷款	F1＝E1＋E16－E18＝Q3 的贷款额度＋Q3 还短期贷款－Q3 申请短期贷款
2~5	C1＝规则设置！F2＊S27－S18－S19＝贷款额倍数＊上年权益合计数－上年长期贷款－上年短期贷款			

（2）初始权益。根据规则自动生成，每年是不变的。B2＝规则设置！D6。

（3）年度规划（年初现金）

第 1 年，年初现金＝C3＝B2＝初始权益

第 2 年，年初现金＝C3＝第 1 年运营分析！F41＝第 1 年 Q4 现金余额

第 3 年，年初现金＝C3＝第 2 年运营分析！F41＝第 2 年 Q4 现金余额

第 4 年，年初现金＝C3＝第 3 年运营分析！F41＝第 3 年 Q4 现金余额

第 5 年，年初现金＝C3＝第 4 年运营分析！F41＝第 4 年 Q4 现金余额

（4）每季度的贴现，C4：C7，根据具体贴现情况加总后，手工输入。因为这部分数据没有规律可循。

（5）贴息。每年的贴息计算公式都是一样的。取整规则如如图5-62所示。

C8＝IF（规则设置！J9＝引用数据！E2，INT（（C4+C5）＊规则设置！D5+（C6+C7）＊规则设置！F5），IF（规则设置！J9＝引用数据！E3，ROUND（（C4+C5）＊规则设置！D5+（C6+C7）＊规则设置！F5，0），IF（规则设置！J9＝引用数据！E4，ROUNDUP（（C4+C5）＊规则设置！D5+（C6+C7）＊规则设置！F5，0））

	E
1	取整规则
2	向下取整
3	四舍五入
4	向上取整
5	

图5-62　引用数据定义

此公式将长贷利息的3种取整规则（向下取整、四舍五入、向上取整）都进行了定义，使用者根据规则设置表中取整的不同种情况，系统会自动生成数据。同时在另一个名称为"引用数据"的工作表内，将"向下取整"设置为E2，"四舍五入"设置为E3，"向上取整"设置为E4。后续章节中有关涉及取整规则项目的定义处理方法相同。

（6）信息费。C9是用于看其他组的信息支付的间谍费。根据实际情况直接输入。

（7）广告费。也就是"当年广告投放情况"表各数之和。每年有关广告费的定义都相同。从图5-63可知，第5年广告费等于C10＝SUM（I4：N8）＝10+43+13+43+123+10+13+38+38+10＝341W。

G	H	I	J	K	L	M	N
1							
2				当年广告投放情况			
3		本地	区域	国内	亚洲	国际	竞单
4	P1						
5	P2						10
6	P3		43	13	43	123	10
7	P4						
8	P5		13		38	38	10

图5-63　第5年广告投放情况

（8）应交税金。因为第1年没有订单，所以第1年C11单元格不用填数据。从第2年开始就有交税金的可能性，所以需要定义，而且每年定义的公式相同。C11＝S20，取自"资产负债表"的应交税金数。第5年C11＝169W。

（9）长贷利息。每年长贷利息定义公式都相同。

第5年长贷利息，C12＝IF（规则设置！J11＝引用数据！E2，INT（S18＊规则设置！

D4)),IF(规则设置!J11=引用数据!E3,ROUND(S18*规则设置!D4,0)),IF(规则设置!J11=引用数据!E4,ROUNDUP(S18*规则设置!D4,0))=47W。

(10)偿还长期贷款。一般第1年不需要偿还长期贷款;第2年偿还长期贷款,C13=第1年!F7=第1年申请1年期的长期贷款;第3年偿还长期贷款,C13=第1年!F8+第2年!F7=第1年申请2年期的长期贷款+第2年申请1年期的长期贷款;第4年偿还长期贷款,C13=第1年!F9+第2年!F8+第3年!F7=第1年申请3年期的长期贷款+第2年申请2年期的长期贷款+第3年申请1年期的长期贷款;第5年偿还长期贷款,C13=第1年!F10+第2年!F9+第3年!F8+第4年!F7=第1年申请4年期的长期贷款+第2年申请3年期的长期贷款+第3年申请2年期的长期贷款+第4年申请1年期的长期贷款。最后一年借的长期贷款不需要归还。

(11)申请长贷。申请长贷各年C14单元格的公式都相同。本例第5年申请长贷,C14=SUM(F7:F11)=本年中申请的所有长贷之和=1515W。

(12)季初现金。第1年Q1初现金数,C15=C3+C14,第2年Q1初现金数,C15=SUM(SUM(C3:C7,C14)-SUM(C8:C13)),第3年、第4年、第5年Q1初现金公式与第2年Q1公式相同;如第5年Q1为C15=SUM(SUM(C3:C7,C14)-SUM(C8:C13))=966W,每年Q2季初现金数,D15=C41;每年Q3季初现金数,E15=D41;每年Q4季初现金数,F15=E41。

(13)还短期贷款。第1年一般不需要还短期贷款,所以不填此项内容。

第n年,Q1还短期贷款数,C16=第n-1年运营分析!C18

Q2还短期贷款数,D16=第n-1年运营分析!D18

Q3还短期贷款数,E16=第n-1年运营分析!E18

Q4还短期贷款数,F16=第n-1年运营分析!F18

在这里,第5年,Q1还短期贷款数,C16=第4年运营分析!C18=969W

Q2还短期贷款数,D16=第4年运营分析!D18=545W

Q3还短期贷款数,E16=第4年运营分析!E18=286W

Q4还短期贷款数,F16=第4年运营分析!F18=189W

(14)支付利息。每年每季度应支付利息,C17=IF(规则设置!J11=引用数据!E2,INT(C16*规则设置!F4)),IF(规则设置!J11=引用数据!E3,ROUND(C16*规则设置!F4,0)),IF(规则设置!J11=引用数据!E4,ROUNDUP(C16*规则设置!F4,0))

在这里,第5年Q2应支利息,D17=IF(规则设置!J11=引用数据!E2,INT(D16*规则设置!F4)),IF(规则设置!J11=引用数据!E3,ROUND(D16*规则设置!F4,0)),IF(规则设置!J11=引用数据!E4,ROUNDUP(D16*规则设置!F4,0))=27W

2)日常运营分析

A18:F34区域为系统日常运营内容(图5-64),浅色单元格(C18:F26,C29:F29,C31:F34)是需要根据具体的策略手工输入,白色部分(C27:F28,C30:F30)单元格需要定义公式。

18	申请短期贷款	969	545	286	189
19	原材料入库	440	340	320	
20	购买厂房				
21	租赁厂房				
22	新建/在建生产线				
23	生产线转产				
24	生产线变卖				
25	紧急采购原材料				
26	下一批生产	160	150	150	
27	应收款前现金缺口	正常	请注意	请注意	正常
28	更新应收款	392	1319	944	851
29	紧急采购成品				
30	按订单交货（0账期）	0	0	0	0
31	产品研发				
32	厂房处理　租转买	880	440		440
33	买转租				
34	出售库存				

图 5-64　第 5 年系统日常运营内容

（1）应收款前现金缺口。如果"季初现金+申请短期贷款-还短期贷款-支付利息-原材料入库-购买厂房-租赁厂房-新建/在建生产线-生产线转产-生产线变卖-紧急采购原材料-下一批生产"<0，显示"请注意"；如果>0，显示"正常"。每年每季定义公式相同。

Q1 应收款前现金缺口，$C27=IF((C15+C18-C16-C17-C19-C20-C21-C22-C23+C24-C25-C26)<0,$ "请注意"，"正常"）= 正常

Q2 应收款前现金缺口，$D27=IF((D15+D18-D16-D17-D19-D20-D21-D22-D23+D24-D25-D26)<0,$"请注意","正常"）= 请注意（字框会显示红色，提醒引起注意）

Q3 应收款前现金缺口，$E27=IF((E15+E18-E16-E17-E19-E20-E21-E22-E23+E24-E25-E26)<0,$"请注意","正常"）= 请注意（字框会显示红色，提醒引起注意）

Q4 应收款前现金缺口，$F27=IF((F15+F18-F16-F17-F19-F20-F21-F22-F23+F24-F25-F26)<0,$"请注意","正常"）= 正常

（2）更新应收款。

第 5 年 Q1，更新应收款 C28=第 4 年！M19+第 4 年！L20+第 4 年！K21+第 4 年！J22-第 4 年！M23-第 4 年！L24-第 4 年！K25-第 4 年！J26-第 5 年！C4=第 4 年 Q4 账期为 1 的应收款+第 4 年 Q3 账期为 2 的应收款+第 4 年 Q2 账期为 3 的应收款+第 4 年 Q1 账期为 4 的应收款—第 4 年 Q4 贴息账期为 1 的应收款—第 4 年 Q3 贴息账期为 2 的应收款—第 4 年 Q2 贴息账期为 3 的应收款—第 4 年 Q1 贴息账期为 4 的应收款—第 5 年 Q1 贴息账期为 1 的应收款=392W；

第 5 年 Q2，更新应收款 D28=J19-J23+第 4 年！M20+第 4 年！L21+第 4 年！K22-第 4 年！M24-第 4 年！L25-第 4 年！K26-第 5 年！C5=Q1 账期为 1 的应收款-Q1 贴现期为 1 的应收款+第 4 年 Q4 账期为 2 期的应收款+第 4 年 Q3 账期为 3 期的应收款+第 4 年 Q2 账

期为 4 期的应收款－第 4 年 Q4 贴现期为 2 期的应收款－第 4 年 Q3 贴现期为 3 期的应收款－第 4 年 Q2 贴现期为 1 期的应收款－第 5 年 Q1 贴息账期为 2 的应收款＝1319W；

第 5 年 Q3，更新应收款 E28＝K19+J20－K23－J24－C6+第 4 年！M21+第 4 年！L22－第 4 年！M25－第 4 年！L26＝Q2 账期为 1 期的应收款+Q1 账期为 2 期的应收款－Q2 贴息账期为 1 的应收款－Q1 贴息账期为 1 的应收款－Q1 贴现期为 3 期的应收款+第 4 年 Q4 账期为 3 的应收款+第 4 年 Q3 账期为 4 的应收款－第 4 年 Q4 贴息期为 3 的应收款－第 4 年 Q3 账期为 4 的应收款＝944W；

第 5 年 Q4，更新应收款 F28＝＝L19+K20+J21－L23－K24－J25－C7+第 4 年！M22－第 4 年！M26＝Q3 账期为 1 期的应收款+Q2 账期为 2 期的应收款+Q1 账期为 3 期的应收款－Q3 贴现期为 1 期的应收款－Q2 贴现期为 2 期的应收款－Q1 贴现期为 3 期的应收款－Q1 贴息期为 4 期的应收款+第 4 年 Q4 账期为 4 的应收款－第 4 年 Q4 贴息期为 4 的应收款＝851W。

以上是针对第 5 年应收款情况进行了介绍，其他年份应收款的处理情况基本相同：第 1 年 Q1，不需要更新应收款，C28 不需要定义；Q2，更新应收款 D28＝J19－J23；Q3，更新应收款 E28＝K19+J20－K23－J24；Q4，更新应收款 F28＝L19+K20+J21－L23－K24－J25。第 2 年、第 3 年、第 4 年各季"更新应收款"定义同上。

（3）按订单交货(0 账期)，具体数据取自图 5-65。0 账期表示，交售订单后立即获得订单收入，该收入转入现金总额。

		第一季	第二季	第三季	第四季
		H	I	J	K	L	M
16		按订单交货（应收账款）			
17			第一季	第二季	第三季	第四季
18	应收	0期				
19		1期	408	152		630
20		2期		685		1016
21		3期	270		601	
22		4期		504	521	259
23	贴现	1期				
24		2期		40		
25		3期	64			
26		4期				
27	贴息		8	4	0	0

图 5-65　第 5 年按订单交货(应收账款)

第 1 年因为没有订单，故第 1 年各季度数据皆为 0。第 2 年、第 3 年、第 4 年、第 5 年每年各季的公式定义如下：

Q1 按订单交货(0 账期) C30＝J18

Q2 按订单交货(0 账期) D30＝K18

Q3 按订单交货(0 账期) E30＝L18

Q4 按订单交货(0 账期) F30＝M18

（4）产品研发、厂房处理、出售库存数据根据实际运营数据手工填制。

3）年末运营分析

新市场开拓、ISO 资格认证、违约罚款、设备维护费用、支付租金这几项只在每年的 Q4 发生（图 5-66），所以 C35：E38 单元格表示为"阴影"即不需要填写数据。黄色部分（C39：F39，C44：F44，C47：G47，C48：G48，C51）的单元格需要根据经营策略手工输入数据，白色单元格部分（F35：F38，C41：F41，D51，E51）通过单元格公式定义后系统会自动生成数据。

	A	B	C	D	E	F	G
35	新市场开拓					0	
36	ISO资格认证					0	
37	违约罚款					0	
38	设备维护费用					605	
39	支付租金		44				
40	支付行政管理费		10	10	10	10	
41	季末现金		-168	220	670	457	
42							
43				违约金计算			
44	违约额度						
45							
46			手工线	自动线	柔性线	租赁线自	租赁线柔
47	已建成生产线数		1	4	5	6	
48	计提折旧生产线数		1	4	5		
49							
50			卖前净值	收回残值	损失		
51	生产线变卖损失			0	0		

图 5-66　第 5 年年末运营内容

（1）新市场开拓、ISO 资格论证、违约罚款、设备维护费用、支付租金，这几个项目只需要根据实际策略，手工输入数据。

（2）支付行政管理费。因为每年每季度支付的行政管理费是相同的，所以 C40＝D40＝E40＝F40＝规则设置！F6＝10W

（3）季末现金。由于每年运营的项目是固定的，所以各年季末的现金数公式也是一样的图 5-66。如果余额是负数，相应单元格颜色会变为红色，以提醒经营者引起注意。具体公式如下：

第 5 年 Q1 季末现金数＝C41＝SUM（SUM（C15，C18，C24，C28，C30，C34，J23：J26）-SUM（C16，C17，C19，C20，C21，C22，C23，C25，C26，C29，C31，C32，C33，C39，C40，J27））＝（季初现金+Q1 申请的短期贷款+Q1 生产线变卖收入+Q1 更新应收款+Q1 按订单交货（0 账期）收入+Q1 出售库存收入+Q11 至 4 期的贴现数）-（Q1 还短期贷款数+Q1 支付利息数+Q1 原材料入库数+Q1 购买厂房支出+Q1 租赁厂房支出+Q1 新建/在建生产线支出+Q1 生产线转产支出+Q1 紧急采购原材料支出+Q1 组织下一批生产支出+Q1 紧急采购成品支出+Q1 产品研发支出+Q1 厂房租转买支出+Q1 厂房买转租支出+Q1 支付厂房租金+Q1 支付行政管理费+Q1 贴息）＝-168W；

第 5 年 Q2 季末现金数＝D41＝SUM（SUM（D15，D18，D24，D28，D30，D34，WK23：

K26）－SUM（D16，D17，D19，D20，D21，D22，D23，D25，D26，D29，D31，D32，D33，D39，D40，WK27））＝220W；

第5年Q3季末现金数＝E41＝SUM（SUM（E15，E18，E24，E28，E30，E34，L23：L26）－SUM（E16，E17，E19，E20，E21，E22，E23，E25，E26，E29，E31，E32，E33，E39，E40，L27））＝670W；

第5年Q4季末现金数＝F41＝SUM（SUM（F15，F18，F24，F28，F30，F34，M23：M26）－SUM（F16，F17，F19，F20，F21，F22，F23，F25，F26，F29，F31，F32，F33，F39，F40，F35，F36，F37，F38，M27））＝457W；

第2年、第3年、第4年每季度季末现金数公式定义同上，不再进行详细讲解。

（4）违约金计算、已建成生产线数、计提折旧生产线数、生产线变卖卖前净值，这些项目根据实际情况手工填制。

（5）生产线变卖收回残值。D51＝SUM（C24：F24）＝Q1—Q4季度生产线变卖收回残值之和。

（6）生产线变卖损失。E51＝C51－D51＝生产线卖前净值－生产线收回残值

第1年到第5年，这两个项目每年计算公式都一样。

（四）"综合费用表""利润表""资产负债表"制作

每年完成"预算表""当年广告投放情况""本年销售情况""按订单交货/应收款情况表"后，系统会自动生成"综合费用表""利润表""资产负债表"，这可以大大减轻计算工作量，也可以使全年的预算更加准确，也便于随时调整预算。比赛时，每年结束都需要填制这三表，如果报表填制有错，就会被扣250分，所以正确填制三表非常重要。

1）综合费用表（图5-67）

P	Q
综合费用表	
项目	金额
管理费	40
广告费	341
维护费	605
损失	0
转产费	0
厂房租金	44
市场开拓	0
ISO认证	0
产品研发	0
信息费	0
合计	1030

图5-67　第5年综合费用表

第5年"综合费用表"各单元格公式如下，其他年份对应单元格定义公式也相同。

（1）管理费＝Q4＝SUM（C40：F40）＝Q1至Q4行政管理费合计数＝40，取自图5-66对

应的数据。

（2）广告费＝Q5＝C10＝Q1 的广告费＝341W，取自图 5-61 相对应的数据。

（3）维护费＝Q6＝F38＝Q4 设备维护费＝605W，取自图 5-66 对应的数据。

（4）损失＝Q7＝SUM（C25：F25）/2+SUM（C29：F29）/3＊2+E51+SUM（ROUND（规则设置！D2＊B44，0），ROUND（规则设置！D2＊C44，0），ROUND（规则设置！D2＊D44，0），ROUND（规则设置！D2＊E44，0），ROUND（规则设置！D2＊F44，0）），＝（Q1 至 Q4 紧急采购原材料损失合计数)/2+（Q1 至 Q4 紧急采购成品损失合计数)/3＊2+生产线变卖损失+产品折价率＊年初违约额度+产品折价率＊Q1 违约额度+产品折价率＊Q2 违约额度或+产品折价率＊Q3 违约额度+产品折价率＊Q4 违约额度，取自图 5-64、图 5-66 相对应的数据。

损失是由紧急采购原材料或产品所造成的损失、生产线、原材料和产品变卖所造成的损失、订单违约所造成的损失组成。

（5）转产费＝SUM（C23：F23）＝Q1 至 Q4 生产线转产费用合计数＝0，取自图 5-64 相对应的数据。

（6）厂房租金＝SUM（C21：F21，C33：F33，C39：F39）＝Q1 至 Q4 租赁厂房合计数+Q1 至 Q4 厂房买转租合计数+Q1 至 Q4 支付租金数＝0，取自图 5-64、图 5-66 相对应的数据。

（7）市场开拓＝F35＝0，取自图 5-66 相对应的数据。

（8）ISO 认证＝F36＝0，取自图 5-66 相对应的数据。

（9）产品研发＝SUM（C31：F31）＝Q1 至 Q4 产品研发费合计数＝0，取自图 5-64 相对应的数据。

（10）信息费＝C9，取自图 5-61 相对应的数据。

（11）合计＝SUM（Q4：Q13）＝综合费用合计数＝1030，取自图 5-67 相对应的数据。

2）利润表

		H	I	J	K	L	M	N
9		本年销售情况				订单登记销售核对	
10		个数	成本	销售额	毛利	5046	
11	P1		0		0	填写无误	
12	P2	4	120	259	139	查看订单登记表	
13	P3	29	1160	2506	1346		
14	P4		0		0		
15	P5	14	840	2281	1441		

图 5-68　第 5 年销售情况

	S	T
1		
2	利润表	
3	项目	金额
4	销售收入	5046
5	直接成本	2120
6	毛利	2926
7	综合费用	1030
8	折旧前	1896
9	折旧	330
10	利前利润	1566
11	财务费用	157
12	税前利润	1409
13	所得税	352
14	净利润	1057

图 5-69　第 5 年利润表

第 5 年"利润表"各单元格公式如下，其他年份对应单元格定义公式也相同。

（1）销售收入＝T4＝SUM（K11：K15）＝P1、P2、P3、P4、P5 产品销售额之和＝0+259+2506+0+2281＝5046，取自图 5-68 相对应的数据。

（2）直接成本＝T5＝SUM（J11：J15）＝P1、P2、P3、P4、P5 产品直接成本之和＝0+120+1160+0+840＝2120，取自图 5-68 相对应的数据。

（3）毛利＝T6＝SUM（L11：L15）＝P1、P2、P3、P4、P5 产品毛利之和＝0+139+1346+0+1441＝2926，取自图 5-68 相对应的数据。

（4）综合费用＝T7＝Q14＝综合费用合计数＝1030，取自图 5-67 相对应的数据。

（5）折旧前利润＝T8＝T6-T7＝毛利-综合费用＝2926-1030＝1896，取自图 5-69 相对应的数据，此数据又称为在本表取数。

（6）折旧＝T9＝规则设置！J15＊C48+规则设置！J17＊D48+规则设置！J18＊E4＝手工线每年折旧费＊计提折旧手工数+自动线每年折旧费＊计提折旧自动线数+柔性线每年折旧费＊计提折旧柔性线数＝10＊1+30＊4+40＊5＝330，取自图 5-57、图 5-61 相对应的数据。

（7）税前利润＝T10＝T8-T9＝折旧前利润-折旧＝1566，取自图 5-69 相对应的数据，此数据又称为在本表取数。

（8）财务费用＝T11＝SUM（C8，C12，C17：F17，J27：M27）＝Q1 贴息+Q1 长贷利息+Q1 至 Q3 利息之和+Q1 至 Q4 贴息之和＝157，取自图 5-61、图 5-64 相对应的数据。

（9）税前利润＝T12＝T10-T11＝税前利润-财务费用＝1566-157＝1409，取自图 5-69 相对应的数据，此数据又称为在本表取数。

（10）所得税＝T13＝IF（规则设置！J10＝引用数据！E2，INT（IF（T12>0，T12＊规则设置！F7））），IF（规则设置！J10＝引用数据！E3，ROUND（IF（T12>0，T12＊规则设置！F7），0）），IF（规则设置！J10＝引用数据！E4，ROUNDUP（IF（T12>0，T12＊规则设置！F7），0）））。

所得税取整规则为：向下取整、向上取整、四舍五入。此公式将这三种取数规则都进行了定义，不管规则怎么变化，此公式始终适用。

如果税前利润>0，所得税＝税前利润＊所得税率＝1409×25％＝352；

如果税前利润<0，不用交纳所得税。所得税＝0，取自图 5-57 和图 5-69 相对应的数据。

（11）净利润＝T14＝T12-T13＝税前利润-所得税＝1409-352＝1057，取自图 5-69 相对应的数据，此数据又称为在本表取数。

3）资产负债表

图 5-70 中灰色单元格部分（Q20：Q22，Q24：Q26）不用定义公式，直接根据当年运营情况手工填写。

16	资产负债表				
17	项目	上年数	本年数	项目	上年数	本年数
18	现金	-779	-330	长期负债	474	1989
19	应收款	2095	3531	短期负债	1989	1989
20	在制品	560		应交税金	169	352
21	产成品	0	0	——	——	
22	原材料	0		——	——	
23	流动合计	1876	3201	负债合计	2632	4330
24	厂房	0	1760	股东资本	600	600
25	生产线	1095	1005	利润留存	936	1441
26	在建工程	200	0	年度净利	505	1057
27	固定合计	1295	2765	权益合计	2041	3098
28	资产总计	3171	5966	负债权益	4673	7428
29	报表未平					

图 5-70　第 5 年资产负债表

图 5-70 中各项定义及计算见表 5-25。

表 5-25　第 5 年资产负债表各单元格公式定义

项目	上年数公式 （取上年的对应项目的本年数）	本年数公式
现金	P18＝第 4 年！Q18	Q18＝F41，取本年 Q4"季末现金数"
应收款	P19＝第 4 年！Q19	Q19＝因为贴现是没有规律，随时进行，所以此项内容根据实际运营数直接填写
在制品	P20＝第 4 年！Q20	Q20＝根据实际运营数直接填写
产成品	P21＝第 4 年！Q21	Q21＝根据实际运营数直接填写
原材料	P22＝第 4 年！Q22	Q22＝根据实际运营数直接填写
流动资产合计	P23＝第 4 年！Q23	Q23＝SUM（P18：P22）
厂房	P24＝第 4 年！Q24	Q24＝根据实际运营数直接填写
生产线	P25＝第 4 年！Q25	Q25＝根据实际运营数直接填写
在建工程	P26＝第 4 年！Q26	Q26＝根据实际运营数直接填写
固定资产合计	P27＝第 4 年！Q27	Q27＝SUM（Q24：Q26）
资产合计	P28＝第 4 年！Q28	Q28＝SUM（P23，P27）
长期负债	S18＝第 4 年！T18	T18＝S18－C13+C14
短期负债	S19＝第 4 年！T19	T19＝SUM（C18：F18）
应交税金	S20＝第 4 年！T20	T20＝T13
负债合计	S23＝第 4 年！T23	T23＝SUM（T18：T20）
股东资本	S24＝第 4 年！T24	T24＝规则设置！D6
利润留存	S25＝第 4 年！T25	T25＝S25+S26
年度净利	S26＝第 4 年！T26	T26＝T14
权益合计	S27＝第 4 年！T27	T27＝SUM（T24：T26）
负债权益	S28＝第 4 年！T28	T28＝T23+T27
O29＝IF（Q28＝T28，"报表已平"，"报表未平"）		

（五）商战推演工具一的优缺点

商战推演工具一有以下优点。

（1）将企业的资金预算 Excel 化，主要是为了减少比赛中人工计算的时间，方便经营者能在短时间内推断出不同的经营方案从而进行比较，得出最佳方案。

（2）各种公式的定义可以方便经营者提前了解资金缺口，本年经营状况，对经营者为下一步的经营提供了科学思路，也使得企业经营更加标准化。

（3）通过公式的定义可以很好地理解模拟企业经营软件的运转流程。

同样，这种工具的缺点也比较显著。

（1）需要在第 1 年花费较多的时间用于表格制作，第 1 年时间成本较高，可用于战略制定的时间就相对较少。

（2）此工具需要经营者有较强的耐心，一旦公式定义错误，前后数据都有关联，所有的经营都会受到影响。

二、商战推演工具二

商战推演工具一内容多，覆盖范围大，包含了整个运营过程，涉及采购、资金预测、广告投放、报表等多方面的细节，适合在教学过程中，入门者直接使用。但因其公式众多，在制作过程中需要花费大量的时间定义公式，而在浙江省大学生企业经营沙盘模拟竞赛中有时间限制且不允许携带任何工具进入赛场，若在比赛期间制作商战推演工具一，会消耗大量时间。因此，笔者梳理了一套较为实用且制作时间短的推演工具提供参赛队伍参考。这套工具主要由"市场分析""产品组成表、生产计划表和原料预定表"和"推演工具"三部分组成。

（一）市场分析

市场分析是企业产能和产品战略尤为重要的环节，经过分析确定经营产品和利润趋势。生产经营者可以根据利润趋势，调整自己的产品结构，以达到每年利润最大化。下面以系统所给定的"市场预测表——产品均价"（表 5-26），"市场预测表——产品需求量（表 5-27）"和"市场预测表——订单张数（表 5-28）"为初始数据，进行进一步的市场数据分析（以第 2 年分析为例），从而帮助使用者制订合适的生产计划。

表 5-26　市场预测表——产品均价　　　　　　　　　　　　　　　　单位：W

产品	本地	区域	国内	亚洲	国际
P1	50.82	50.49			
P2	69.46	69.61			
P3	87.43	87.48			
P4	126.67	126.64			
P5	140.69	140.69			

表 5-27　市场预测表——产品需求量　　　　　　　　　　　单位：个

产品	本地	区域	国内	亚洲	国际
P1	51	39			
P2	35	33			
P3	28	27			
P4	24	22			
P5	16	16			

表 5-28　市场预测表——订单张数　　　　　　　　　　　单位：张

产品	本地	区域	国内	亚洲	国际
P1	15	14			
P2	14	13			
P3	11	10			
P4	9	8			
P5	7	7			

（1）通过表 5-26 预测各产品的毛利。

简单产品平均毛利＝产品均价－产品直接成本

复合产品平均毛利＝（产品均价－产品直接成本）/2

复合产品指以成品为生产原料的产品，如生产 P5 产品需要以 P2 产品为原料，那么需要先生产出 P2 产品，再去生产 P5 产品，其所花费的生产资源是简单产品的 2 倍。

某年某产品的组内平均值＝本年度该产品各区域市场平均毛利的平均值。

【例 5.37】　假定 P1、P2、P3 为简单产品，直接成本分别为 20，30，40；P4、P5 为复合产品，直接成本分别为 50，60。产品的均价见表 5-26。

第 2 年本地市场 P1 产品均价为 50.82，P1 产品毛利＝50.82－20＝30.82。

第 2 年区域市场 P1 产品均价为 50.49，P1 产品毛利＝50.49－20＝30.49。

第 2 年 P1 产品的组内平均值＝（30.82＋30.49）/2＝30.66。

第 2 年本地市场 P4 产品均价为 126.67，P5 产品平均毛利＝（126.67－50）/2＝38.34。

第 2 年区域市场 P4 产品均价为 126.64，P5 产品平均毛利＝（126.64－50）/2＝38.32。

第 2 年 P4 产品的组内平均值＝（38.34＋38.32）/2＝38.33。

同理得出五种产品在各个市场的平均毛利，见表 5-29。

表 5-29　市场预测表——产品平均毛利　　　　　　　　　　　单位：W

产品	本地	区域	国内	亚洲	国际	组内平均值
P1	30.82	30.49				30.66
P2	39.46	39.61				39.54
P3	47.43	47.48				47.46
P4	38.34	38.32				38.33
P5	40.35	40.35				40.35

结果分析：虽然 P1 至 P5 产品均价呈递增状态，但五种产品的毛利：P3>P5>P2>P4>P1。在同等情况下，生产产品种类优先度依次为：P3、P5、P2、P4、P1。

（2）通过表 5-27 和表 5-28 预测每张订单中的产品数量。

每张订单的平均产品数量=产品需求量／订单张数。

某年某产品的组内平均值=SUM（各市场每张订单的平均产品数量）/市场数。

【例 5.38】　假定第 2 年本地市场 P1 产品的本地需求量为 51 个（表 5-27），本地订单张数为 15 张（表 5-28）。

P1 产品本地市场单张订单平均需求量=51／15=3.40 个。

P1 产品区域市场单张订单平均需求量=39／14=2.79 个。

第 2 年 P1 产品的组内平均值=（3.40+2.79）/2=3.09 个。

同理得出五种产品在各个市场的每张订单的平均产品数量，见表 5-30。

表 5-30　市场预测表——每张订单的平均产品数量　　　　　　单位：个

产品	本地	区域	国内	亚洲	国际	组内平均值
P1	3.40	2.79				3.09
P2	2.50	2.54				2.52
P3	2.55	2.70				2.62
P4	2.67	2.75				2.71
P5	2.29	2.29				2.29

结果分析：第 2 年 P1 产品单张订单的平均产品数量为 3.09 个。若第 2 年能够生产 8 个 P1 产品，那么根据计算结果（8／3.09=2.56），需要获取 2 张或 3 张的 P1 产品的订单。

（3）通过表 5-28 预测市场容量。

市场容量=订单张数/组数

【例 5.39】　假定第 2 年本地市场 P1 产品的订单张数为 15 张（表 5-28），本次比赛共有 22 支参赛队伍。P1 产品本地市场的市场容量=15/22=0.68 张。

同理得出五种产品在各个市场的市场容量，见表 5-31。

表 5-31　市场预测表——市场容量　　　　　　单位：张

产品	本地	区域	国内	亚洲	国际
P1	0.68	0.64			
P2	0.64	0.59			
P3	0.5	0.45			
P4	0.41	0.36			
P5	0.32	0.32			

结果分析：简单产品（P1、P2、P3）市场容量值在 0.4 以下市场容量较小，0.4~0.6

市场容量适中，0.6 以上市场容量较大。复合产品（P4、P5）市场容量值在 0.25 以下市场容量较小，0.25~0.35 市场容量适中，0.35 以上为市场容量较大。在毛利相差不多的情况下，生产产品种类优先度依次为：P1、P2、P4、P3 或 P5。

（二）产品组成表、生产计划表和原料预订表

"产品组成表"（B1：G7）、"生产计划表"（A9：G29）和"原料预订表"（I9：N29）（图5-71）能够帮助操作者在生产经营过程中根据生产实际情况按时按需的预订原料，以保证原料库存能够恰好满足生产所需。

	A	B	C	D	E	F	G	H	I	J	K	L	M	N
1		产品组成表	P1	P2	P3	P4	P5							
2		R1	1		1									
3		R2		1		1								
4		R3		1	1	1	1							
5		R4			1		1							
6		P1				1								
7		P2					1							
8				生产计划表							原料预订表			
9			P1	P2	P3	P4	P5		R1	R2	R3	R4	P1	P2
10	第1年	第1季							0	0	0	0	0	0
11		第2季							8	0	0	0	0	0
12		第3季	8						0	0	8	0	0	0
13		第4季							0	8	0	0	0	0
14	第2年	第1季		8					0	0	0	8	8	0
15		第2季							8	0	0	0	0	0
16		第3季			8				0	0	8	0	0	0
17		第4季							0	8	0	0	0	0
18	第3年	第1季		8					0	0	0	8	8	0
19		第2季							0	0	0	0	0	8
20		第3季					8		0	0	12	0	0	0
21		第4季							0	12	0	0	0	0
22	第4年	第1季		12					0	0	0	8	8	0
23		第2季							4	0	0	0	0	0
24		第3季	4				8		0	0	12	8	0	0
25		第4季							8	4	0	0	4	0
26	第5年	第1季			8	4			0	0	0	0	0	0
27		第2季							0	0	0	0	0	0
28		第3季							0	0	0	0	0	0
29		第4季							0	0	0	0	0	0

图 5-71　产品组成表、生产计划表和原料预定表

（1）产品组成表的填制。"产品组成表"（图 5-72）为 B2：G7 区域，此部分数据根据规则"产品研发-产品组成"设定输入，见表 5-32。

【例 5.40】　假定 P3 产品的产品组成为 R1、R3 和 R4，则在"产品组成表"中 P3 下方在 R1、R3 和 R4 位置分别输入"1"，表示生产 1 个 P3 产品，需要 1 个 R1 原料、1 个 R3 原料、1 个 R4 原料。根据表 5-37 产品组成内容完成"产品组成表"，如图 5-72 所示。

	A	B	C	D	E	F	G
1		产品组成表	P1	P2	P3	P4	P5
2		R1	1		1		
3		R2		1		1	
4		R3		1	1	1	1
5		R4			1		1
6		P1				1	
7		P2					1

图 5-72　产品组成表

表 5-32 产品研发-产品组成

名称	加工费/W	每季开发费/W	开发时间/Q	直接成本/W	产品组成
P1	10	10	2	20	R1
P2	10	10	3	30	R2、R3
P3	10	10	4	40	R1、R3、R4
P4	10	10	5	50	R2、P1、R3
P5	10	12	5	60	P2、R4、R3

（2）生产计划表、原料预定表的填制。"生产计划表"（图 5-73）为 A9：G29 区域，此部分数据根据每年的"生产计划表"手工输入数据，根据每季输入的产品数，"原料预订表"（I9：N29）系统会自动生成对应的原材料数量。

【例 5.41】 假定在第 2 年 Q3 计划生产 8 个 P3 产品，在"生产计划表"对应位置填入"8"，根据"原料预订表"数值显示（图 5-73），需要在第 2 年 Q1 预定 8 个 R3 原料和 8 个 R4 原料，第 2 年 Q2 预定 8 个 R1 原料（图 5-73）（该规则设定见表 5-33，原料 R1、R2 需要提前 1Q 预定，原料 R3、R4 需要提前 2Q 预定）。

	A	B	C	D	E	F	G	H	I	J	K	L	M	N
8				生产计划表							原料预订表			
9			P1	P2	P3	P4	P5		R1	R2	R3	R4	P1	P2
10	第1年	第1季							0	0	0	0	0	0
11		第2季							0	0	0	0	0	0
12		第3季							0	0	0	0	0	0
13		第4季							0	0	0	0	0	0
14	第2年	第1季							0	0	8	8	0	0
15		第2季							8	0	0	0	0	0
16		第3季			8				0	0	0	0	0	0
17		第4季							0	0	0	0	0	0
18	第3年	第1季							0	0	0	0	0	0
19		第2季							0	0	0	0	0	0
20		第3季							0	0	0	0	0	0
21		第4季							0	0	0	0	0	0
22	第4年	第1季							0	0	0	0	0	0
23		第2季							0	0	0	0	0	0
24		第3季							0	0	0	0	0	0
25		第4季							0	0	0	0	0	0
26	第5年	第1季							0	0	0	0	0	0
27		第2季							0	0	0	0	0	0
28		第3季							0	0	0	0	0	0
29		第4季							0	0	0	0	0	0

图 5-73 生产计划表和原料预定表

表 5-33 原料设置

名称	购买单价/W	提前期/Q	名称	购买单价/W	提前期/Q
R1	10	1	R3	10	2
R2	10	1	R4	10	2

（3）R3 原料第 1 年到第 5 年每年每季度采购数，对应单元格公式为：K(n) = C(n+2) * C4+D(n+2) * D4+E(n+2) * E4+F(n+2) * F4+G(n+2) * G4。K 表示列，n 表示行号。

因为 R3 原料需要提前 2Q 进行预定，所以 n 对应的单元格需要 n+2。

【例 5.42】K10 是指第 1 年 Q1 需要订购的 R3 原材料数量，此 R3 原料用于第 1 年 Q3 所有需要 R3 原料的产品的生产。

K10＝C12＊C4+D12＊D4+E12＊E4+F12＊F4+G12＊G4

K27 是指第 5 年 Q2 需要订购的 R3 原材料数量，此 R3 原料用于第 5 年 Q4 所有需要 R3 原料的产品的生产。

K27＝C29＊C4+D29＊D4+E29＊E4+F29＊F4+G29＊G4

（4）R4 原料第 1 年到第 5 年每年每季度采购数，对应单元格公式为：L（n）＝C（n+2）＊C5+D（n+2）＊D5+E（n+2）＊E5+F（n+2）＊F5+G（n+2）＊G5。L 表示列，n 表示行号。因为 R4 原料需要提前 2Q 进行预定，所以 n 对应的单元格需要 n+2。

【例 5.43】 L10 是指第 1 年 Q1 需要订购的 R4 原材料数量，此 R4 原料用于第 1 年 Q3 所有需要 R4 原料的产品的生产。

L10＝C12＊C5+D12＊D5+E12＊E5+F12＊F5+G12＊G5

L27 是指第 5 年 Q2 需要订购的 R4 原材料数量，此 R4 原料用于第 5 年 Q4 所有需要 R4 原料的产品的生产。

L27＝C29＊C5+D29＊D5+E29＊E5+F29＊F5+G29＊G5

（5）P1 产品作为原料第 1 年到第 5 年每年每季度"原料预定表"对应单元格公式为：M（n）＝C（n+1）＊C6+D（n+1）＊D6+E（n+1）＊E6+F（n+1）＊F6+G（n+1）＊G6。M 表示列，n 表示行号。因为根据事先制定的规则，建议以 P2 产品为原料的复合产品提前 1Q 进行准备，所以 n 对应的单元格需要 n+1。

【例 5.44】 M10 是指第 1 年 Q1 需要订购的 P1 原材料数量，此 P1 原料用于第 1 年 Q2 所有需要 P1 产品作为原料的产品的生产。

M10＝C11＊C6+D11＊D6+E11＊E6+F11＊F6+G11＊G6

M28 是指第 5 年 Q3 需要订购的 P1 原材料数量，此 P1 原料用于第 5 年 Q4 所有需要 P1 产品作为原料的产品的生产。

M28＝C29＊C6+D29＊D6+E29＊E6+F29＊F6+G29＊G6

（6）P2 产品作为原料第 1 年到第 5 年每年每季度"原料预定表"对应单元格公式为：N（n）＝C（n+1）＊C7+D（n+1）＊D7+E（n+1）＊E7+F（n+1）＊F7+G（n+1）＊G7。N 表示列，n 表示行号。因为根据事先制定的规则，建议以 P1 产品为原料的复合产品提前 1Q 进行准备，所以 n 对应的单元格需要 n+1。

【例 5.45】 N10 是指第 1 年 Q1 需要订购的 P2 原材料数量，此 P2 原料用于第 1 年 Q2 所有需要 P2 产品作为原料的产品的生产。

N10＝C11＊C7+D11＊D7+E11＊E7+F11＊F7+G11＊G7

N28 是指第 5 年 Q3 需要订购的 P2 原材料数量，此 P2 原料用于第 5 年 Q4 所有需要 P2 产品作为原料的产品的生产。

$N28 = C29 * C7 + D29 * D7 + E29 * E7 + F29 * F7 + G29 * G7$

（三）推演工具

在企业经营过程中，现金流是最为重要的。无论是企业的扩大生产还是日常经营，都要以现金流作为出发点和落脚点。在企业经营沙盘模拟中，一旦出现账面资金或所有者权益小于0，这便意味着企业破产，因此对于现金流和所有者权益的精准把控，是企业经营的重中之重。以下所介绍的推演工具能够帮助使用者精准把控企业现金流和所有者权益（图5-74）。

	第1年				第2年				第3年				第4年				第5年			
	第1季	第2季	第3季	第4季	第1季	第2季	第3季	第4季	第1季	第2季	第3季	第4季	第1季	第2季	第3季	第4季	第1季	第2季	第3季	第4季
投放广告																				
归还长贷贷款																				
偿还长贷利息																				
长贷																				
归还短贷贷款					0	0	0	0	0	0	0	0	0	0	0	0	0	0	0	0
偿还短贷利息					0	0	0	0	0	0	0	0	0	0	0	0	0	0	0	0
短贷																				
已贷款总额	0	0	0	0	0	0	0	0	0	0	0	0	0	0	0	0	0	0	0	0
原料到付																				
买厂房																				
租厂房																				
生产线投资																				
生产线转产																				
加工费																				
第一阶段所需经费总额	0	0	0	0	0	0	0	0	0	0	0	0	0	0	0	0	0	0	0	0
第一阶段账面现金	600	600	600	600	600	600	600	600	600	600	600	600	600	600	600	600	600	600	600	600
应收款更新																				
贴现所得																				
贴现费用																				
管理费																				
产品研发																				
厂房租转买																				
厂房续租																				
ISO认证																				
市场开发																				
生产线维护费																				
税金																				
第二阶段所需经费总额	0	0	0	0	0	0	0	0	0	0	0	0	0	0	0	0	0	0	0	0
第二阶段账面现金	600	600	600	500	600	600	600	600	600	600	600	600	600	600	600	600	600	600	600	600
生产线折旧																				
其它损失																				
应收权益	0	0	0	0	0	0	0	0	0	0	0	0	0	0	0	0	0	0	0	0
产品销售额																				
产品直接成本																				
实时权益	600	600	600	600	600	600	600	600	600	500	600	600	600	600	600	600	600	600	600	600
可贷款总额	1800	1800	1800	1800	1800	1800	1800	1800	1800	1800	1800	1800	1800	1800	1800	1800	1800	1800	1800	1800

图5-74　第1年至第5年推演工具全图

【例5.46】　根据第1年经营计划及规则，将相应数值填入推演工具。第1年经营计划见表5-34，本例涉及规则假定如下。

市场开发：本地市场开发1年，每年开发费用10W；大厂房费用：购买400W/个，租用40W/个；产品研发P1：2Q，每季投资10W；手工线投资：1Q，每季投资35W；管理费：每季10W，自动扣除；手工线维护费：每年10W/条；ISO 14000认证费用：15W；加工费：每个产品10W；原料：10W/个。

表5-34　第1年经营计划

时间	经营计划	填写操作
	公司成立，股东注资	每季度"管理费"处填写"10"
第1年Q1	长期贷款：500W	"长贷"填写"500"
	短期贷款：100W	"短贷"填写"100"
	产品生产资格投资：P1	"产品研发"处填写"10"
第1年Q2	订购原料R1：8	无
	产品生产资格投资：P1	"产品研发"处填写"10"

时间	经营计划	填写操作
第1年Q3	原料到库：支付原料费R1：8	"原料到库"处填写"80"
	购买1个[大厂房]	"买厂房"处填写"400"
	租用1个[大厂房]	"租厂房"处填写"40"
	订购8条[手工线]生产[P1]	"生产线投资"处填写"280"
	开始生产P1产品	"加工费"处填写"80"
第1年Q4	市场开拓资格投资，开发项目：本地	"市场开发"处填写"10"
	ISO认证资格投资，开发：ISO14000	"ISO认证"处填写"15"
	支付维护费	"生产线维护费"处填写"80"
第2年Q1	广告投放：100	"广告"处填写"100"

根据表5-34中填写操作完成之后，推演工具显示结果如图5-75所示。

推演工具单元格公式如下。

（1）归还短贷贷款

短贷期为1年，如果第1年Q1借了短贷，那么第2年Q1归还。

F7=B9=第2年Q1偿还短贷=第1年Q1借用短贷；

G7=C9=第2年Q2偿还短贷=第1年Q2借用短贷；

H7=D9=第2年Q3偿还短贷=第1年Q3借用短贷；

……

U7=Q9=第5年Q4偿还短贷=第4年Q4借用短贷。

（2）偿还短贷利息

短贷利息=借入短贷数额*短贷利息。短贷利息取整规则为四舍五入，根据不同规则设定。

F8=ROUND(B9*0.05，0)=第2年Q1扣除短贷利息=第1年Q1借入短贷数额*短贷利息。

G8=ROUND(C9*0.05，0)=第2年Q2扣除短贷利息=第1年Q2借入短贷数额*短贷利息。

H8=ROUND(D9*0.05，0)=第2年Q3扣除短贷利息=第1年Q3借入短贷数额*短贷利息。

……

U8=ROUND(Q9*0.05，0)=第5年Q4扣除短贷利息=第4年Q4借入短贷数额*短贷利息。

	A	B	C	D	E	F
1		第1年				第2年
2		第1季	第2季	第3季	第4季	第1季
3	投放广告					100
4	归还长贷贷款					
5	偿还长贷利息					
6	长贷	500				
7	归还短贷贷款					100
8	偿还短贷利息					5
9	短贷	100				
10	已贷款总额	600	600	600	600	500
11	原料到库			80		
12	买厂房			400		
13	租厂房			40		
14	生产线投资			280		
15	生产线转产					
16	加工费			80		
17	第一阶段所需经费总额	0	0	880	0	205
18	第一阶段账面现金	1200	1180	280	270	-50
19	应收款更新					
20	贴现所得					
21	贴现费用					
22	管理费	10	10	10	10	10
23	产品研发	10	10			
24	厂房租转买					
25	厂房续租					
26	ISO认证				15	
27	市场开发				10	
28	生产线维护费				80	
29	税金					
30	第二阶段所需经费总额	20	20	10	115	10
31	第二阶段账面现金	1180	1160	270	155	-60
32	生产线折旧					
33	其它损失					
34	损失权益	20	20	50	115	115
35	产品销售额					
36	产品直接成本					
37	实时权益	580	560	510	395	280
38	可贷款总额	1740	1680	1530	1185	840

图 5-75　第 1 年推演工具数据图

（3）第 1 年 Q1 已贷款总额

已贷款总额＝本季度贷款净额＝长贷数额+短贷数额-归还长贷数额-归还短贷数额。一般第 1 年不存在归还长贷的情况，"归还长贷数额"默认为"0"，长贷时间为每年 Q1，Q2、Q3、Q4 不可以长贷，"本季度长贷数额"默认为"0"。

B10＝B6+B9-B7-B4＝第 1 年 Q1 贷款总额＝第 1 年 Q1 贷款净额

（4）第 1 年 Q2 及以后已贷款总额

本季度已贷款总额＝本季度贷款净额+上季度已贷款总额

本季度贷款净额＝本季度长贷数额+本季度短贷数额-本季度归还长贷数额-本季度归还短贷数额

C10＝C9-C7-C4+B10＝第 1 年 Q2 贷款总额＝第 1 年 Q2 贷款净额+第 1 年 Q1 已贷款总额

D10＝D9－D7－D4＋C10＝第 1 年 Q3 贷款总额＝第 1 年 Q3 贷款净额＋第 1 年 Q2 已贷款总额

E10＝E9－E7－E4＋D10＝第 1 年 Q4 贷款总额＝第 1 年 Q4 贷款净额＋第 1 年 Q3 已贷款总额

……

U10＝U9－U7－U7＋T10＝第 5 年 Q4 贷款总额＝第 5 年 Q4 贷款净额＋第 5 年 Q3 已贷款总额

（5）第一阶段所需经费总额

第一阶段所需经费总额＝广告费用＋归还长贷＋长贷利息＋归还短贷＋短贷利息＋原料到库支出＋买厂房费用＋租厂房费用＋建设生产线费用＋加工费＋转产费

B16＝B3＋B4＋B5＋B7＋B8＋B11＋B12＋B13＋B14＋B15＋B16＝第 1 年 Q1 第一阶段所需经费总额＝广告费用＋归还长贷＋长贷利息＋归还短贷＋短贷利息＋原料到库支出＋买厂房费用＋租厂房费用＋建设生产线费用＋加工费＋转产费

C16＝C3＋C4＋C5＋C7＋C8＋C11＋C12＋C13＋C14＋C15＋C16＝第 1 年 Q2 第一阶段花费总额＝广告费用＋归还长贷＋长贷利息＋归还短贷＋短贷利息＋原料到库支出＋买厂房费用＋租厂房费用＋建设生产线费用＋加工费＋转产费

D16＝D3＋D4＋D5＋D7＋D8＋D11＋D12＋D13＋D14＋D15＋D16＝第 1 年 Q3 第一阶段花费总额＝广告费用＋归还长贷＋长贷利息＋归还短贷＋短贷利息＋原料到库支出＋买厂房费用＋租厂房费用＋建设生产线费用＋加工费＋转产费

……

U16＝U3＋U4＋U5＋U7＋U8＋U11＋U12＋U13＋U14＋U15＋U16＝第 5 年 Q4 第一阶段花费总额＝广告费用＋归还长贷＋长贷利息＋归还短贷＋短贷利息＋原料到库支出＋买厂房费用＋租厂房费用＋建设生产线费用＋加工费＋转产费

（6）第 1 年 Q1 第一阶段的账面现金

B18＝600－B17＋B6＋B9＝第 1 年 Q1 第一阶段账面现金＝初始资金－Q1 花费总额＋长贷＋短贷

（7）第 1 年 Q2 及以后第一阶段账面现金

C18＝B31－C17＋C6＋C9＝第 1 年 Q2 第一阶段账面现金＝第 1 年 Q1 第二阶段账面现金－第 1 年 Q2 季度花费总额＋长贷＋短贷

D18＝C31－D17＋D6＋D9＝第 1 年 Q3 第一阶段账面现金＝第 1 年 Q2 第二阶段账面现金－第 1 年 Q3 季度花费总额＋长贷＋短贷

E18＝D31－E17＋E6＋E9＝第 1 年 Q4 第一阶段账面现金＝第 1 年 Q3 第二阶段账面现金－第 1 年 Q4 季度花费总额＋长贷＋短贷

……

U18＝T31－U17＋U6＋U9＝第 5 年 Q4 第一阶段账面现金＝第 5 年 Q3 第二阶段账面现金－

第5年 Q4 季度花费总额+长贷+短贷

（8）第二阶段所需经费总额

第二阶段花费总额=管理费+产品研发费用+厂房续租费用+ISO 认证费用+市场开发费用+维护费用+税金

B30=B22+B23+B25+B26+B27+B28+B29=第1年 Q1 第二阶段花费总额=管理费+产品研发费用+厂房续租费用+ISO 认证费用+市场开发费用+维护费用+税金

C30=C22+C23+C25+C26+C27+C28+C29=第1年 Q2 第二阶段花费总额=管理费+产品研发费用+厂房续租费用+ISO 认证费用+市场开发费用+维护费用+税金

D30=D22+D23+D25+D26+D27+D28+D29=第1年 Q3 第二阶段花费总额=管理费+产品研发费用+厂房续租费用+ISO 认证费用+市场开发费用+维护费用+税金

……

U30=U22+U23+U25+U26+U27+U28+U29=第5年 Q4 第二阶段花费总额=管理费+产品研发费用+厂房续租费用+ISO 认证费用+市场开发费用+维护费用+税金

（9）第二阶段账面现金

B31=B18+B19+B20−B30−B24=第1年 Q1 第二阶段账面现金=第一阶段账面现金+应收款到账+贴现所得−第1年 Q1 第2阶段花费总额（不包括厂房租转买）−厂房租转买费用

C31=C18+C19+C20−C30−C24=第1年 Q2 第二阶段账面现金=第一阶段账面现金+应收款到账+贴现所得−第1年 Q2 第2阶段花费总额（不包括厂房租转买）−厂房租转买费用

D31=D18+D19+D20−D30−D24=第1年 Q3 第二阶段账面现金=第一阶段账面现金+应收款到账+贴现所得−第1年 Q3 第2阶段花费总额（不包括厂房租转买）−厂房租转买费用

……

U31=U18+U19+U20−U30−U24=第5年 Q4 第二阶段账面现金=第一阶段账面现金+应收款到账+贴现所得−第5年 Q4 第2阶段花费总额（不包括厂房租转买）−厂房租转买费用

（10）损失权益

B34=B3+B5+B8+B13+B15+B21+B30+B32+B33=第1年 Q1 损失权益=广告费用+长贷利息+短贷利息+租厂房费用+转厂费+贴现费用+第2阶段花费总额（不包括厂房租转买）+生产线折旧（折旧时间在每年年末）+其他损失[生产线变卖（现值−残值）+紧急采购（采购费用−直接成本）+订单违约]

C34=C3+C5+C8+C13+C15+C21+C30+C32+C33=第1年 Q2 损失权益=广告费用+长贷利息+短贷利息+租厂房费用+转厂费+贴现费用+第2阶段花费总额（不包括厂房租转买）+生产线折旧（折旧时间在每年年末）+其他损失[生产线变卖（现值−残值）+紧急采购（采购费用−直接成本）+订单违约]

D34=D3+D5+D8+D13+D15+D21+D30+D32+D33=第1年 Q3 损失权益=广告费用+长贷利息+短贷利息+租厂房费用+转厂费+贴现费用+第2阶段花费总额（不包括厂房租转买）+生产线折旧（折旧时间在每年年末）+其他损失[生产线变卖（现值−残值）+紧急采购（采购

费用−直接成本)+订单违约]

……

U34=U3+U5+U8+U13+U15+U21+U30+U32+U33=第5年Q4损失权益=广告费用+长贷利息+短贷利息+租厂房费用+转厂费+贴现费用+第2阶段花费总额(不包括厂房租转买)+生产线折旧(折旧时间在每年年末)+其他损失[生产线变卖(现值−残值)+紧急采购(采购费用−直接成本)+订单违约]

(11)第1年Q1权益

B37=600−B34+B35−B36=第1年Q1权益=初始权益(600)−第1年Q1损失权益+销售收入−销售产品的直接成本

(12)第1年Q2及以后权益

C37=B37−C34+C35−C36=第1年Q2权益=第1年Q1所有者权益−第1年Q2损失权益+销售收入−销售产品的直接成本

D37=C37−D34+D35−D36=第1年Q3权益=第1年Q2所有者权益−第1年Q3损失权益+销售收入−销售产品的直接成本

E37=D37−E34+E35−E36=第1年Q4权益=第1年Q3所有者权益−第1年Q4损失权益+销售收入−销售产品的直接成本

……

U37=T37−U34+U35−U36=第5年Q4权益=第5年Q3所有者权益−第5年Q4损失权益+销售收入−销售产品的直接成本

(13)下一年可贷款总额

下一年可贷款总额=第1年年末所有者权益*贷款额倍数(3)。

E38=E37*3=第2年可贷款总额=第1年年末所有者权益*3

I38=I37*3=第3年可贷款总额=第2年年末所有者权益*3

M38=M37*3=第4年可贷款总额=第3年年末所有者权益*3

Q38=Q37*3=第5年可贷款总额=第4年年末所有者权益*3

【本章小结】

企业沙盘模拟经营旨在通过模拟企业完整的运营过程,使参与者从思想深处构建企业一盘棋的大局观,真正理解企业经营的实质。

对于推演工具的介绍旨在为经营者提供思路,将企业经营从手算到辅助工具,大大减少人工成本。读者可以根据本章介绍制定适合自己的辅助工具。

【复习思考题】

1. 如何从企业投放的广告费上分析企业的市场策略?

2. 如何从资产负债表上分析企业的投资策略?

3. 结合自己的体会，你认为如何分析企业可能面临的资金问题？

4. 结合自己的体会，谈谈如何解决面临的资金问题。

5. 结合自己的体会，谈谈在制定投资策略时应当考虑的问题。

6. 结合自己的体会，你认为企业如何才能尽早扩大市场，提高销售收入？

7. 结合自己的体会，你认为企业在经营过程中，应当注意哪些问题？

8. 结合自己的体会，你认为团队成员中，谁更重要？如何经营团队？

9. 沙盘模拟训练中，投资的种类及规则是什么？

10. 沙盘模拟训练中，生产线的种类及建设规则是什么？

11. 沙盘模拟训练中，练习费用的计提和财务报表的填制。

12. 如何确定当期原材料订单数量？

13. 生产线投资中应考虑哪些因素？生产线是改造好还是新建好？

14. 如何编制现金预算表、利润表、资产负债表？

15. 厂房是租用好，还是购入好？

16. 资金筹集的渠道有哪些？各有什么优缺点？

17. 银行长期贷款、短期贷款需要考虑哪些因素？

18. 如果你是CEO，你将如何来经营企业？并请描述企业的发展战略。作为管理者，你将如何使你负责的工作能顺利开展，并能与其他部门一起协调发展，以达到企业的战略目标？

第三篇　企业经营模拟沙盘总结

　　本篇是作者根据带队参加各类大学生企业经营电子沙盘比赛经验写成的，主要是经营成果评价和分享实战心得。内容包括企业经营成果的分析方法和实战经验与策略的总结。可以帮助沙盘学习者从成功者身上吸取成功的经验，从失败者身上总结失败的教训，同时培养其企业经营成果分析能力，从而快速提高实战能力。

第六章　经营成果分析

　　在企业沙盘模拟过程中，经过 2~3 年经营后，各个模拟企业之间就会产生一定的差异。有些沙盘模拟企业经营不到最后一年就已经倒闭了。

　　同样的初始状况，为什么会产生不同结果呢？这是学生们在经营过程中甚至经营完毕后会一直考虑的一个问题。本章节将从基本财务指标、综合性财务分析和企业发展潜力分析三个方面对企业的经营成果进行介绍。基本财务指标、综合性财务分析是从财务学的角度进行，着眼于定量；企业发展潜力分析则是从管理学的视角来进行分析，着眼于定性。

【本章重点】

　　理解基本财务指标、综合性财务分析和企业发展潜力分析的基本原理，并掌握相关定性分析。

第一节　基本的财务指标

　　在对企业的经营成果进行分析的时候，其基本的财务指标是进行分析的基础。本部分的内容将主要从偿债能力、营运能力、盈利能力等三个方面来介绍如何对相关的财务指标进行分析。

一、偿债能力分析

　　企业的偿债能力反映的是对长期借款、短期借款等债务在某一个时点所具有的还本付息的能力。企业沙盘模拟训练中会涉及的债务有长期贷款、短期贷款和高利贷三种方式。合理地利用好三种借款方式，重要的就是要选择合适的时间、合适的方式，而这必须要进行偿债能力的分析。为了充分和财务理论相结合，笔者重点从短期偿债能力分析和长期偿债能力分析两个方面来进行分析。

(一)短期偿债能力分析

对于企业沙盘模拟训练，要关注短期贷款和高利贷两种短期负债的偿付能力的分析。短期贷款的贷款时间是每个季度的初期，贷款限额为上年所有者权益的 2 倍(或多倍，不同软件有不同的参数设定)，利随本清，期限为 1 年期；高利贷的贷款时间可以是任何时间，利随本清，期限为 1 年。一般情况下，高利贷的利率高于长期贷款，长期贷款利率高于短期贷款。

短期偿债能力在财务上是用流动比率、速动比率和现金比率来反映的。

(1)流动比率是流动资产除以流动负债的比值，其计算公式为：

$$流动比率＝流动资产／流动负债$$

从企业沙盘模拟训练来看，其涉及的流动资产有现金、应收账款、存货三项，而流动负债则包括短期贷款、高利贷、应交税金三项。流动比率指标关注的是流动负债到期的时候是否有足够的现金流来偿还本金和利息。一般认为，生产企业合理的最低流动比率为 2。这是因为流动资产中变现能力最差的存货金额约占流动资产总额的一半，剩下的流动性较大的流动资产至少要等于流动负债。

在企业沙盘模拟训练的每一个年度末，要提交相应的资产负债表，从资产负债表可以计算出流动比率值。在对该指标进行分析的时候，不要仅仅关注其计算结果，还要关注组成该指标的流动资产和流动负债；它们各自的组成及其所组成部分的具体账期，特别是要对流动资产中的存货进行具体分析；存货往往是由在制品、产成品和原料共同组成的，原材料转化为现金还要经历在制品、产成品、应收账款。如果选择生成周期最短的全自动生产线(或者柔性生产线)，并且所获订单要求的账期为零，原材料转化为现金也需要 2 个账期。而实际经营的时候，零账期的订单很少，这样看来，存货中的原材料不能够增加对短期负债的偿付能力，同样，在制品的偿付能力也很低。综合分析，产成品相对来说是模拟试验中具有一定偿付能力的存货(这还要取决于是否有订单，以及订单所要求的账期)。

(2)速动比率是从流动资产中扣除存货部分的流动比率，速动比率的计算公式为：

$$速动比率＝(流动资产－存货)／流动负债$$

速动比率将存货从流动资产中剔除，从企业模拟训练所提供的经营环境来看，最为主要的原因就是存货的变现速度是流动资产中最慢的，有些种类的存货转化现金往往已经超过 4 个账期(一个年度)，这些存货的存在就虚夸了流动比率所反映的短期偿付能力。把存货从流动资产总额中减去而计算出的速动比率所反映的短期偿债能力更能让人信服。

通常认为正常的速动比率为 1，低于 1 的速动比率往往被认为是短期偿债能力偏低。

当然，具体合适的比率应该视不同的行业而加以调整，如采用大量现金交易的商店，几乎没有应收账款，速动比率大大低于 1 也是很正常的。影响速动比率可信性的重要因素是应收账款的变现能力，即应收账款账期的长短和产生坏账的可能性。就企业沙盘模拟训练来看，应收账款对速动比率指标的影响主要是账期的长短，当应收账款账期大于流动负债要求的偿还期的时候，就会加剧风险。

（3）现金比率是企业现金类资产与流动负债的比率，现金类资产包括企业所拥有的货币性资金和持有的有价证券（即资产负债表中的短期投资），它是速动资产扣除应收账款后的余额：

$$现金比率=（流动资产-存货-应收账款）／流动负债$$

现金比率能反映企业直接偿还流动负债的能力。如果在企业沙盘模拟训练中使用该指标，可以保证流动负债的绝对偿付，但使用该指标则会要求企业保持较大的现金存量，从而错过或者延迟构建企业生产线、进行产品研发和市场开拓的时间，并最终让企业失去发展机遇。

（二）长期偿债能力分析

长期偿债能力分析关注的是企业对长期债务的偿付能力，具体到企业沙盘模拟训练，则是关注长期贷款的偿付。长期贷款的贷款时间是每年年初或年末（可根据不同沙盘系统规则而定），贷款限额为上年所有者权益的 3 倍（或多倍，不同软件有不同的参数设定），每年年底或年初付息，贷款期限为 5 年期（或 4 年，不同软件有不同的参数设定）。

（1）资产负债率是负债总额除以资产总额的百分比，也就是负债总额与资产总额的比例关系。资产负债率反映在总资产中有多大比例是通过借债来筹集的，也可以衡量企业在清算时保护债权人利益的程度。

$$资产负债率=（负债总额／资产总额）\times 100\%$$

资产负债率反映债权人提供的资本占全部资本的比例。债权人关心的是贷款的安全，即到期能否按时收回本金和利息。对于股东来说，通过借款，可以在较短的时间内扩大规模，只要其投资报酬率高于借款利息率，就可以获得超额回报。如果实际的投资报酬率低于借款利息，则会侵蚀股东自己的利润。所以企业在进行借款的时候，一定要保持一个合理的资产负债率。

如果在企业沙盘模拟训练的开始年度，企业的资产负债水平为 40%，现金持有量是42。在这样的局面下继续进行经营，持不同经营理念的经营者就会有不同的筹资策略。如果经营团队风格偏冒险，必然会加大筹资力度。通过短期贷款或者长期贷款，扩大现金储备，而充足的现金让经营者在生产线的扩建、产品和市场的开拓，以及广告策略的制定方面都有更多的选择。但高的负债率，必须要求制定好的广告策略，获得足够的广告订单，从而可以有现金流来还本付息。这样的经营方式可以让模拟企业获得高速发展，也可能资金链断裂而提前倒闭。如果经营团队风格偏中性，就可能保持现有的经营模式，不是通过借款，而是在现有的生产线、产品和市场状况下，稳步经营，获得了足够的现金流后，再图谋进一步的发展，这样的经营理念是完全通过自身的发展来逐步壮大自己，也就是先活着，再好好地活着。这样的经营方式让企业可以保持一个较低的资产负债率，其经营过程的初期风险较小，但其可能失去先发优势，被淘汰往往不是经营不好，而是先发企业经营太好也被淘汰出局。

（2）产权比率是负债总额与股东权益总额之比例，也称为债务股权比率。其计算公式为：

$$产权比率 = （负债总额 / 股东权益）\times 100\%$$

该项指标是反映由债权人提供的资本和股东提供的资本的相对关系，反映企业的资本结构是否稳定。产权比率高，是高风险、高报酬的财务结构；产权比率低，是低风险、低报酬的结构。如企业沙盘模拟训练初始年度，负债总额为40，股东权益为66，则计算出的产权比率为60.61%，偏低，表明企业经营者其实可以通过贷款的方式来使企业获得进一步的发展。

（3）已获利息倍数是指企业息税前利润与利息费用的比率（息税前利润是指损益表中未扣除利息费用和所得税之前的利润。它可以用税后利润加所得税再加利息费用计算得出），用以衡量企业偿付借款利息的能力，也叫利息保障倍数。其计算公式为：

$$已获利息倍数 = 息税前利润 / 利息费用$$

已获利息倍数指标反映企业息税前利润为所支付的债务利息的多少倍。只要已获利息倍数足够大，企业就有充足的能力偿付利息。如何合理确定企业的已获利息倍数，在实际经营过程中，是将企业的这一指标与其他企业，特别是本行业的平均水平进行比较，来分析决定本企业的指标水平。对于企业沙盘模拟训练中所涉及的企业，初始年度的企业财务状况都是统一的，假如第1年度初期的息税前利润为7M，利息费用为4M，可以计算出期初已获利息倍数为1.75（7／4），该指标从目前来看，应该还是合理的。但随着企业业务的展开，贷款费用的增加会相应地增加每一年度的利息费用，生产线的扩展、市场的开拓、产品的研究、ISO资格认证等费用在初期也必将显著增加，从而使已获利息倍数这个指标变小，甚至让利润为负，这表明企业财务状况非常紧张，利息支付压力将会很大。

二、营运能力分析

营运能力反映的是企业在资产管理方面效率的高低，这方面的财务指标有应收账款周转率、存货周转率、资产周转率等。

（1）应收账款周转率是反映应收账款周转速度的指标，也就是年度内应收账款转为现金的平均次数，它说明应收账款流动的速度。其计算公式为：

$$应收账款周转率 = 销售收入 / 平均应收账款$$
$$平均应收账款 = （年初应收账款 + 期末应收账款）／ 2$$

一般来说，应收账款周转率越高，平均收现期越短，说明应收账款的收回越快。如企业沙盘模拟训练的初始年度的销售收入为32，应收账款的期初数为15，期末数为0，计算出的应收账款周转率为4.27{32／[（15+0）／2]}，即应收账款的平均周转天数为84.31（360／4.27）天。该指标和企业在每个年度初期所获得的订单的账期密切相关。

（2）存货周转率是衡量和评价企业购入存货、投入生产、销售收回等各环节管理状况的综合性指标。它是销售成本被平均存货所除而得到的比率。计算公式为：

$$存货周转率=销售成本／平均存货$$

$$平均存货=（年初存货+期末存货）／2$$

一般来讲，存货周转率速度越快，存货的占有水平越低，流动性越强，存货转化为现金、应收账款的速度越快。如企业沙盘模拟训练的初始年度的销售成本为12，存货的期初数为17，期末为16，计算出的期初存货周转率为0.73{12／[（17+16）／2]}，即存货的平均周转天数为493天（360／0.73）。存货周转率的期初数据反映出存货的周转速度是很慢的。这可能和企业初始经营时候的生产线大多为手工生产线有极大关系（用手工生产线进行生产，从原料到产成品，至少都要一个年度的时间），另外，初期的订单量较少也是原因之一（足够的订单才能够让产成品转化为应收账款或者现金）。

（3）资产周转率是销售收入与平均资产总额的比值。其计算公式为：

$$资产周转率=销售收入／平均资产总额$$

$$平均资产总额=（年初资产+期末资产）／2$$

该项指标反映资产总额的周转速度。周转越快，反映销售能力越强。如企业沙盘模拟训练的初始年度的销售收入为32，资产的期初数为105，期末数为107，计算出的期初资产周转率为0.30{32／[（105+107）／2]=32／106}，资产周转率的期初数据反映出企业总资产的周转速度是很慢的。当然，周转慢的原因是在企业经营初始年，市场开拓、产品研发，以及生产能力等都处于投入期，企业的销售量很低，从而决定资产周转率较低也是符合企业的生命周期的，但如果企业在经营的以后年度中该指标没有得到改善的话，企业的经营状况必然会恶化。

三、盈利能力分析

盈利能力就是企业赚取利润的能力。不论是股东、债权人还是企业的经营管理人员，都是非常重视和关心企业的盈利能力。反映企业盈利的指标很多，通常使用的主要有销售利润率、资产利润率、净资产收益率等。

（1）销售利润率是指净利润与销售收入的百分比，其计算公式为：

$$销售利润率=（净利润／销售收入）×100\%$$

销售利润率反映了每100单位的销售额所带来的净利润是多少。如企业沙盘模拟训练的初始年度的销售收入为32，实现的净利润为2，计算出的期初销售利润率为6.25%=（2／32）%。该指标随着企业的发展，应该会进一步增加。

（2）资产利润率是企业净利润与平均资产总额的百分比。资产利润率的计算公式为：

$$资产利润率 = (净利润 / 平均资产总额) \times 100\%$$

该指标反映的是企业资产利用的综合效果。该指标越高，表明资产的利用效率越高，说明企业在增加收入和节约资金方面取得了良好的效果。资产利润率是一个综合指标，其反映了债权人和股东投入的两个方面资产的收益情况。如企业沙盘模拟训练的初始年度的净利润为2，资产的期初数为105，期末为107，计算出的期初资产利润率为1.9% = 2 / [（105+107）/ 2]100%。

（3）净资产收益率是净利润与平均净资产的百分比，也叫净资产报酬率或权益报酬率。其计算公式为：

$$净资产收益率 = (净利润 / 平均股东权益) \times 100\%$$

该指标反映的是企业所有者权益的投资报酬率。如企业沙盘模拟训练的初始年度净利润为2，所有者权益的期初数为64，期末为66，计算出的期初净资产收益率为3% = 2 / [（64+66）/ 2]100%。

第二节 综合财务分析

掌握基本的财务指标是对经营成果进行分析的基础。而要反映经营过程中的问题，就必须综合运用财务指标，将各个财务指标隔离进行单独的分析。本部分通过杜邦财务分析、可持续增长率、本量利分析，并借助案例向学生介绍财务指标的综合运用。

一、杜邦财务分析

杜邦财务分析系统是由美国杜邦公司创造的，又称为杜邦系统，如图6-1所示。

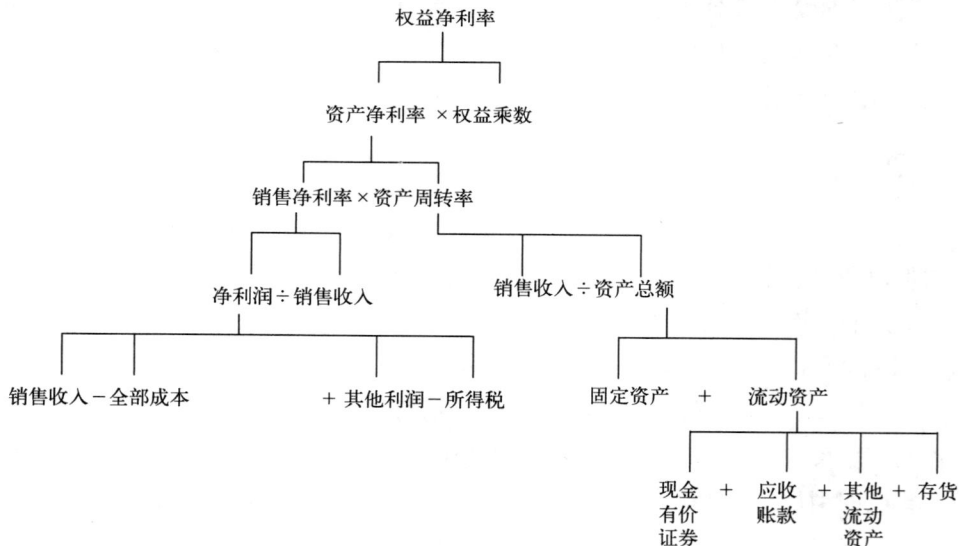

图6-1 杜邦财务分析构架图

杜邦财务分析体系是将权益净利率这样一个核心指标不断分解而形成的一个财务分析系统，从图6-1中可知，决定权益净利率高低的因素有三个方面：销售净利率、资产周转率和权益乘数。权益乘数主要受资产负债比率的影响。负债比率大，权益乘数就高，说明企业有较高的负债程度，能给企业带来较大的杠杆利益，同时也给企业带来较大的风险。销售净利率高低的因素分析，则需要从销售额和销售成本两个方面进行。资产周转率是反映运用资产以产生销售收入能力的指标。对资产周转率的分析，需要对影响资产周转的因素进行分析，即除了对资产的各构成部分从占用量上是否合理进行分析外，还可以通过对流动资产周转率、存货周转率、应收账款周转率等有关资产组成部分使用效率的分析，判断影响资产周转的主要问题出在哪里。

其中，权益净利率＝资产净利率×权益乘数

权益乘数＝1／（1－资产负债率）

资产净利率＝销售净利润率×资产周转率

销售净利率＝净利润／销售收入

资产周转率＝销售收入／资产总额

资产负债率＝负债总额／资产总额

【例6.1】　如某参赛组第3年编制的利润表和资产负债表，见表6-1、表6-2。

表6-1　利润表　　　　　　　　　　　　　　　　单位：M

项　目	行号	上年数	本年数	项　目	行号	上年数	本年数
销售收入	1	35	39	支付利息前利润	7＝5-6	-9	8
直接成本	2	15	9	财务收入/支出	8	10	11
毛利	3＝1-2	20	30	其他利润	9	-4	-5
综合费用	4	29	12	税前利润	10＝7-8+9	-23	-8
折旧前利润	5＝3-4	-9	18	所得税	11		
折旧	6		10	净利润	12＝10-11	-23	-8

注：财务收入/支出，支出为正数，收入为负数。

表6-2　资产负债表　　　　　　　　　　　　　　单位：M

	资　产	行号	期初数	期末数		资　产	行号	期初数	期末数
流动资产	现金	1	17	21	负债	长期负债	1	60	60
	应收款	2	8			短期负债	2	60	60
	在制品	3	11	4		应付账款	3		
	产品	4	17	10		应交税金	4		
	原料	5	3	4		一年到期的长期负债	5	20	
	合计	6＝1+2+3+4+5	56	39		合计	6＝1+2+3+4+5	140	120

资　产		行号	期初数	期末数	资　产		行号	期初数	期末数
固定资产	土地和建筑	7	40	40	所有者权益	股东资本	7	50	50
	机器与设备	8	36	33		利润留存	8	−15	−38
	在建工程	9	20	12		年度净利	9	−23	−8
	合计	10=7+8+9	96	85		合计	10=7+8+9	12	4
总计		11=6+10	152	124	合计		11=6+10	152	124

杜邦分析的本年财务状况计算过程如下：

销售净利率 = 净利 / 销售收入 = −8 / 39 = −0.2051

资产周转率 = 销售收入 / 资产总额 = 39 / 124 = 0.3145

资产净利率 = 销售净利率 × 资产周转率 = −0.2051×0.3145 = −0.0645

权益乘数 = 1 / (1−资产负债率) = 1 / (1−120/124) = 33

权益净利率 = 资产净利率×权益乘数 = −0.0645×33 = −2.1

从以上的计算可以看出，该组目前的经营状况是不容乐观的。造成权益净利率为−2.1的原因在于，销售净利率没有实现正增长、资产周转率太低。特别要注意的指标是权益乘数，从这个指标可以看出，资产负债率过高，从而使财务风险加大，这将不利于经营业绩的稳定增长。

二、可持续增长率

可持续增长率是指不增发新股并保持目前经营效率和财务政策的条件下，企业销售所能增长的最大比率。可持续增长率的假设条件包括：目前的资本结构是一个目标结构，并且打算继续维持下去；企业目前的股利支付率是一个目标支付率，并且打算继续维持下去；不愿意或者不打算发售新股，增加债务是其唯一的外部筹资来源；企业的销售净利率将维持当前水平，并且可以涵盖负债的利息；企业的资产周转率将维持目前的水平。

可持续增长率的思想，不是说企业的增长不可以高于或低于可持续增长率，而是在于管理人员必须事先预计并且解决在企业超过可持续增长率之上的增长所导致的财务问题。超过部分的资金只有两个解决办法：提高资产收益率，或者改变财务政策。提高经营效率并非总是可行的，改变财务政策是有风险和极限的，因此超常增长只能是短期的。通常，可持续增长率的计算公式为：

可持续增长率 = 股东权益增长率 = (本期净利/本期销售)×(本期销售/期末总资产)×

(期末总资产/期初股东权益)×(期初权益期末总资产乘数)

= (留存率×销售净利率×权益乘数×资产周转率)/

(1−留存率×销售净利率×权益乘数×资产周转率)

企业沙盘模拟试验的训练中，如果要求参与的各个团队经营至少 6 年的时间，在这 6

年的时间里，经常出现的事件是当经营到第 2、第 3 年的时候，由于资不抵债（权益为负）或者不能偿还到期债务而倒闭。而这些事件的发生，其实就是一个企业的可持续增长问题。企业沙盘模拟试验最终要对各组的经营业绩进行评测。评测涉及厂房、生产线、市场开发、产品开发、市场地位及权益等诸多方面。要在激烈的竞争中取得优势，各个经营团队必然要对自己的经营效率（体现于资产周转率和销售净利率）和财务政策（体现于资产负债率和收益留存率）进行调整。

具体而言，如在企业经营的初期，企业所拥有的产品线比较单一（1 条半自动线和 3 条手工线），市场开发也是仅仅局限于本地市场，产品的研究仅仅是 P1 产品。企业要获得长足发展，必须抢占发展的先机，要进行超常规的发展。在策略上，一方面就是提高经营效率，即要提高资产周转率和销售净利率，销售净利率的提高要求开发并实现利润率较高的产品销售，同时要减少不必要的费用开支，而对于资产周转率的提高，就必须提升销售额，要通过合理的广告投放来获得足够的生产订单。同时，经营者也要对自己的财务政策进行调整，即资产负债率和收益留存率的调整。结合企业沙盘模拟实训来看，企业发展初期现金的持有量系统设定为 42，但是从实际的资金需求来看，还是非常有限的，通过长期贷款或者短期贷款来获得发展资金是企业发展初期必然要进行的事情，这就必然涉及资产负债率的增加（沙盘模拟企业没有股利分配的要求，故收益留存率是 100%），资产负债率增加可以让企业超常发展，但超常发展也必然对企业的资金管理提出很高的要求，这就要求企业在进行贷款业务的时候，要进行准备的预算，这样的一个过程其实反映了企业沙盘模拟训练中需要不断思考的两个问题：如何才能够活下来？如何才能够活得更精彩？

下面结合一组参赛队伍的经营数据，运用可持续增长率指标来对其经营状况进行分析。

【例 6.2】　某组在参加企业模拟比赛中，其 5 年的经营利润表相关数据见表 6-3。

表 6-3　某组各年利润表

项目	行号	第 1 年	第 2 年	第 3 年	第 4 年	第 5 年
销售收入	1	11	35	39	70	100
直接成本	2	4	15	9	25	34
毛利	3=1-2	7	20	30	45	66
综合费用	4	30	29	12	14	16
折旧前利润	5=3-4	−23	−9	18	31	50
净利润	6	−31	−23	−8	13	28
总资产	7	155	152	124	137	145
可持续增长率的计算：						
销售净利率	8=6/1	−2.8182	−0.6571	−0.2051	0.1857	0.2800
销售收入/总资产	9=1/7	0.0710	0.2303	0.3145	0.5109	0.6897
期末股东权益	10	35	12	4	17	45
总资产/期末股东权益	10	4.4286	12.6667	31.0000	8.0588	3.2222
留存率	11	1.0000	1.0000	1.0000	1.0000	1.0000
可持续增长率	12	−0.46971	−0.6571	−0.6667	3.2500	1.6471
实际增长率	13		2.1818	0.1143	0.7949	0.4286

可以看出，在实际经营过程中，实际增长率和可持续增长率经常是不一致的。这关键在于通过分析两个指标之间产生差异的原因是什么，并从中探讨经营业绩和财务政策有何变化。

（1）经营政策的变化主要体现在销售净利率和总资产周转率这两个指标上，销售净利率在前三年为负，在第 4 年开始为正，但总体都是一个增加趋势；从第 1 年的销售 1 单位亏损 2.8182 元，到第 4 年的盈利 0.1857 元和第 5 年的盈利 0.28 元，表明每 1 单位的销售利润一直还是在增加。而总资产周率指标也是表现良好，呈现比较好的增长趋势。

（2）财务政策的变化。财务政策的变化体现在收益留存率和期末权益总资产乘数这两个指标上，收益留存率指标一直都设为 1，没有进行过分红的策略；期末权益总资产乘数在第 1 年到第 3 年都有一个大的增长，第 3 年到第 5 年则开始递减，呈现这样一个趋势的主要原因是权益出现了大的波动。

（3）总体指标的变化。在 5 年的经营过程中，其可持续增长率在前 3 年都是呈现负增长，第 4 年开始为正增长；实际增长率则一直为正增长，除了第 2 年有大的增长率外，其他年度增长都是较为平缓（这要考虑销售收入基数增大这一因素）。可持续增长率出现这样的变化，最为主要的影响因素是财务杠杆，提示经营者在经营的过程中要控制风险。负债相对于权益来说，比例过高，这将不利于企业的可持续发展，经营者应该控制负债水平，同时要通过市场开拓扩大销售，提高权益。可以看出，某组在第 4 年和第 5 年的经营情况就得到了极大改善，已经慢慢步入良性发展的轨迹。

三、本量利分析

本量利相互关系的研究，以成本和数量的关系研究为基础，它们通常被称为成本性态研究。所谓成本性态，是指成本总额对业务量的依存关系。业务量是指企业的生成经营活动水平的标志量。它可以是产出量也可以是投入量；可以是实物度量、时间度量、货币度量。当业务量变化后，各项成本有不同的形态，大体上可以分为 3 种：固定成本、变动成本和混合成本。固定成本是不受业务量影响的成本；变动成本是随业务量增长而正比例增长的成本；混合成本介于固定成本和变动成本之间，可以将其分解为固定成本和变动成本两个部分。

（一）损益方程式

利润＝销售收入－总成本＝ 单价×销量－变动成本－固定成本＝ 单价×销量－单位变动成本×产量－固定成本

当产量和销量相同的时候，则有：

$$利润＝单价×销量－单位变动成本×销量－固定成本$$

上述公式是明确表达本量利之间数量关系的关系，它含有 5 个相互联系的变量，给定其中 4 个，便可求出另一个变量的值。

销量＝（固定成本 ＋ 利润）/（单价−单位变动成本）

单价＝（固定成本 ＋ 利润）/ 销量 ＋ 单位变动成本

单位变动成本＝单价−（固定成本 ＋ 利润）/ 销量

固定成本＝单价×销量−单位变动成本×销量−利润

（二）边际贡献方程式

（1）边际贡献是销售收入减去变动成本以后的差额。即：边际贡献＝销售收入−变动成本

如果用单位产品表示：单位边际贡献＝单价−单位变动成本

（2）边际贡献率是指边际贡献在销售收入中所占的百分率。

$$边际贡献率＝边际贡献 / 销售收入×100\%$$
$$＝单位边际贡献×销量 / 单价×销量×100\%$$
$$＝单位边际贡献 / 单价×100\%$$

（3）加权平均边际贡献率。当涉及多个产品的时候，则可以使用加权平均边际贡献率来计算。

加权平均边际贡献率＝Σ 各产品边际贡献 / Σ 各产品销售收入×100%

$$= \frac{CM_1}{S_1} \cdot \frac{S_1}{S} + \frac{CM_2}{S_2} \cdot \frac{S_2}{S} + \cdots + \frac{CM_n}{S_n} \cdot \frac{S_n}{S}$$

其中，$\dfrac{CM_i}{S_i}$——某产品边际贡献率；

$\dfrac{S_i}{S}$ ——某产品销售占总销售的比重。

（三）盈亏临界分析

盈亏临界点是指企业收入和成本相等的经营状态，即边际贡献等于固定成本时企业所处的既不盈利也不亏损的状态。

（1）盈亏临界点销售量＝固定成本 /（单价−单位变动成本）

又由于：单价−单位变动成本＝单位边际贡献

所以，上式又可写成：盈亏临界点销售量＝固定成本 / 单位边际贡献

（2）盈亏临界点销售额＝固定成本 / 边际贡献率

（3）盈亏临界点作业率是盈亏临界点销售量占企业正常销售量的比重。所谓正常销售量，是指正常市场和正常开工情况下企业的销售数量，也可以用销售金额来表示。

盈亏临界点作业率＝盈亏临界点销售量 / 正常销售量×100%

（4）安全边际是指正常销售额超过盈亏临界点销售额的差额，它表明销售额下降多少企业仍不致亏损。安全边际率则是指安全边际与正常销售额（或当年实际订货额）的比值。

安全边际＝正常销售额−盈亏临界点销售额

安全边际率=安全边际 / 正常销售额(或实际订货额)×100%

安全边际和安全边际率的数值越大，企业发生亏损的可能性越小，企业就越安全。安全边际率指标是相对值，便于不同企业和不同行业的比较。企业安全性的经验数据见表6-4。

表6-4 安全性经验数据

安全边际率	40%以上	30%~40%	20%~30%	10%~20%	10%以下
安全等级	很安全	安全	较安全	值得注意	危险

在企业沙盘模拟实训过程中，经营团队进行本量利分析，将具有较强的实用价值。但是各个团队在进行企业经营的时候，往往是凭主观臆断来进行经营决策，没有结合所给出的市场预测资料和自己目前的资产状况来进行指标分析，从而让自己的经营陷入很被动的局面。

【例6.3】 已知某组在经营的第3年拿到了3个订单，见表6-5。

表6-5 订单 单位：M

	产品及数量	账期	销售额
1号订单–本地市场	6P1	1Q	27
2号订单–国内市场	2P2	2Q	16
3号订单–国内市场	2P3	2Q	16

该组拥有5条生产线：3条全自动线(在第2年建设完工，原值16，已提折旧5)，其中2条生产P3产品，1条生产P2产品；2条半自动生产线(原值8，已提折旧7)生产P1产品。

该组综合管理费用情况见表6-6。

表6-6 综合管理费明细表 单位：M

项 目	金额
管理费(支付人工工资)	4
广告费	8
设备维护费	5
开拓市场的维持费	1
P3产品的研发费	4

P1产品的单位变动成本为2(1个原料R1和1的加工费用)，P2产品单位变动成本为3(1个原料R1、1个原料R2和1的加工费用)。

对于以上资料，如何来进行本量利的分析呢? 从提供的资料来看，本量利分析所需要的销售收入和变动成本的数据都是很具体的，关键是如何来确定分析所需要的固定成本数据。该案例的固定成本包括三个部分：固定产品成本、固定销售费用和固定管理费用。固定产品成本由生产线的折旧来进行归集；固定销售费用则由综合管理费用明细表中的广告费和市场准入开拓两项组成，除这两项之外的综合管理费用则组成了固定管理费用的数据。

计算分析如下：

销售收入＝P1销售额＋P2销售额＋P3销售额＝27＋16＋16＝59

固定产品成本＝全自动生产线折旧额＋半自动线折旧额＝[11/3]×3+0=9。式中：[ ]表示取整。

固定销售费用＝广告费＋开拓市场的维持费用＝8＋1＝9

固定管理费用＝管理费＋设备维护费＋P3产品的研究费＝4＋5＋4＝13

变动成本＝2×6＋3×2＋4×2＝26

总成本＝变动成本＋固定产品成本＋固定销售费用＋固定管理费用＝26＋9＋9＋13＝57

利润＝销售收入－总成本＝59－57＝2

单价：P1＝27／6＝4.5，P2＝16／2＝8，P3＝16／2＝8

变动成本：P1＝2，P2＝3，P3＝4

单价－变动成本：P1＝4.5－2＝2.5　　　P2＝8－3＝5　　P3＝8－4＝4

占总销售额比例：P1＝27／59＝0.46　　P2＝16／59＝0.27　　P3＝16／59＝0.27

该条件下的加权边际贡献率为：Σ各产品边际贡献＝Σ（单价－变动成本）/单价/（销售收入/总销售收入）＝（2.5/4.5×27/59＋5/8×16/59＋4/8×16/59）×100%＝55.93%

该条件下的盈亏临界点销售额：

盈亏临界点销售额＝固定成本／边际贡献＝（9+9+13）／55.93%＝55

现有销售额情况下的安全边际率为：

安全边际率＝安全边际／正常销售额（或实际订货额）×100%＝（59－55）/59×100%＝6.78%

结合企业安全性的经验数据，企业经营目前仍然处于危险状态。

在企业沙盘模拟试验中，企业生产出的各种产品的单位变动成本是已知的（P1产品是2，P2产品是3，P3产品是4，P5产品为5），对于各个产品的价格来说，这是变化的，不同订单的相同产品在同一市场的价格都是不一样的，但是借助所给出的市场预测表，可以分析出不同产品在不同市场上的平均价格，这个价格可以成为本量利分析的数据。借助于本量利分析，参赛各组可以确定以下决策指标。

（1）在给出的广告投入量的情况下，要实现目标利润所需要达到的销售额。

（2）在确定了要求实现的销售收入的情况下，最大可能的广告投入量。

【例6.4】　结合以上给出的案例数据，假定在经营的第3年，通过分析给出的市场预测表得出：

P1产品第3年在本地、区域、国内市场的价格分别为4.5、5和5；

P2产品第3年在本地、区域、国内市场的价格分别为8.2、5和5；

P3产品第3年在本地、区域、国内市场的价格分别为8.2、5和5。

现计划投入的广告费用为7(分别为本地市场的P1产品投入3、国内市场的P2产品投入2、国内市场P3产品投入2);

现要实现40的利润,则需要实现的销售额是多少?并请计算在盈亏临界点时候要实现的销售额是多少?

因为本地市场P1产品、国内市场P2、P3产品的广告投入量分别为3、2和2,故假定在本地市场P1产品、国内市场P2、P3产品产生的销售额比例分别为总销售额的3/7、2/7和2/7,故计算出的加权平均边际贡献率为:

$$\left(\frac{2.5}{4.5}\times\frac{3}{7}+\frac{5}{8}\times\frac{2}{7}+\frac{4}{8}\times\frac{2}{7}\right)\times100\%=55.95\%$$

根据本量利分析公式可知:

销售收入=(固定成本 + 利润)/ 边际贡献率=(31 + 40)/ 55.95%=127

即在本地市场P1产品需要的订单销售额为:127×3/7=54.4

在国内市场P2产品需要的订单销售额为:127×2/7=36.3

在国内市场P3产品需要的订单销售额为:127×2/7=36.3

盈亏临界点的销售额为:

销售收入=固定成本 / 边际贡献率=31 / 55.95%=55.4

即在本地市场P1产品需要的订单销售额为:55.4×3/7=23.74

在国内市场P2产品需要的订单销售额为:55.4×2/7=15.82

在国内市场P3产品需要的订单销售额为:55.4×2/7=15.82

【例6.5】 结合以上给出的案例数据,假定在经营的第3年,通过分析给出的市场预测表得出的P1、P2、P3产品市场价格和广告费用与【例6.4】相同,现要实现100的销售收入,并要实现利润25,则最大可能的广告投入量是多少?

因为本地市场P1产品、国内市场P2产品和国内市场的P3产品的广告投入量分别为3、2和2,故假定在本地市场P1产品、国内市场P2产品和国内市场的P3产品产生的销售额比例分别为总销售额的3/7、2/7和2/7,故计算出的加权平均边际贡献率为:

$$\left(\frac{2.5}{4.5}\times\frac{3}{7}+\frac{5}{8}\times\frac{2}{7}+\frac{4}{8}\times\frac{2}{7}\right)\times100\%=55.95\%$$

根据本量利分析公式可知:

固定成本=单价×销量-单位变动成本×销量-利润=销售额×加权平均边际贡献率-利润=100×55.95%-25=31

广告费用=固定成本-固定产品成本-固定管理费用-市场准入开拓费用=31-9-3-1=18

现要实现100的销售收入,并要实现利润25,则可能的广告投入量是不能超过18。

第三节 企业发展潜力分析

在企业沙盘模拟试验结束的时候,试验要求针对经营的各个企业的最终所有者权益基础上，综合考虑厂房、生产线等硬件条件，以及市场开发、产品研发、ISO 认证等软环境，来给出企业的最终经营业绩。从这些指标可以看出最终的经营成果重视企业的综合发展潜力。

一、核心竞争力分析

美国战略学家哈默尔认为："企业是一个知识的集体，企业通过积累过程获得新知识，并使之融入企业的正式和非正式的行为规范中，从而成为左右企业未来积累的主导力量，即核心竞争力。"企业间的竞争最终将体现在核心竞争力上。

通用电气凭借其核心竞争力，推行其"数一数二"战略，在多个领域成为世界领先者，并确保相当大的领先优势。核心竞争力识别工具一直是该企业管理层最重要的战略工具之一。加里·哈默尔（Hamel）和普拉哈拉德（Prahalad）的核心竞争力（core competence）模型是一个著名的企业战略模型，其战略流程的出发点是企业的核心力量。

（一）自内而外的企业战略（inside-out corporate strategy）

传统的自外而内（outside-in）战略（例如波特五力分析模型）总是将市场、竞争对手、消费者置于战略设计流程的出发点上。核心竞争力理论恰好与其相反，认为从长远来看，企业的竞争优势取决于企业能否以低成本、并以超过对手的速度构建核心竞争力。核心竞争力能够造就料想不到的产品。竞争优势的真正源泉是企业围绕其竞争力整合、巩固工艺技术和生产技能的能力，据此，小企业能够快速调整以适应变化了的商业环境。核心竞争力是具体的、固有的、整合的或应用型的知识、技能和态度的各种不同组合。

哈默尔和普拉哈拉德在他们的《企业核心竞争力》（*The Core Competence of the Corporation*）一文中驳斥了传统的组合战略。根据他们的观点，应该把战略事业单元（SBU）放在首位，是一个明显的时代错误。哈默尔和普拉哈拉德认为，应该围绕共享的竞争核心来构建企业。SBU 的设置必须要有助于强化发展企业的核心竞争力。企业的中心部门（如财务）不应视为独立层面，它要能够为企业的战略体系链接、竞争力构建增加价值。

参与企业沙盘模拟训练的各个经营团队，应该将核心竞争力的构建提升到战略的高度。经营团队不仅仅要考虑开始前三年的生存问题，更重要的是要考虑到后续的发展问题。而强化自己的发展能力，经营团队就要思考如何树立自己独一无二的核心竞争能力。核心竞争能力是一种自内而外的企业战略，这种竞争能力是企业自身在长期的发展过程中不断积累形成的一种特殊优势，这种能力不需要依靠任何外力而存在。

（二）构建核心竞争力

核心竞争力的构建是通过一系列持续提高和强化来实现的，它应该成为企业的战略核心。从战略层面来讲，它的目标就是帮助企业在设计、发展某一独特的产品功能上实现全球领导地位。企业高管在 SBU 的帮助下，一旦识别出所有的核心竞争力，就必须要求企业的项目、人员都紧紧围绕这些竞争核心。企业的审计人员的职责就是要清楚围绕企业竞争核心的人员配置、数量及质量。肩负企业核心竞争力的人员应经常分享思想、交流经验。

参与企业沙盘模拟训练的各个经营团队开始的起点是完全一样的，他们面临的市场状况也是统一的。但当第6年经营结束的时候，各个经营团队所带领的企业已经产生了极大的差异。有的企业建立了完善的生产线、开拓了足够多的市场；有的企业则成为某一个细分市场的霸主；有的企业则是苟延残喘；甚至有的企业已经被淘汰。这种"大浪淘沙"的结果就在于各个经营团队在经营过程中，对于自己核心竞争力的认识不同。各个经营团队所具有的核心竞争力应该是不完全一样的，并且这种能力是瞬息万变的，甚至稍纵即逝。当某个经营团队在特定的市场环境下识别出了自己所具有的核心竞争力的时候，就必须使企业的项目、人员紧紧围绕这些竞争核心力展开，不断地强化、积累、加深。当第六年经营结束的时候，经过六年的时间构建成的核心竞争力就会成为这个企业安家立命的根源，而这样的核心能力也是企业的竞争对手在短期内所不能模仿的。

（三）核心竞争力的构成要素

核心竞争力并不是企业内部人、财、物的简单叠加，而是能够使企业在市场中保持和获得竞争优势的、别人不易模仿的能力。具体地讲，核心竞争力包括以下构成要素。

（1）研究开发能力。企业所具有的为增加知识总量及用这些知识去创造新的知识而进行的系统性创造活动能力。研究开发包含基础研究、应用研究和技术开发三个层次。

（2）创新能力。企业根据市场环境变化，在原来的基础上重新整合人才和资本，进行新产品研发并有效组织生产，不断开创和适应市场，实现企业既定目标的能力。所谓创新，包含技术创新、产品创新和管理创新三个方面的内容。

（3）组织协调各生产要素有效生产的能力。这种能力不仅仅局限于技术层面，它涉及企业的组织结构、战略目标、运行机制、文化等多方面，突出表现在坚强的团队精神和强大的凝聚力、组织的大局势和整体协调及资源的有效配置上。

（4）应变能力。客观环境时刻都在变化，企业决策者必须具有对客观环境变化敏锐的感应能力，必须使经营战略随着客观环境的变化而变化，即因时、因地、因对手、因对象而变化。

核心竞争力的构成要素是参与企业沙盘模拟训练各团队经常思考的问题，也是饱受困扰的问题。各个经营团队应该在充分调动自己的研究开发能力、创新能力、组织协调能力、应变能力的基础上，分析每一个经营年度的市场产品状况，同时考虑竞争对手产品市场策略，灵活机动地进行市场开发、产品研发、生产线构建及相应的资金管理，这些各个方面是一个紧密的系统，经营团队要从全局角度来适时调整。

（四）核心竞争力识别

企业核心竞争力识别工具如图6-2所示，它可以帮助人们认识企业自身所蕴含的核心竞争力。企业的内部资源中，与竞争对手相似的或比较容易获得的就属于一般的必要资源，比竞争对手好的或不容易模仿的就属于企业独一无二的资源。在企业的能力中，与竞争对手相似的或比较容易模仿的就是一般的基本能力，而比竞争对手好的或不容易模仿的能力就是企业的核心竞争力。

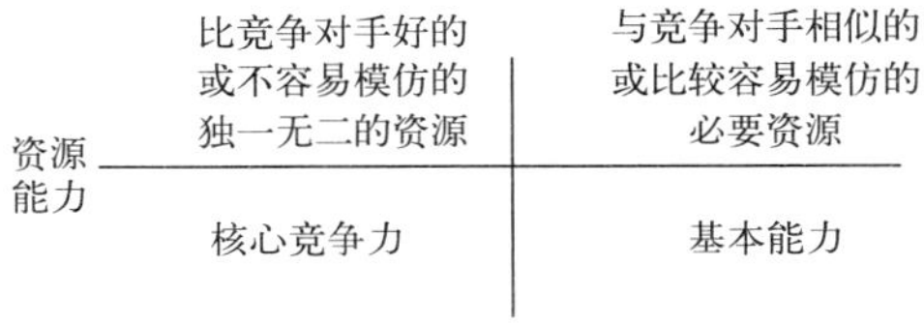

图 6-2 识别核心竞争力

企业在识别核心竞争力时，需要区别资源和能力这两个概念。如果企业具有非常独特的价值资源，却没能将这一资源有效发挥，那么，企业所拥有的这一资源就无法使企业拥有竞争优势。另外，当一个企业拥有竞争者所不具有的竞争能力时，那么，该企业并不一定要具有独特而有价值的资源才能建立起独特的竞争能力。

企业沙盘模拟的各个经营团队识别自己所带领企业核心竞争力的时候，一定要保持清醒的头脑，某个阶段的领先优势并不代表具有核心竞争力。判断所经营企业是否具备了核心竞争力，需要考虑自己和竞争对手双方面的情况。领先优势是否建立在独一无二的资源上，这里的资源是广义资源，除了物质形态的资源，还包括非物质形态的资源，如管理能力、市场开拓能力、理财能力等。

如某经营团队通过努力，相对于其他企业先建立了柔性生产线，此处的优势就并不意味着该经营团队构建了属于自己的核心竞争力，在以后年度里，其他的经营团队也可以通过不断投入资金来构建柔性生产线。但如果经营团队意识到自己的核心竞争力可能是规模优势的时候，就可以凭借自己的先入优势，循序渐进地投入资金、扩展产能，同时有序地开拓不同层次的市场，随着这种优势的保持并不断扩大，几个经营年度后，所积累起来的优势将有可能成为这个经营团队的核心竞争力。

二、SWOT 分析

SWOT 分析代表分析企业的优势（strength）、劣势（weakness）、机会（opportunity）和威胁（threat），由著名的 Mckins 企业咨询公司创建。SWOT 分析实际上是将对企业内外部条件各方面内容进行综合和概括，进而分析组织的优劣势、面临的机会和威胁的一种方法。SWOT 分析可以帮助企业把资源和行动集中在自己的强项和有最多机会的地方。

优劣势分析主要是着眼于企业自身的实力及其与竞争对手的比较，而机会和威胁分析将注意力放在外部环境的变化及对企业的可能影响上。在分析时，应把所有的内部医素（即优劣势）集中在一起，然后用外部的力量来对这些因素进行评估。

（一）机会与威胁分析（OT）

随着经济、社会、科技等诸多方面的迅速发展，特别是世界经济全球化、一体化远程的加快，以及全球信息网络的建立和消费需求的多样化，使企业所处的环境更为开放和动荡。这种变化几乎对所有企业都产生了深刻的影响。正因为如此，环境分析成为一种日益重要的企业职能。环境发展趋势分为两大类：一类表示环境威胁，另一类表示环境机会。环境威胁指的是环境中一种不利的发展趋势所形成的挑战，如果不采取果断的行动，这种不利趋势将导致企业的竞争地位受到削弱。环境机会就是对企业行为富有吸引力的领域，在这一领域中，该企业将拥有竞争优势。

企业沙盘模拟实验中假设各个经营团队将面临本地、区域、国内、亚洲、国际 5 个市场环境，4 个 P 产品。这 5 个市场 P 系列的产品的数量上具有不同程度的需求，对产品质量的要求(主要考虑的是 ISO 9000 和 ISO 14000 两项认证)也会体现差异性。这些变量对各个经营团队既是机遇，也是挑战，这就需要他们在充分考虑竞争对手的竞争策略的基础上，对市场状况做出及时反应。确定要进入的市场、要研发的产品。但要有所为有所不为，市场是充满变数的，各个经营团队只有充分分析市场状况，采用灵活机动的战术，才有可能去赢得先发优势。

(二)优势与劣势分析(SW)

识别环境中有吸引力的机会是一回事，拥有在机会中成功所必需的竞争能力是另一回事。每个企业都要定期检查自己的优势与劣势，这可通过"企业经营管理检核表"(表 6-7)的方式进行。企业或企业外的咨询机构都可利用这一方法检查企业的营销、财务、制造和组织能力。每一要素都要按照特强、稍强、中等、稍弱或特弱划分等级。由于该表经常用到，读者可扫描二维码下载。

表 6-7　企业经营管理检核表

因素		优势	劣势
经营能力	公司信誉		
	市场份额		
	产品质量		
	服务质量		
	定价效果		
	分销效果		
	促销效果		
	销售员能力		
	创新效果		
	地理覆盖效果		
财力能力	资金成本/来源		
	现金流量		
	资金稳定性		

因素		优势	劣势
制造能力	设备		
	规模经济		
	生产能力		
	人力资源		
	按时交货能力		
	技术和制造工艺		
研发能力	新产品开发能力		
	技术创新能力		
组织管理能力	有远见的领导		
	具有奉献精神的员工		
	创业导向和企业家精神		
	弹性/适应能力		
	共有价值观和企业文化		

当两个企业处在同一市场或者说它们都有能力向同一顾客群体提供产品和服务时，如果其中一个企业有更高的盈利率或盈利潜力，就可以认为这个企业比另外一个企业更具有竞争优势。换句话说，所谓竞争优势是指一个企业超越其竞争对手的能力，这种能力有助于实现企业的主要目标——盈利。但值得注意的是，竞争优势并不一定完全体现在较高的盈利率上，因为有时企业更希望增加市场份额，或者多奖励管理人员或雇员。

由于企业是一个整体，并且由于竞争优势来源的广泛性，在做优劣势分析时必须从整个价值链的每个环节上将企业与竞争对手进行详细的对比，如产品是否新颖、制造工艺是否复杂、销售渠道是否畅通，以及价格是否具有竞争性等。

如果一个企业在某一方面或几个方面的优势正是该行业企业应具备的关键成功要素，那么，该企业的综合竞争优势也许就强一些。需要指出的是，衡量一个企业及其产品是否具有竞争优势，只能站在现有潜在用户的角度上，而不是站在企业的角度上。

企业在维持竞争优势过程中，必须深刻认识自身的资源和能力，采取适当的措施。因为一个企业一旦在某一方面具有了竞争优势，势必会引起竞争对手的注意。一般来说，企业经过一段时期的努力，建立起某种竞争优势，然后就处于维持这种竞争优势的态势，竞争对手开始逐渐有所反应；而后，如果竞争对手直接进攻企业的优势所在，或采取其他更为有力的策略，就会使这种优势受到削弱。

影响企业竞争优势的持续时间，主要是三个关键因素：建立这种优势要多长时间？能够获得的优势有多大？竞争对手做出有力反应需要多长时间？

如果企业分析清楚了这三个因素，就会明确自己在建立和维持竞争优势中的处境了。引申到企业沙盘模拟实验中，各个经营团队如何来识别自己的竞争优势和劣势呢？其实，某个企业的优势和劣势是和竞争对手相比较而存在的，离开了竞争对手来谈优势和劣势是没有任何现实意义的。参与企业沙盘模拟的各个经营团队相互之间就是竞争对手，有的经营团队所带领的企业有永远先进的柔性生产线；有的企业已经开发出了工艺要求较高的产品 P4；有的企业广告投入比控制较优等。各个企业在发展过程中体现出的优势具有极大的广泛性，但终极的竞争优势的确立，则是依靠建立在一两个关键优势上面的总体优势（企业不可能也没有必要在所有方面都确立优势，关键优势所带来的强势地位可以推动和其他经营企业的合作，以有效弥补自己的经营劣势，如经营过程中出现的 OEM 现象[①]就是体现），这一两个关键优势在时间上应该能够持久保持，并能够充分弥补其经营劣势上所带来的不良影响。

三、波特五力分析

波特五力分析模型又称波特竞争力模型，是迈克尔·波特于 20 世纪 80 年代初提出的，对企业战略制定产生深远影响。波特五力分析用于竞争战略的分析，可以有效分析客户的竞争环境。五力分别是：供应商的讨价还价能力、购买者的讨价还价能力、潜在竞争者进入的能力、替代品的替代能力、行业内竞争者现在的竞争能力。

五种力量模型将大量不同的因素汇集在一个简单的模型中，以此分析一个行业的基本竞争态势。五种力量模型确定了竞争的五种主要来源，即供应商和购买者的讨价还价能力、潜在进入者的威胁，替代品的威胁，以及来自同一行业的企业间的竞争。一种可行战略的提出首先应该包括确认并评价这五种力量，不同力量的特性和重要性因行业和企业的不同而变化，如图 6-3 所示。

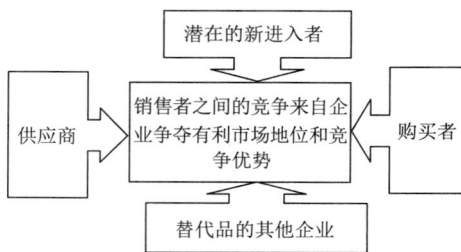

图 6-3　波特五力分析模型

企业可以尽可能地将自身的经营与竞争力量隔绝开来、努力从自身利益需要出发影响行业竞争规则、先占领有利的市场地位再发起进攻性竞争行动等手段来对付这五种竞争力量，以增强自己的市场地位与竞争实力。表 6-8 显示了波特五力模型与一般战略的关系。

----

① 注：OEM 现象是指定点生产，俗称"代工"，原始设备制造商具体的加工人物通过合同订购的方式委托同类产品的其他厂家生产。之后将所订产品低价买断，并直接贴上自己的品牌商标。

表 6-8　波特五力模型与一般战略的关系

行业内的五种力量	一般战略		
	成本领先战略	差异化战略	集中化战略
进入障碍	具有砍价能力以阻止潜在对手的进入	培养顾客忠诚度以挫伤潜在进入者的信心	通过集中战略建立核心能力以阻止潜在对手的进入
买方砍价能力	具备向大买家出更低价格的能力	因为选择范围小而削弱了大买家的谈判能力	因为没有选择范围是大买家丧失谈判能力
供方砍价能力	更好地抑制大卖家的砍价能力	更好地将供方的涨价部分转嫁给顾客方	进货量低，供方的砍价能力就高，但集中差异化的企业能更好地将供方的涨价部分转嫁出去
替代品的威胁	能够利用低价抵御替代品	顾客习惯于一种独特的产品或服务因而降低了替代品的威胁	特殊的产品和核心能力能够防止替代品的威胁
行业内对手的竞争	能更好地进行价格竞争	品牌忠诚度能使顾客不理睬你的竞争对手	竞争对手无法满足集中差异化顾客的需求

　　波特的五力分析模型是一个很好的分析工具，但在实践运用中一直存在许多争论。该模型的理论是建立在以下三个假定基础之上的。

　　(1)制定战略者了解整个行业的信息，显然现实中是难以做到的。

　　(2)同行业之间只有竞争关系，没有合作关系。但现实中企业之间存在多种合作关系，不一定是你死我活的竞争关系。

　　(3)行业的规模是固定的，因此，只有通过夺取对手的份额来占有更大的资源和市场。但现实中企业之间往往不是吃掉对手，而是与对手共同做大来获取更多的资源和更大的市场。

　　对于企业沙盘模拟课程，波特的竞争力模型的意义在于，五种竞争力量的抗争中蕴含着三类成功的战略思想，那就是大家熟知的：成本领先战略、差异化战略、集中化战略。经营团队在经营的过程中，其所带领企业必须从这三种战略中选择一种，作为其主导战略：要么把成本控制到比竞争者更低的程度；要么在企业产品和服务中形成与众不同的特色，让顾客感觉到更多的价值；要么致力于服务某一特定的细分市场、某一特定的产品种类或某一特定的地理范围。这三种战略架构上差异很大，成功地实施它们需要不同的资源和技能，如有的经营团队选择区域或者国内作为自己的细分市场，有的经营团队选择 P3或 P4 产品作为自己的研发和生产重点，而有的企业在所有的市场和所有的产品上都会涉及，这些实际的经营策略没有绝对的好坏之分，要具体结合五种竞争力量的抗衡情况来分析。

四、波特价值链分析

由美国哈佛学院著名战略学家迈克尔·波特提出的"价值链分析法"（图6-4），把企业内外价值增加的活动分为基本活动和支持性活动。基本活动涉及企业生产、销售、进料后勤、发货后勤、售后服务；支持性活动涉及人事、财务、计划、研究与开发、采购等。基本活动和支持性活动构成了企业的价值链。

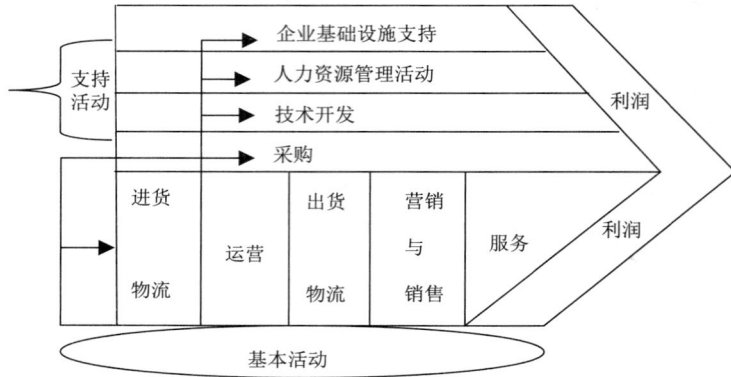

图6-4　波特价值链

不同企业参与的价值活动中，并不是每个环节都创造价值，实际上只有某些特定的价值活动才真正创造价值。这些真正创造价值的经营活动就是价值链上的"战略环节"。企业要保持的竞争优势，实际上就是占据在价值链某些特定的战略环节上的优势。运用价值链的分析方法来确定核心竞争力，就是要求企业密切关注组织的资源状态，要求企业特别关注和培养在价值链的关键环节上获得重要的核心竞争力，以形成和巩固企业在行业内的竞争优势。企业的优势既可以来源于价值活动所涉及的市场范围的调整，也可以来源于企业间协调或合用价值链所带来的最优化效益。

价值链列示了总价值，并且包括价值活动和利润。价值活动是企业所从事的物质上和技术上的界限分明的各项活动，这些活动是企业创造对买方有价值的产品的基石。利润是总价值与从事各种价值活动的总成本之差。

价值活动分为两大类：基本活动和支持性活动。基本活动是涉及产品的物质创造及其销售、转移买方和售后服务的各种活动。支持性活动是辅助基本活动，并通过提供采购、投入、技术、人力资源及各种职能支持基本活动。

涉及各产业内竞争的各种基本活动都可归纳为5种类型。

（1）进料后勤。指与接收、存储和分配相关联的各种活动，如原材料搬运、仓储、库存控制、车辆调度和向供应商退货。

（2）生产作业。指与将投入转化为最终产品形式相关的各种活动，如机械加工、包装、组装、设备维护、检测等。

（3）发货后勤。指与集中、存储和将产品发送给买方有关的各种活动，如产成品库存管理、原材料搬运、送货车辆调度等。

（4）销售。指与提供买方购买产品的方式和引导他们进行购买的相关各种活动，如广告、促销、销售队伍、渠道建设等。

（5）服务。指与提供服务以增加或保持产品价值有关的各种活动，如安装、维修、培训、零部件供应等。

在任何产业内所涉及的各种支持性活动可以归纳为四种基本类型。

（1）采购。指购买用于企业价值链各种投入的活动，采购既包括企业生产原料的采购，也包括与支持性活动相关的购买行为，如研发设备的购买等。

（2）研究与开发。每项价值活动都包含着技术成分，无论是技术诀窍、程序，还是在工艺设备中所体现出来的技术。

（3）人力资源管理。包括各种涉及所有类型人员的招聘、培训、开发和报酬等各种活动。人力资源管理不仅对基本和支持性活动起到辅助作用，而且支撑着整个价值链。

（4）企业基础设施。企业基础设施支撑了企业的价值链条。

企业沙盘模拟实训中，各个经营团以通过对企业价值链进行分析，可以明确企业运行的哪个环节可以提高客户价值或降低生产成本，从而准确地分析价值链各个环节所增加的价值。沙盘模拟设置了五个职位：CEO、财务总监、生产总监、销售总监、采购总监。生产总监、销售总监进行的是企业生产、销售、售后服务等基本活动；CEO、财务总监、采购总监进行的是企业人事、财务、计划、研究与开发、采购等支持性活动。无论是基本活动还是支持性活动，都是企业确立最终优势的一个重要环节，各个环节之间需要密切的配合。

如营销与生产之间，销售总监在参加每个经营年度的订货会的时候，必须向生产总监了解清楚这个年度的各个系列产品的产能的情况，在充满变数的订货会上取得主动；生产和采购之间，采购总监必须和生产总监进行充分的沟通，了解当前年度各个季度的各个系列产品的生产情况，这样才能够去合理地进行原料采购；财务总监也需要和其他角色进行沟通，以便从容安排资金调度、合理进行筹融资；CEO则主要负责人力资源管理，确定各个角色的职能，让他们各司其职，同时配合其他角色做好市场开拓、产品研究等支持性工作。从以上分析可以看出，企业沙盘模拟实训过程中，价值链的思想得到了较为充分的应用，各个环节应协调配合，尽可能地减少无效动作，才有可能在激烈的竞争中不断地确立优势。

【本章小结】

经营成果分析的着眼点在于让学生运用财务学的理论知识来分析并解决在经营过程中所遇到的问题。基本财务指标、综合性财务分析是从财务学的角度来分析的，着眼于定量；企业发展潜力分析则是从管理学的视角来进分析，着眼于定性。考虑到课程的实践性，除了对各部分进行理论分析，还引入了大量的案例。

【复习思考题】

1. 偿债能力的分析包括哪些具体财务指标，运用各个指标的注意事项是什么？

2. 营运能力的分析包括哪些具体财务指标，运用各个指标的注意事项是什么？

3. 盈利能力的分析包括哪些具体财务指标，运用各个指标的注意事项是什么？

4. 杜邦财务分析的原理是什么？如何通过财务报表提取数据来进行杜邦财务分析？

5. 可持续增长率分析的核心思路是什么？请结合可持续增长理论，谈谈你对经营过程中所面临的负债经营、市场开发、产品研发及生产线构建等方面的看法。

6. 本量利分析的原理是什么？具体运用时要注意哪些问题？

7. 如何借助核心竞争力分析、SWOT分析、波特价值链分析、波特五力分析等工具来对企业的企业发展潜力进行分析？

第七章 企业经营策略分享

企业经营的目的是在有限的时间内实现企业价值最大化。企业价值最大化，一方面是通过增加销售收入、控制费用支出、增加净利润来实现；另一方面，是使企业可持续发展的能力最大化。也就是说，通过经营，应使企业的资金充裕；厂房、设施设备先进；市场开发充分；产品品种丰富；市场占有率高；企业信用好等。

企业沙盘模拟经营与现实企业经营一样，真正要经营好，需要付出艰辛的努力；需要有大智慧和高技巧；需要理性的分析和正确的决策；需要团队的精诚团结和鼎力合作；需要认真细致、踏踏实实做好每一项工作。

前面结合案例，对企业的经营策略进行了分析，但企业经营是一项系统工程，任何一个细节出现问题，都可能导致整个工程功亏一篑。所以，要在沙盘经营中取得好成绩，需要多方面的协调配合。CEO 要统揽全局，科学指挥，制定科学的发展规划，加强过程监管，加强队伍的情绪控制，预防差错的发生。

【本章重点】

对企业经营中应当注意的问题进行总结，旨在提示沙盘企业经营者，乃至实际企业经营者在经营过程中应当把握的关键点。如战略规划、财务预算、资金筹集、市场营销、生产制造。

第一节 战略规划

沙盘企业经营的成败，很大程度上与企业的战略规划密切相关。规划，从某种程度上来说，就是使自己的团队知道自己要做什么、什么时候做、怎样做、做或不做对企业有什么影响。在实际经济生活中，战略规划涉及的面很宽，但对于沙盘企业而言，主要包括市场和 ISO 认证开发规划、生产线购买或出售规划、产品开发规划、产品生产规划等几个方面。为了提高规划直观性，可以借助企业战略规划表(表7-1)。

表7-1 企业战略规划表

项目	第1年				第2年				第3年				第4年				第5年			
	1	2	3	4	1	2	3	4	1	2	3	4	1	2	3	4	1	2	3	4
产品开发																				
市场开发																				
ISO 认证																				

项目	第1年				第2年				第3年				第4年				第5年			
	1	2	3	4	1	2	3	4	1	2	3	4	1	2	3	4	1	2	3	4
生产线投资																				
厂房																				
贷款																				

通过企业战略规划表，可以明确企业在某年某个季度开展的工作。战略规划从时间上划分，包括中长期规划和短期规划。中长期规划一般在五年以上，短期规划一般为一年。沙盘企业的规划应当重视短期规划，因为短期规划更具体，也更接近实际。短期战略规划应当在每年年初进行。

一、市场开发和 ISO 认证投资规划

(一)市场开发规划

进行市场开发规划首先要明确几个问题：企业为什么要进行市场开发？应当开发哪些市场？什么时候开发？市场开发越多是否对企业就越有利？

如果产品只在一个市场销售，则产品的销量会非常有限；如果所有的企业将同类的产品放在同一个市场销售，竞争就会非常惨烈。所以，企业要扩大产品销售，必须扩大产品的销售市场。对于沙盘企业，产品的销售市场包括本地市场、区域市场、国内市场、亚洲市场和国际市场，每个市场开发周期不同，开发费用也不同。

进行市场开发时，并不是市场越多越好。在企业的产品品种丰富、产量比较大的情况下，市场越多、产品销售渠道越多，产品也越容易实现销售；但若企业资金紧张，产品产量又少，如果盲目开发市场，不仅会导致资金更紧张，而且开发出来的市场没有产品覆盖，有可能给企业带来不利影响。

那么，企业在开发市场时应当考虑哪些因素呢？

(1)研究每个市场的销售特点及发展趋势。不同的市场在不同的阶段，其产品需求量和价格是不一样的。为此，应当研究每一个市场不同产品的需求量和价格水平，比较在相同年份相同产品在不同市场的情况。确定出企业在不同发展年份应当进入的市场，从而确定该企业要进入的重点市场及市场开发的时间。

(2)估计竞争对手可能进入的市场，避强趋弱。在市场上，随时都面临着激烈的竞争。为此，企业应当从对手的产品开发、市场开发情况上分析对手可能重点开发的市场。在市场开发上尽可能占先机，尽量避开竞争激烈的市场。当然，竞争的激烈程度也是相对而言的，如果企业的产品丰富，企业可以通过丰富的产品占领市场，争取市场老大地位，抢得先机。

(3)考虑本企业的产品策略，确定企业的目标市场。对于不同的产品，在不同的阶段、

不同的市场，其价格和市场需求量是不同的。为此，在制定企业的市场开发战略时，应当结合企业的产品战略进行考虑。比如，企业重点生产的产品是 P4，如果 P4 产品的需求量主要集中在区域、国内和亚洲市场，国际市场需要量很小，那么，企业就应当回避国际市场，重点占领区域、国内和亚洲市场。

（4）考虑本企业的资金情况，量力而行。对于一个企业来说，总是希望市场越多越好。但是，开发市场是需要投资的，如果开发市场，而该市场又没有发挥应有的作用，则开发是失败的。市场开发要考虑企业的资金情况，不仅仅是当年的资金情况，还应当考虑投入了市场开发可能对当年的资金影响，对当年净利润的影响，而净利润又影响所有者权益，所有者权益最终要影响下年的贷款额度。所以，市场开发支出不仅仅是开发市场的问题，还包含了可能影响的各个方面。

一般而言，企业根据产品情况，应当开发 3 个以上的市场。如果资金许可，应尽可能早开发。当然，如果企业的资金控制不好，在某个年份出现了严重的资金短缺，则应当暂时停止开发，毕竟生存是第一位的。

（二）ISO 认证开发规划。

ISO 认证包括 ISO 9000 和 ISO 14000 认证。通过开发 ISO 认证，企业可以取得具有 ISO 条件的产品订单。有些系统 ISO 认证条件只在部分市场有要求，有的市场没有要求，如 ITMC 系统；有些系统 ISO 认证条件只对部分订单有要求，如百树电子沙盘系统。

企业在进行 ISO 认证开发规划时，主要应当考虑资金情况、开发时间、企业的目标市场（订单）这三个方面的问题。

二、生产线投资规划

企业要增加利润，必须增加高利润产品的销售，而销售量的增加必然涉及产品的生产，要生产就必然涉及用什么生产线生产的问题。所以，生产线投资属于生产的问题。生产线一般包括手工、半自动、全自动和柔性四种，每种生产线的安装周期、安装费用、转产周期和转产费用各不相同，这里就涉及企业应当购买什么生产线、购买多少、什么时候购买的问题。一般情况下，如果资金和市场许可，企业应尽可能购买全自动生产线并配置 1~2 条柔性生产线，并且安装完成的时间越早越好。

企业在生产线投资时，应当考虑以下几个方面的问题。

（一）企业的资金情况

企业在进行购买生产线的决策时，首先应当考虑的就是企业的资金情况。这里的资金情况不仅仅是当期的资金情况，还包括后期资金的投入情况。因为购买、安装生产线是分期投入的，而且生产线完工投入生产时，还涉及购买原材料和支付加工费等支出。所以，企业在购买生产线时应当考虑购买了生产线对当期及以后各期的影响，避免由于资金紧张而中途停止安装和由于资金紧张导致完工后出现停工的情况。

为了保证资金不出现问题，最好的方式就是编制现金预算，而且现金预算最好是两年以上的滚动预算。

（二）产品开发完工的时间

企业在购买生产线前，应当测算生产线的完工时间。在生产线安装完工的当期，企业就能投入产品的生产才是最佳方案。如果新建生产线是用于生产新开发的产品，则要做到生产线安装完工的时间与新产品开发完成的时间相一致，否则就会出现生产线空置或滞后，造成浪费。这就要求企业在建设生产线时，首先要明确该生产线完工后生产什么产品，然后确定生产线的建设时间。当然，为了使生产线完工后当期能投入产品的生产，还应当做好原材料的采购准备工作。

（三）是否转产

本书涉及的四种生产线，其转产期和转产费是不相同的。如果企业不准备转产，则应尽可能考虑全自动生产线，如果企业预计生产线需要转产或者为了竞争的需要而要转产，在资金许可的情况下，应考虑一条柔性生产线。当然，如果已经到了经营的后期，企业就尽可能事先做好产品生产的规划，尽可能不考虑生产线转产的问题。

企业在制定生产线投资决策时，除了要考虑以上几个方面的问题以外，还应当考虑折旧对当期利润的影响，以及剩余经营时间所能生产产品的产量等问题。

三、产品开发规划

进行模拟经营时，产品品种越多，在各个市场拿到订单的可能性就越大，对于提高广告费的收益率有很大帮助。而且，产品品种越多，在争夺市场老大地位时主动权越大。

同时，产品品种越丰富，企业在决定新生产线的产品生产时可以选择利润较大的品种，增加了选择的主动性和灵活性。但是，产品开发需要一定的周期，而且需要投入一定的开发费用，所以，产品的开发就存在开发什么产品、什么时候开发的问题。企业在进行产品开发决策时，应当考虑以下几个方面的问题。

（一）企业目标市场中产品的预计销量和预计利润水平

企业开发的产品只有能大量生产并能及时销售出去才能真正产生效益，否则，一般情况下，可认为开发失败。而企业要将生产出来的产品销售出去，首先要考虑的就是市场的需求量，只有市场有需要，才能开发并生产。若市场的需求量不是很大，而所有企业都开发并生产的话，竞争势必很激烈，对企业也是不利的。其次要考虑目标市场产品的预计利润水平。企业应根据各个市场产品的利润水平综合做出适当的开发决策。

（二）竞争对手的产品开发策略

企业在进行产品开发时，可对竞争对手的产品开发策略进行预估，可以从对手的市场开发情况、生产线状况、资金情况等方面入手，尽可能在产品上形成错位竞争。

（三）企业自身的生产能力

一般情况下，企业的产品品种越丰富，灵活性也就越强。但是，开发产品应当结合自己的生产能力，否则，开发出来以后，由于生产能力不足，导致资源的浪费。一般情况下，企业每种产品每年的产量至少应在 5 个以上，否则就没有竞争力，也不能形成规模效益。

（四）企业的资金状况

开发产品要投入资金，为此，企业应当考虑自身的资金状况。最基本的原则就是投入了产品开发，不会导致当期和后期出现资金的断流。为此，企业应当认真做好现金预算。

四、产品生产规划

产品开发出来以后，必须投入生产才能产生效益。这就涉及产品什么时候生产、生产多少的问题。一般情况下，只要企业的资金许可，就不应轻易停止生产，即使当期产生库存，可以在后期通过扩大的市场需求销售出去。

企业在进行产品生产规划时，首先应考虑生产单位产品毛利润高的产品，如果各种产品单位毛利润比较接近，则选择生产占用资金少的产品。其次，还应当考虑资金面的状况。在企业经营的前期，资金往往较紧张，一般不宜生产占用资金多的产品；在经营后期，如果资金宽裕，应尽可能生产单件产品毛利润高的产品，这样才能保证利润的快速增长。

第二节　财务预算

企业在经营过程中，需要进行各种选择，如市场开发、产品开发、构建生产线等。很可能因此考虑不周，导致资金紧张，出现材料无法按时购买、开发的产品不能如期生产、生产线被迫停工，甚至可能连工资都无法支付的情况。企业在前期为什么没有预见到这些问题呢？最关键的就是对资金缺乏有力的控制，缺乏科学预算。避免上述"意外"，最好的方式就是编制资金预算。要编制资金预算，应当做好以下基础性工作。

一、预计各季度的现金流入

企业的现金收入来源主要是销售产品收到的现金，除此以外还包括出售厂房、生产线收到的现金等。进行模拟经营时，销售产品一般收到的是应收款，应在以后的某个季度收到现金。企业可以根据产品下线情况，结合订单，明确每个季度的产品销售收入及对应的账期，从而明确每个季度有多少应收款到期、收到多少现金。同时，在事先规划时，可以明确出售生产线的时间，从而确定现金流入情况。

二、明确各期应支付的固定费用

模拟经营的固定费用包括管理费、广告费、设备维护费、厂房租金等。这些费用基本上在年初就能确定下来。

三、确定各期的产品加工费

编制"生产计划"及"采购计划"时，确定企业在各期应投入的产品加工费。在每一年年末，企业已经基本明确了第2年产品的生产情况，包括投产的产品品种、投产数量和投产时间，经营者可以根据这些资料明确各期发生的加工费支出。当然，为了防止差错的发生，经营时，还应当借助于"生产计划及采购计划表"来进行排产，确定出各期产品的投入和产出情况。

四、确定各期的材料采购费

编制"采购及材料付款计划"，确定出各期应当支付的材料采购费。材料采购对于企业是很重要的一个环节，采购材料必然涉及采购费用的问题，企业应当根据"生产计划及采购计划表"编制"采购及材料付款计划"，从而确定各期应当支付的材料采购费用。

五、确定各期开发或投资的费用

根据开发或投资规划，确定各期开发或投资的现金流出。企业的开发或投资规划草案可以在编制现金预算之前做出，也可以结合编制现金预算同时进行。如果事先已经编制了开发或投资预案，则应当测算出此次开发或投资所需要的现金，并通过编制现金预算表来测算是否在资金许可的范围内。

企业的各种开发和投资规划应当在现金允许的范围内进行，否则，就可能导致出现现金断流的危险。所以，从这个角度来说，企业在进行开发和投资规划时，应当充分考虑现金预算，当某种开发或投资发生现金支出后，如果出现了现金危机，而且这种危机不能通过其他融资途径来解决，或者虽然能通过其他途径解决，但带来的风险很大——这种情况下，就应当暂时停止该项开发或投资。

六、确定各期资金数

在确认现金短缺和不足时，应及时筹集资金。在明确了每个季度的现金的流入和流出情况以后，就可以明确每个季度的现金情况。如果现金短缺，就应当考虑筹集资金以解决资金缺口的问题。

第三节　资金筹集

当企业资金断流时，可以通过不同的途径筹集资金，使企业渡过暂时的资金危机。企业也可以在不同的阶段，利用不同的渠道筹集资金，为企业的快速发展提供保证。企业筹集资金的途径很多，包括贷款、出售厂房、贴现、借高利贷、出售生产线等。上述方式各有特点，所以在使用时应区别对待。

一、贷款

贷款是企业筹资的主要方式，通过贷款，企业可以解决资金短缺的困难。如果资金运用合理，企业所获得的投资回报远高于贷款利息。贷款包括长期贷款和短期贷款，长期贷款贷款期限长，短期内没有还款的压力，但利率较高，筹资成本高，一般适用于固定资产等长期资产的投资。短期贷款利率相对较低，但期限短，还款压力大，特别是在企业的所有者权益逐年降低而规则又不允许转贷的情况下，风险较大。一般适用于解决流动资金不足，比如购买原材料、支付加工费等。总体来说，贷款是企业筹集资金首先应考虑的方式。

二、出售厂房

出售厂房可以筹集资金，但以后要每年支付厂房租金。出售厂房收到的是 4 个账期的应收款，不能在当期取得现金，所以，要提前考虑资金的需求情况，提前出售，否则，如果将出售厂房的应收款贴现的话，使用成本太高。一般情况下，出售厂房有两种情况，一种是主动出售，即在市场状况良好的情况下，企业资金筹集困难，但有比较好的发展前景；另一种情况是被动出售，即当企业出现了现金断流，为了防止破产，不得已而采用这种方式。但这种被动出售对于企业是非常危险的。

三、贴现

贴现是企业常用的一种筹资方式。这种筹资方式时间灵活，可以随时进行。但贴现需要有应收款，而且使用成本高，所以，企业一般在资金非常困难，确实无法渡过难关时，才会采用。

四、出售生产线

出售生产线是指由于资金严重短缺而被迫出售正在使用的生产线的一种筹资方式，也是一种无奈的选择。企业的生产线只能按残值出售，如果生产线净值远大于残值，出售生产线所造成损失就很大。而且，出售了生产线，意味着企业的生产能力下降，收入降低，对企业也很不利。所以，这种方式除非在不得已的情况下才被采用。当然，企业也可能根据规划要更新生产线而出售旧生产线，这种情况不属于此范围。

五、借高利贷

借高利贷筹集资金，期限短、利率高，而且在计算最终成绩时还要扣分，所以，该筹资方式一般不要轻易采用。但是，如果企业已经由于资金短缺面临破产倒闭，借高利贷缓解资金压力也是帮助企业暂时摆脱困境的一种筹资方式（百树电子沙盘系统没有此功能）。

第四节　市场营销

企业的产品生产出来以后，如果没有及时销售出去，就不能取得收入，而且前期投入的资金也不能收回，严重影响企业的现金流量。所以，如何将产品以最好的价格、最短的时间销售出去成为企业重点考虑的一个问题。

产品销售面对的是一个变化而且充满竞争的市场，很多方面都存在不确定性，所以对市场的研究和把握非常重要。一般而言，在营销环节，应做好市场预测、制定科学合理的广告投放、科学地获得订单、科学地交货等工作。具体而言，应注意以下几个方面的问题。

一、准确预测市场，合理预计销售订单

实际经营中，企业要准确预测市场需求是非常困难的。而在模拟经营中，由于给出了较为准确的市场预测图，企业就可以分析各个市场上产品的预计销售数量、预计销售单价、有无销售条件的限制等。

为了能准确地进行广告投放，应初步预计可能的订单数量。在进行市场预测时，为了便于了解各个市场的情况，可以制定"市场需求预测表"（表7-2）。

表7-2　市场需求预测表

市　场	第　　　年			
	产品	预计总需求	预计单价	预计订单量
	P1			
	P2			
	P3			
	P4			

二、收集竞争对手资料，分析竞争对手市场策略

知己知彼，百战不殆。企业经营面对的是一个充满竞争的市场，应对竞争对手进行充分了解，从对手的市场开发、预计产品可销售量、资金状况等方面分析对手可能的市场

策略。

通过分析对手的市场开发情况，明确各个市场的竞争状况，可以避免浪费广告费。比如，在某年只有包括本企业在内的两家企业开发了亚洲市场，而在亚洲市场，如果某种产品需求量远大于或接近两个组的产量之和，那么在亚洲市场就没有必要投放过多的广告费。对手的市场开发情况一般可以在市场调查时获得。

通过对对手的产量情况进行分析，可以看出各种产品在市场上的竞争激烈程度。比如，在第2年，各组都生产P1产品，并且大多数组年初都有库存，而在第2年市场只有本地和区域市场。可以想象，对P1产品的本地市场和区域市场争夺会比较激烈。

这种情况下，从稳健的角度出发，企业不应过多地在各个市场投放广告，而应将重点放在自身的积累上，力争在每个市场取得一张订单就可以了。也就是说，不一定要得到最好的结果，但一定不要得到最坏的结果。

对对手的产量分析，可以从对手的生产线、产品开发、资金状况等方面着手。企业经营者可以设计一张产品产量预测表（表7-3），并将分析的结果填制在预测表中。

表7-3　第　　年各组产品产量预测

产品名称		A组	B组	C组	……	合计
P1	期初库存					
	预计完工					
	合　计					
P2	期初库存					
	预计完工					
	合　计					
P3	期初库存					
	预计完工					
	合　计					
P4	期初库存					
	预计完工					
	合　计					

通过对竞争对手的资金情况进行调查，可以分析对手在广告方面最大可能的投放量，有利于企业合理制定广告费投放策略。在分析对手的资金状况时，还应包括企业年初的库存现金、应收款及企业上年末的所有者权益。因为应收款可以随时贴现，如果不考虑应收款贴现的问题，就可能导致分析失误。同时，因为企业需要资金周转，不应该全部将资金投放在广告上，如果全部投放在广告上，下年在开始运营时就必须筹集资金。而年初筹集资金，根据运营流程一般是借入短期贷款，要借款就必然要考虑上年的所有者权益和已有的贷款额度。所以，在分析对手的资金情况时，还应当考虑对手的所

有者权益情况。

三、科学制定广告策略

制定广告策略，主要是解决企业在哪些市场投放广告、在哪些产品上投放广告及投放多少的问题。科学合理的广告投放，既可以使企业拿到满意的订单而不造成资金的浪费，又可以使产能效益更大。相反，错误或不当的广告策略不仅会造成资金的浪费，还可能使企业不能拿到满意的订单而造成产品积压，降低当年的收入，影响当年的现金流量。企业在制定广告策略时，应当把握以下一些原则。

（一）稳健性原则

企业认真分析市场的情况不，有目的地投放广告，不意气用事，避免由于盲目投放广告而造成资金的浪费。在企业经营过程中，有的年份资金可能相对比较充裕，为了将积压的产品销售出去而大肆投放广告，结果导致资金没有达到预期的效果。企业经营应是理性的，需要科学地对待，应当尽量避免侥幸心理，更不应该有"赌"的心理。

【例 7.1】 如果通过市场预测表分析出：第 1 年，市场对于 P1 产品的总需求量为 26~30 个，市场的总订单数为 6~10 张，共有 12 组做 P1 产品。根据稳健性原则，企业投放的广告费最好为 10~30。但由于第 1 年资金表面上看很充裕，加之存在争市场老大地位的因素，所以竞争一般比较激烈，广告投放就可能存在一些非理性的因素。在这种情况下，从稳健和长期发展角度出发，企业更不应当为了争取市场老大地位而盲目投放过多的广告费。

历次的经验教训证明，很多组在第 1 年由于广告费投入过多，导致现金流出过多，无力后续研发和进行，生产线改造及开拓市场导致无法扩大产能，而在第 2 年拱手将市场老大的地位让出。同时，由于广告费用过大，导致当期利润不能相应增加，对后期的资金筹集也产生了一系列的负面影响。

（二）效益性原则

效益性原则就是尽可能使广告投入收益最大化。企业投放广告的目的是销售产品，所以企业在投放广告时应尽可能使投放的广告产生最大的收益。所以，投放的广告应尽量避免浪费。

【例 7.2】 如果企业准备销售 6 个 P1 产品，有两个市场，如果预计每个市场的订单为 6 张，而进入各个市场的企业为 6 家，则企业在各个市场投放的广告费最好为 10~20，这样基本可以保证每个市场可以拿到一张订单。如果投放过多，势必造成浪费。如果要进入三个市场，则每个市场各投放 10 即可（具体广告投放金额根据比赛实际情况和订单情况、企业数量而定）。

（三）全面性原则

企业在制定广告策略时，应充分考虑影响产品销售的各种因素。在制定广告策略时，要事先预计市场的销售数量和订单情况、市场的竞争激烈程度、竞争对手可能的市场策略、本企业及对手的资金情况、本企业的重点市场及企业的实际生产经营状况，包括生产能力、材料供应等因素。只有在充分掌握信息并科学分析的基础上，才能做出正确的决策。市场分析是十分复杂而且多变的，为了准确预测市场，必须全面分析。

（四）争取市场领导地位原则

在合理的广告投放范围内，企业尽量争取取得市场领导者地位。但一定不能为了争取市场老大地位而大力投放广告，市场领导地位的取得应当是在企业实力足够的情况下取得的。企业如果产品品种多、产量大，则应将这些优势集中在某市场投放广告，或集中在该市场选单，努力取得市场领导者地位。如果企业的产品品种比较单一，产量又比较小，则应避免为争市场老大地位而投入过多的广告。

四、选单技巧

企业进行了正确的广告投放只是为能拿到订单提供了条件，但能不能拿到最佳的订单，关键在于选单。所谓最佳的订单就是将生产的产品全部实现销售，使每张订单的产品毛利最大，账期最短。当然，这是理想状态，是努力的方向。在拿订单时，除了拿单时随机应变外，还应当注意以下问题。

（一）事先明确企业在每季度各种产品的生产情况

企业在竞单时，会遇到有限制条件的订单，如加急订单，如果事先没有准确计算出各期生产产品的情况，在拿单时就会陷入被动。

（二）分析对手广告投入情况，合理确定产品市场

在选单以前，裁判会将各组广告投放情况展示出来，以便各组参赛选手确认广告投放是否正确。选手们可以利用这个时机，将各组的广告投放情况进行记录并分析，以利于企业调整选单策略。

【例7.3】 如果某组分别在区域、亚洲和国际市场投放了 P3 产品的广告，而通过分析，发现国际市场只有本 A 组和 B 组在 P3 产品投放广告费，而且 A 组投放的是 40，B 组是 30，根据市场预测表，该产品在国际市场有 3 张订单，就说明 A 组在国际市场上最多可以拿到 2 张订单。在这种情况下，A 组可以出于价格或者其他有利于自己的原因放弃前面某个市场的选单，而将选单的机会放在国际市场上。如果 A 组没有做这种分析，就可能失去比较好的选单机会。

（三）配合企业的资金预算选单

企业在选单时，有时候会面临这样的情况：两张订单，销售数量都相同，不同的是账期和总价———一张账期比较长，但总价比较高；另一张订单账期比较短，但总价相对较低。应如何选单呢？一般情况下，如果企业资金比较紧张，就应选择账期比较短，但单价相对较低的一张订单；反之应选择总价高的订单。

（四）珍惜优先选单的机会，配合产品产量选单

某企业如果是某市场的市场老大，或者在某个市场投放的广告比较多，从而有优先选单的权利，在这种情况下，该企业应充分把握好优先选单的机会。如果该企业有两次以上的选单机会，应分析对手的产量和选单情况。如果可以在本市场拿任意订单都能交单，该企业应优先选大单。若通过分析，所有的对手都不能拿最大单，只有本企业可以拿，则应选择次大的订单，将最大订单放在最后来选，从而保证本企业的产品销售。

如果某市场某产品有 ISO 条件限制，而只有本企业投放了 ISO 广告，则只有本企业有选择该产品的权利。若本企业有两次选单的机会，则应首先选择没有 ISO 条件的产品，后选择有 ISO 条件的产品。这样，一方面可以保证本企业产品的销售，另一方面，由于其他竞争对手不能选择 ISO 条件的产品而只能放弃，从而一定程度上遏制对手的销售，也是在利用合理的规则打压对手。

（五）在能争取市场老大地位的情况下应集中资金投放于某市场

有时候，企业在选单时，会"意外"得到一个市场老大的地位。仔细分析这种"意外"，其实有其必然性。在投放广告时，大家会集中在某个或某几个市场，对于另外的一个或几个可能会忽略。这种情况下，企业如果在其中一个大家都比较忽略的市场投放了比较多的广告，则企业应抓住机会，放弃其他的一部分市场，而将产品集中销售在该市场，争取取得市场领导者地位。在选单时，企业应选择总额大的订单，单价和账期可以放在次要位置考虑。

五、交单技巧

企业拿到的订单有不同的交货期和账期。因此在交订单时，就可以配合自己的资金需要、产能进行。交单科学，可以在一定程度上缓解企业的资金压力，可以避免由于筹资而发生无谓的财务费用支出。在选择交单顺序时，主要应配合企业的现金预算。企业可以根据事先编制的现金预算，测算出企业在某季度某步骤需要的现金量，当交纳的订单能够及时收现时，不一定按交货时间顺序交单，则可避免贴现。

企业在确定销售订单的交单顺序时，应注意以下几个因素。

（一）账期

相同数量的两张订单，由于账期的不同，先交单和后交单会直接影响企业的现金回笼情况。此处分两种情况进行讨论。

（1）在资金暂时不会断流的情况下（也就是不会因为这两张订单的账期差异而影响

资金的正常运行），可以先交账期长的订单，后交账期短的订单。

（2）在资金非常紧张的情况下，急需资金回笼，应先交账期短的订单，以缓解短期的资金压力，尽可能减少贴现，减少财务费用，增大所有者权益。但如果只有靠贴现才能解决资金断流的问题，则应考虑先交账期长的订单。

（二）数量

交单时也可能遇到这样的情况：两张订单是同种产品，但一张订单数量较大，另一张订单数量较小。通常情况下，企业每个季度能交多少订单就交多少。但有时也可以考虑将订单组合后再交订单。如将产品囤积1Q，留到下个季度提交数量多的订单，因为订单的数量多，则它的总额肯定比数量少的总额大，有时我们很有可能就因为这点差额就导致现金断流而破产，所以将订单的数量进行合理的组合进行交单也是很有必要的。

【例7.4】　某企业上年度留存P2产品2个，每季能够生产2个产品，现有一张P2数量为4个的订单，一张数量为6个的订单，交货期均为4Q，账期均为2Q，产品均价均为60。则有以下两种交货方案。

方案1：Q1末，交纳数量为4个的订单，Q3收回现金240，Q4末交纳数量为6个的订单，下一年Q2收回现金360。

方案2：Q2末交纳数量为6个的订单，Q4收回现金360，Q4末交纳数量为4个的订单，下一年Q2收回现金240。

相较而言，方案2在本年度收回现金360，方案1在本年度收回现金240，若在本年度有资金短缺的情况，则方案2更佳。

（三）总额

有的时候的交单纯粹就是为了贴现解决资金问题，在两张订单的产品、数量、账期相同但总额不同的情况下，为了配合贴现，就要有选择性地提交订单。

【例7.5】　一张订单总额为140，另一张订单总额为150，如果我们需要130的现金才能满足资金需要，此时我们只能够交其中一张订单，两张订单的账期都为2Q，贴现率为10%，那么就需要先交总额为150的订单。

（四）产品

有些情况是大家都不愿意看到的，那就是产能预算错误，出现获得的订单大于产能的情况，如果这样，就只能违约。为了把损失控制在最小的范围内，可了解一下下面几种情况下到底应该怎样来处理。

（1）为保住某市场老大的地位可以考虑在其他市场付违约罚单。如果按原计划进行生产，就要赔拥有市场老大的那个市场的订单，如果赔了那张订单，企业就会失去市场老大的地位，而且还要进行罚款。怎样减小损失呢？可以对生产线进行转产，先保证市场老大的地位不受影响，选择在其他的市场违约。

（2）及时转产避免违约罚单。如果本应该少一个 P2 产品，但若那张订单的总额太大，也可以进行生产线的转产。这样就可以尽可能减少赔款的金额。

（3）进行紧急采购。如果紧急采购费用减订单总额少于违约金，就可以用采用紧急采购方法。

以上三种情况都是在拿回订单时就发现了要违约的情况。这里还需要注意，如果转产还需要提前订购原材料。

第五节　生产制造

企业只有将产品生产出来，才能实现销售；企业也只有准确地计算出每个季度的产能，才能准确地拿单。于是，安排产量成为生产管理重要的内容。安排产量也就是生成"生产作业计划"的过程。企业制订生产计划的过程一般分成两部分，首先是生成"主生产计划"，然后再生成"生产作业计划"。要得到主生产计划，有的企业是根据订单，有的则是根据市场预测，形成包含生产品种、数量、时间的简单生产计划。

但是，光有主生产计划是远远不够的。一个简单的主生产计划中的生产要求，要把它自动分解为复杂、具体的生产作业过程，这就是详细的安排生产。一般说，生产作业计划越详细，它给出的信息越丰富、越有价值，相应计算起来也就越困难。

一、生产总监合理安排生产

一个生产过程可能有无穷多种"可行"的安排方案，因此必须从其中找出一个"最优"的。找出"可行"方案的难度已经很大，找出"最优"方案的难度更大——不仅要处理错综复杂的约束条件，还要从多种满足约束的可行方案中找到优化的安排产量的方案。

对企业来说，在不增加生产成本的情况下，通过最大限度地发挥当前生产能力的方式可以实现提高企业生产能力的目标。通过合理安排产能，得出精确的物料使用和产出的时间、品种、数量信息，用这些信息可以最大限度地减少库存量。同时，还可作为生产决策的依据，改进质检、成本、库存、采购、设备维护、销售、运输模块的运转方式，大大提高运转效率，提升企业整体管理水平。对于生产总监来说，应当注意把握以下问题。

（一）准确计算出各条生产线在每个季度产品的上线和下线情况

生产总监应在年初准确编制"产品生产及采购计划"，计算出每个季度完工和上线的产品数量，并将产品完工的数据报告给销售总监，以便销售总监制定出科学合理的销售策略；同时，将产品的投产情况，也就是在每个季度原材料的需求量报告给供应总监，以便供应总监及时下原材料订单，及时购买。

（二）准确计算每个季度需要的加工费

生产总监根据计算出的每个季度产品投产数量，预计需要的加工费，并将该数据报告给财务总监，财务总监据以编制现金预算。

（三）准确地更新和投产，防止差错的发生

在更新生产和开始下一批生产时，生产总监应按照生产线或者产品的顺序依次更新和开始下一批生产，不可随意进行，否则容易出现差错。其他成员应监督生产总监，但不能越俎代庖。

二、采购总监合理组织原材料

企业只有及时订购并采购材料才能保证生产的正常进行。科学合理地采购材料，既保证生产的需要，又不造成材料的积压，是采购总监的职责。在材料采购环节，应注意把握以下几个问题。

（一）准确计算并下原料订单

采购总监根据生产总监提供的材料需求计划，考虑材料订货提前期确定订货的时间。要准确地下原料订单，首先必须准确计算出什么时候下原料订单、下多少订单。

（二）准确计算材料采购费用

采购总监根据采购的材料数量确定出每个季度需要的材料采购费用，并将该采购费用数据提供给财务总监，以方便其编制现金预算，及时安排资金。

（三）准确、及时购买订购的材料

采购总监应根据原料订单准确、及时订购材料，防止出现采购不及时，或者采购错误而给企业带来损失。

【本章小结】

本章重点从战略规划、财务预算、资金筹集、市场营销、生产制造和材料采购等企业经营环节中的关键点提出了一些思路，希望抛砖引玉，引起大家的思考。

企业经营，没有套路，只有思路。沙盘企业模拟经营，过程不是最重要的，结果也不是最重要的，重要的是通过参与其中，体会到企业经营的流程，感悟企业经营的艰辛。

企业经营过程是一个科学决策的过程，需要借助一定的管理平台，灵活利用企业战略规划、财务管理、市场营销、生产管理、供应链管理等专业知识，需要团队成员的齐心协力，精诚合作。

【复习思考题】

1. 结合自己的体会，谈谈你对企业制定战略规划的意义。

2. 结合自己的体会，谈谈你对企业制定筹资策略的认识。

3. 结合自己的体会，谈谈编制现金预算的意义。

4. 结合自己的体会，你认为应当怎样编制现金预算？

5. 结合自己的体会，谈谈企业如何进行市场调查，了解对手的产能、资金和可能的市场策略。

6. 结合自己的体会，谈谈如何才能在市场取得满意的订单。

7. 结合自己的体会，谈谈企业应当如何制定生产线的投资规划。

8. 结合自己的体会，谈谈如何制订材料需求和材料采购计划。

9. 结合自己的体会，你认为要经营好一个企业，需要注意哪些问题？

10. 试分析不同的筹资方式下企业的资金成本和预期收益。

11. 试举例说明，如何才能达到资金、投资、生产、研发、营销的最佳配置。

参考文献

勾景秀，2012. 企业经营 ERP 模拟沙盘实战教程[M]. 北京：中国人民大学出版社.

李湘露，李宗民，2009. ERP 沙盘模拟实战教程[M]. 北京：中国电力出版社.

刘洪玉，刘丽，2013. 企业经营模拟原理及 ERP 沙盘实训教程[M]. 北京：清华大学出版社.

刘洋，2013. ERP 沙盘模拟[M]. 北京：北京理工大学出版社.

苗雨君，2013. ERP 沙盘模拟教程[M]. 北京：清华大学出版社.

谭湘，林洁珊，2013. ERP 沙盘模拟综合实训[M]. 广州：中山大学出版社.

汤华东，贾丽英，王焕毅，2013. ERP 沙盘模拟简明教程[M]. 北京：电子工业出版社.

徐建华，余真翰，2011. 企业模拟经营——ERP 商业沙盘实训教程[M]. 成都：西南交通大学出版社.

郭凤喜，许军，2010. 运用预算工具做好 ERP 沙盘模拟对抗[J]. 会计之友(06)：120-121.

王文慧，2012. 企业经营管理沙盘实训和财务管理课程相结合的实践教学模式探讨[J]. 商场现代化
(17)：75-76.

杨新荣，彭十一，2011. 企业经营管理 ERP 沙盘模拟实务[M]. 成都：西南交通大学出版社.

尤建新，雷星晖，2010. 企业管理概论. 第 4 版[M]. 北京：高等教育出版社.

张前，2013. ERP 沙盘模拟原理与实训[M]. 北京：清华大学出版社.

张涛，2010. 企业资源计划(ERP)原理与实践[M]. 北京：机械工业出版社.

Khalid Sheikh，2002. Manufacturning Resource Planning with Introduction to ERP, SCM [M]. New York：
McGraw-Hill.

附　录